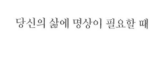

당신의 삶에 명상이 필요할 때

The Headspace Guide to Mindfulness and Meditation

/ 차례 /

헌사

이 프로젝트를 실현하는 데 많은 사람이 도움을 주었는데, 우선 세계 곳곳의 수도원과 피정지에서 내가 수행에 임하도록 배려하고 가르쳐준 명상의 구루들께 고마움을 전하고 싶다. 그 놀라운 인물들의 가르침과 그들이 구현한 명상의 전통이 없었다면, 이 책은 집필 자체가 불가능했을 것이다. 특히 지난 수년에 걸친 도널 크리돈(Donal Creedon)의 지도와 배려, 귀중한 우정에 감사드린다.

아울러 책 쓰기를 그토록 즐거운 과정으로 만들어준 편집자 한나 블랙(Hannah Black)과 호더앤드스터튼(Hodder & Stoughton)의 팀원 모두에게도 감사의 말씀을 전한다. 또한 그린앤드히튼(Greene and Heaton)의 안토니 토핑(Antony Topping)과 헤드스페이

스(Headspace)의 리치 피어슨(Rich Pierson), 마리아 쇤펠드(Maria Schonfeld)에게도 원고에 대해 비판적인 시각과 유익한 제안을 제공해준 데 대해 깊이 감사한다. 그리고 책의 과학적 연구조사 섹션에 귀중한 기여를 한 닉 베글레이(Nick Begley)에게도 감사드린다.

더불어 헤드스페이스 프로젝트에 대한 이안 피어슨(Ian Pierson)과 미샤 에이브러모프(Misha Abramov), 마커스 쿠퍼(Marcus Cooper)의 친절하고 관대한 지원을 특별히 언급하지 않을 수 없다. 헤드스페이스의 모든 관계자들을 대표하여 심심한 감사를 표한다.

마지막으로 이 책은 물론이고 헤드스페이스 프로젝트 전체와 관련해 열정적인 응원을 아끼지 않은 가족과 친구들에게도 고마움을 표한다. 특히 내 인생의 파트너 루신다 인솔-존스(Lucinda Insall-Jones)에게 그 모든 사랑과 인내심, 변함없는 믿음에 감사드린다. 그것은 내게 세상 전부를 의미한다.

당신의 삶에
명상이 필요할 때

The Headspace Guide to Meditation and Mindfulness

앤디 퍼디컴 지음 | 안진환 옮김

SNOWFOX

담장 위, 파란 눈의 스님

자정이 훨씬 지나 있었다. 담장에 올라앉은 나는 아래를 내려다보았다. 칠흑 같은 어둠과 키 큰 소나무들 덕분에 들킬 염려는 없었지만, 누군가가 나를 뒤쫓아 오진 않았을까 하는 생각에 마지막으로 한 번 더 뒤돌아보고 싶은 충동을 참을 수 없었다. 어쩌다가 이런 상황에 오게 되었을까?

다시 아래를 내려다보았다. 담장에서 인도까지 3.5미터가 훨씬 넘어 보였다. 그리 높은 것은 아니었지만 부실한 샌들과 얇은 승복 차림으로 뛰어내릴 생각을 하니 순간 몸이 움츠려졌다. 무슨 생각으로 샌들을 신고 온 걸까?

그곳을 몰래 빠져나올 때 스님들이 잠에서 깨지 않도록 나는 샌들을 허리춤에 쑤셔 넣기까지 했다.

내가 이 절에 들어온 이유는 내 삶을 진지하게 고민해보고 싶어서였다. 그런데 지금, 담장 위에 앉아 샌들에 대해 고민하며 세상으로 다시 나갈 준비를 하고 있다니.

예상치 못한 상황이었다. 오래전에 행자 생활을 할 때는 지금보다 더 고생스러운 나날의 연속이었다. 고생이라는 말밖에 다른 표현을 찾을 수 없을 만큼 힘든 날들이었지만 그곳에서의 삶은 무척 포근했다. 큰 충만감을 주는 온정과 배려가 있었으니까. 그런데 이 절은 달라도 몹시 달랐다. 어떤 절도 결코 이렇지 않을 것이다. 높은 돌담으로 바깥세상과 격리된 이곳에 갇혀 생활하다 보니 내겐 절이 아닌 감옥인 것만 같았다. 물론 내 의지로 이곳에 들어왔기에 어떤 누구도 원망할 수 없었다. 스님의 삶이 마피아와 다른 게 바로 이 점이다. 한 번 출가하면 죽을 때까지 벗어날 수 없다는 건 사실과 다르다. 불교는 자비와 관용의 종교다. 하지만 나는 어쩌다 3.5미터 높이의 담장을 넘어 달아나게 되었는가? 실로 미스터리가 아닐 수 없었다.

모든 게 몇 년 전의 결심 때문이었다. 그때 나는 스포츠과학을 공부하던 대학생이었는데 어느 날 아시아로 떠나 스님이 되겠다고 결심했다. 내 삶을 온통 뒤바꿀 수 있는 일이었지만 그 결정을 내리는 데 주저함이라곤 없었다. 친구와 가족 모두 나를 걱정해주었다. 내가 기어코 정신이 나간 거라고 생각했을 수 있겠지만 그럼에도 결국 내게 지지와 격려를 보내주었다.

하지만 학교는 달랐다. 소식을 들은 학년주임 교수는 내게 병원에 가서 프로작(우울증 치료제)을 처방받는 게 좋겠다고 했다. 교수의 의도는 이해할 수 있었지만 그는 요점을 놓치고 있었다. 과연 항우울제로 내가 바라는 행복과 충만함을 얻을 수 있을까?

교수 연구실을 나서는 내게 그가 말했다. "앤디, 자넨 이 결정을 평생 후회하게 될 거야." 하지만 그 결정은 지금까지 내가 내린 최고의 결정이었다.

이쯤이면 독자들은 어느 날 문득 아시아로 떠나 스님이 되기로 결정한 사람이 과연 어떤 인간일지 궁금할 것이다. 삶의 방향을 잃고 자가 치유법을 찾는 젊은이나 사회를 거부하는 창조적인 인간을 떠올릴지도 모르지만, 나는 지극히 평범한 사람이었다. 그 당시의 나는 그저 마음과 씨름을 하고 있었을 뿐이다. 나아갈 길을 잃고 꼼짝도 못 하는 그런 게 아닌, 끝없이 이어지는 생각에 몸부림치고 있었다.

내 마음속에서는 온갖 생각들이 끊임없이 생겨났다. 마치 켜놓은 세탁기처럼 계속 돌아갔다. 몇몇 생각은 마음에 들었지만 대부분이 내키지 않는 것들이었다. 감정도 다를 바 없었다. 분주한 머리만으로는 부족한 건지, 나는 늘 괜한 걱정과 좌절과 슬픔에 빠져들었다. 그런 감정의 깊이는 특별히 신경 쓸 정도는 아니었지만 가끔씩 통제 불능 수준으로 치닫는 경우가 있었고 그 경우에 내가 할 수 있는 건 전혀 없었다. 그 감정들에 휘둘려 갈팡

질팡하게 될 거라는 생각만 들었다. 운 좋은 날에는 괜찮았지만 그렇지 않은 날이면 머릿속이 터질 듯했다.

그 강렬한 감정을 고려해볼 때 마음을 수련하려는 열망은 결코 이성적인 결정은 아니었다. 나는 마음을 수련하는 법을 알지 못했지만, 아주 어렸을 때 우연히 명상을 접한 덕분에 명상이 해결책을 줄지도 모른다는 생각이 들었다. 그렇다고 해서 내가 똑똑한 아이인데다 10대 시절을 가부좌를 틀고 명상하며 보냈을 것으로 생각하진 말기 바란다. 결코 그렇지 않았으니까.

내가 명상을 본격적으로 배우게 된 것은 스물두 살 때였지만 열한 살 즈음에 경험한 헤드스페이스, 즉 고요한 마음의 그 순간은 무엇이 가능한지를 알려주는 명확한 표지판이 되었다. 그즈음 아빠와 별거를 하게 된 엄마는 슬픔에서 벗어나고자 6주 과정의 명상 강좌에 등록했고 엄마를 따라 명상 강좌에 가는 누나를 보고 나 역시 따라나섰다.

처음 명상을 시도했을 때 내게는 행운이 따랐다. 명상에 아무런 기대를 하지 않았고 희망을 품지도 두려워하지도 않았다. 그런데 그 어린 나이에 명상을 통한 마음의 질적 변화를 쉽게 느낄 수 있었던 것이다. 이전에도 고요한 마음을 경험했는지는 잘 모르겠지만 그렇게 한곳에 오랫동안 가만히 있었던 적은 한 번도 없었다. 문제라면 그다음에 명상을 시도했을 때 그리고 그다음에 또 시도했을 때도 고요한 마음을 느낄 수가 없어 좌절했다는 점이다. 긴장하지 않으려 애쓰면·애쓸수록 고요한 마음에서 멀어지는 것만 같았다. 이렇게 명상을 접한 나의 마음은 서로 맞붙어 싸우고 점점 큰 실망으로 이어졌다.

이제 와서 생각해보니 그 모든 게 그리 놀라운 건 아니다. 그때 내가 배운 명상법은 1960년대 느낌을 풍겼고, 명상 강의 시간에도 이국적인 단어들이 빈번하게 동원돼 있었다. 게다가 "그냥 긴장을 푸세요."와 "그냥 내려놓으세요."라는 말이 한없이 이어졌다. 그냥 긴장을 풀 줄 알고 그냥 내려놓을 줄 알았다면 명상 강의에 참여하지도 않았을 테고, 그 자리에 30~40분씩이나 앉아 있을 필요도 없었을 것이다.

이 일을 구실로 내가 명상에서 영영 멀어질 수도 있었다. 특별한 목적을 가지고 명상을 하다 보니 한계에 이를 수밖에 없었다. 누나는 지루한 명상을 견디지 못해 그만두었고 엄마는 다른 일로 바빴음에도 어떻게든 명상할 시간은 내려 애썼다. 친구들의 반응도 대단했다. 대체 무슨 생각으로 학교 친구 몇몇에게 명상에 대해 말한 건지 모르겠다. 다음날 아침 교실에 도착했을 때 반 친구 녀석들 30명이 눈을 감은 채 책상 위에 가부좌를 틀고 앉아 키득거리며 '옴'을 읊조리고 있었다. 지금은 웃어넘길 수 있는 기억이지만 그 당시에는 무척 굴욕스러웠다. 그날을 계기로 명상에 관해서라면 어떤 누구에게도 얘기하지 않았고 결국 명상을 그만두었다. 청소년의 일상에 스포츠, 이성, 술이 끼여들기 시작하면서 명상할 시간을 찾기도 어려워졌지만 말이다. 흔히들 명상이란 특별한 사람만 하는 것으로 생각하겠지만 내 10대 시절은 여느 10대와 다를 바 없이 평범했다.

명상을 취미 정도로 여기며 지분거리던 열여덟 살 무렵 내게 위기가 닥쳤다. (나중에 밝힐 내용이지만) 비극적인 사건이 연거푸 이어지는 바람에 명상이 내게 무척이나 중요하고도 절실해졌다. 커다란 슬픔은 나이에 상관없이 견뎌내기 힘들다. 슬픔에는 면역이 없는데다가 훈련 공식이랄 것도 없기에 그저 최선을 다해 버텨나갈 뿐이다. 내게 있어 슬픔을 버텨내는 유일한 방법은 모든 것을 내 안에 꾹꾹 눌러 담고서는 갑작스럽게 밀어닥친 그 상실감과 슬픔을 마주하지 않으려 애쓰는 것뿐이었다.

하지만 인생의 모든 게 그렇듯이 무언가를 꾹꾹 눌러대기만 하면 긴장은 더 커지고야 만다. 그리고 결국 긴장은 밖으로 빠져나오려 든다. 2년 정도가 지난 뒤 난 대학생이 되었다. 첫해는 눈 깜짝할 새에 지나갔는데 부족함이 없을 정도로 만족스러운 한 해였다. 그런데 내가 그동안 눌러 담은 채 모른 척했던 긴장감이 자꾸만 빠져나오려고 했다. 처음엔 그저 불편함 정도에 그쳤지만 얼마 지나지 않아 내 삶의 모든 것에 영향을 주었다. 내가 이곳을 떠나 스님이 되려 한다고 학년주임 교수에게 전하는 일은 걱정거리조차 아니었다.

나는 기독교 가정에서 자랐지만 10대가 되면서부터 어떤 종교에도 진정한 유대감을 느낄 수 없었다. 그 사이에 불교 철학과 불교 심리학을 다룬 책을 몇 권 읽었고 친구를 통해서도 이야기를 종종 들었다. 어쩌면 불교가 종교로 느껴지지 않는다는 점이 나를 그토록 끌어들였는지도 모른다. 명상은 물론 마음 다스리는 법을 깨우친 스님들의 이야기는 무척 매혹적이었다. 삶의 방식으로서가 아니라 그 결과의 관점에서 그랬다.

사람들은 내게 어떻게 스님이 되었냐고 묻는데 그 질문은 보통 "그러니까 산에 들어가 절 문을 두드리고는 스님이 되고 싶다고 한 건가요?"라는 식이다. 어이없는 질문이지만 열이면 열 그런 의도로 묻는다. 하지만 당신이 쉽게 결정하고 훌쩍 떠나지 않도록 이 말은 꼭 해야겠다, 정식 스님이 되는 건 여러 해를 일반 신자로서 공부하고 그런 다음 행자가 되어 밤낮으로 수행한 뒤 스승의 허락이 떨어지고서야 가능하다는 것을(물론 법명도 그제서야 주어진다).

나는 하루빨리 훌륭한 스승을 찾으려는 생각에 이 절에서 저 절로, 이 나라에서 저 나라로 자꾸만 옮겨 다녔다. 인도와 네팔, 태국, 미얀마, 러시아, 폴란드, 호주, 스코틀랜드에서 지내는 동안 나는 다른 많은 나라를 드나들면서 새 명상 기법을 익히고 매번 내가 알고 있던 기초를 보강하며 그것들을 내 삶과 통합하려고 애썼다. 내가 거쳐 간 곳 모두가 친절하고 정겨웠으며 수행하기에 적절한 곳이었다. 내가 담 넘어 도망친 요새 같은 그 절만 제외하고 말이다. 그리고 다행히도 나는 결국 훌륭한 스승들을 만났다.

스님으로 살아가는 건 힘겨운 일이다. 모든 스님이 삭발을 하고 가사를 걸치는 것은 아니지만 예전의 내가 그랬던 것처럼 그런 전형적인 스님의 모습으로 속세의 대중에게 명상을 소개하는 것은 자칫 매우 혼란스러운 메시지를 전달할 수 있다. 스님 의복의 단순성을 이해하는 사람들로 둘러싸인 사찰이나 선원에서 생활하는 것과 그런 차림으로 도시에서 사는 것은 다른 문제다. 사람들에게 명상의 효과를 설명하면서 나는 그들이 마음 챙기는 법을 절실하게 원하면서도 스님의 가사가 저절로 암시하는 종교적인 요소 때문에 불편해한다는 것을 알아차렸다.

사람들은 단지 삶을 헤쳐 나가는 법과 직장생활이나 사적인 삶, 자신의 마음에서 스트레스를 처리하는 법을 찾고자 했다. 그들은 어린 시절에 경험한 열려 있는 마음과 진실로 살아 숨 쉬는 느낌을 되찾길 바랐다. 그들은 영적인 깨달음을 추구하지 않았으며 치료법을 필요로 하지도 않았다. 단지 일을 끝내고 집에 돌아왔을 때 마음의 평온을 찾는 법이나 밤에 숙면을 취하는 법, 인간관계를 개선하는 법, 덜 걱정하고 덜 슬퍼하며 덜 분노하는 법을 배우고자 했다.

사람들은 욕망을 자제하는 법이나 중독에서 벗어나는 법, 삶을 보다 관조하는 법을 알고 싶어 했다. 하지만 그들이 무엇보다 알고자 한 것은 이런저런 일이나 상황이 뜻대로 안 되고 있다는 느낌, 지금보다 더 나은 삶이 틀림없이 있을 거라는 느낌 등과 같이 끊임없이 마음을 괴롭히는 느낌을 다스리는 방법이었다. 그렇게 명상을 일상생활에 통합하는 것이 바로 내가 환속해서 일반인으로 살기로 결정한 이유다.

나는 절에 들어가서 상당히 조심성 있는 사람으로 변했다. 그곳의 내성적인 생활 방식이 부분적인 원인이었다. 그러나 그에 못지않게 중요한 원인은 나의 마음 상태를 더욱 명확하게 바라볼 수 있게 되었기 때문이다. 그것이 나에게 조금 노출된 느낌과 조금 벌거벗은 느낌이 들게 만들었던 것이다.

나는 그런 느낌과 더불어 내가 비활동적인 사람으로 변했다는 사실을 놓고 진지한 고민의 시간을 가졌다. 불가의 수행을 거치기 이전의 나는 운동을 즐기는 활동적인 사람이었는데 출가한 10년 사이에 그런 특성이 보류된 것 같았다. 환속한 후 어느 날 친구에게 그 이야기를 하자 그녀는 자신의 옛 동창생 하나가 모스크바 국립 서커스단에서 훈련을 받고 있다고 말했다. 그녀는 내가 체조와 저글링에 능했다는 사실을 알고 있었다.

얼마 후 나는 체조 개인 레슨을 받기 시작했는데, 거짓말처럼 나의 예전 성격들이 되살아났다. 레슨을 받던 어느 날, 선생님이 런던에서 서커스 예술 학위를 받을 수 있다는 사실을 말해주었다. 그렇다. 서커스 예술을 가르치는 대학이 있고 그 과정을 마치면 학사 학위를 준다는 얘기였다.

믿을 수가 없었다! 미심쩍은 마음에 혹시나 하고 알아보니 실제로 그런 대학이 존재했다. 그 대학의 입학 자격 요건은 놀라울 정도로 까다로워서 서류전형으로 내가 뽑힐 가능성은 희박해 보였다. 하지만 어느 저녁 이메일 한 통이 날아왔다. 나에게 조건부로 입학을 허가한다는 소식이었다. 내가 이미 늙어 교육 중에 다칠 확률이 높으므로 이 사실을 기꺼이 인정하고 스스로 책임을 진다는 점을 명시한 동의서에 서명하면 된다는 것이었다. 서른두 살이 늙었다니, 누가 대체 그런 생각을 한 것일까?

스님에서 서커스 광대로 변신하는 것은 당연히 흔한 경우로 보이지 않겠지만, 사실 둘 사이에는 처음에 드는 생각과는 달리 비슷한 점이 더 많다. 신체 활동의 매 순간에 알아차림(awareness)을 적용하는 것은 내가 그때까지 상상한 것보다 더 많은 면에서 이루 헤아릴 수 없이 귀중한 경험이 되었다.

저글링이든 줄타기든 아크로바트든 공중그네든 서커스 동작을 하나 떠올려보자. 그런 신체 활동은 모두 집중과 이완의 완벽한 균형을 요구한다. 지나치게 집중하면 실수하게 되고 지나치게 이완하면 추락하거나 넘어지고 만다.

서커스 훈련을 받을 때 가장 힘들었던 부분은 안전지대에서 벗어나라는 지시를 끊임없이 듣는 것이었다. 대부분의 학생이 일상적으로 그 말을 들었고 그럴 때마다 우리의 자존심은 타격을 받았다. 우리는 과정 내내 자신을 너무 진지하게 여기지 말라는 조언을 듣곤 했다. 신기하게도 이 부분은 절에서의 수행과 아주 흡사하다. 그 역시 자존심을 상할 기회가 많다는 얘기다.

우리는 종종 일어날 수 있는 모든 결과를 정밀하게 분석하는 일에 사로잡힌 나머지 기회 자체를 놓쳐버린다. 물론 어떤 일은 심사숙고를 필요로 하지만 마음을 챙겨 현재에 충실할수록 우리는 옳다고 느껴지는 것을 보다 잘 감지하기 시작한다. 그것을 직감이나 직관으로 간주하든, 모종의 안내를 받는 것으로 여기든, 아니면 그저 그것이 마땅히 해야 할 일임을 스스로 깨닫는 경우든, 그러한 발견은 놀랍도록 엄청난 해방감을 안겨준다.

헤드스페이스 설립

명상을 가르치는 것은 내가 오래전부터 열정을 느껴온 일이었지만 내가 스승들께 배운 세부사항에 유의해서 전수해야 한다는 의무감도 확실히 느꼈다. 영국에서 하는 명상 교육의 방식을 보면 그것으로 누군가 어떤 유익을 얻을 수 있을지 자체가 의심스러웠다. 전통적인 불교계의 스님이나 비구니들은 동양의 명상을 지극히 신중하고 세심하게 서양으로 전했지만 그렇게 서양의 속세에 들어온 명상은 너무 서두르는 방식으로 행해졌다. 그저 다들 고요한 마음의 경험을 한순간도 지체할 수 없다는 식으로 서둘

렀다. 그래서 아무런 맥락도 없이 오직 명상 기법만 따로 분리해

냈고 그로 인해 명상을 제대로 배우는 일이 거의 불가능해졌다.

주변을 둘러보라. 명상을 시작했지만 중간에 그만둔 사람이

얼마나 많은가? 더욱 나쁜 것은 명상을 해봤자 별다른 유익을 얻

지 못할 거라는 생각에 아예 시도조차 하지 않는 사람이 부지기수

라는 점이다. 명상이 진정 무엇인지도 모르고 최상의 명상 방식

에 대한 지도와 안내도 받지 못한다면 어떻게 효과적으로 명상을

할 수 있겠는가?

이제 곧 알게 되겠지만 명상은 그저 매일 일정 시간 한 자리

에 앉아 있는 것이 전부가 아니다. 그것은 중요한 측면이기는 하

지만 접근, 수행, 통합이 함께 이루어지는 보다 광범위한 마음 훈

련 체계의 일부다. 각 측면은 똑같이 중요하며 명상의 효과를 최

대한 누리기 위해서는 접근, 수행, 통합을 체계적으로 습득해야

한다.

전통적으로 명상을 배우는 이들은 먼저 명상에 접근하는 방

식을 배우고 그다음에 명상을 수행하는 법, 그리고 마지막으로 명

상 기법을 일상생활에 통합하는 법을 배운다.

명상을 광범위한 마음 훈련 체계의 일부로 제시하고자 나는

2010년 헤드스페이스를 정식으로 출범시켰다. 헤드스페이스의

아이디어는 간단했다. 명상을 이해하기 쉽게 설명하고 그것을 현

대인의 삶에 유익하며 편하게 접근할 수 있는 무엇으로 만드는 것

이다. 기묘한 요소도 없고 기이한 무엇도 없다. 단지 사람들이 마음의 고요를 얻기 위해 사용할 수 있는 손쉬운 도구일 뿐이다. 헤드스페이스의 목적은 가능한 한 많은 사람이 명상을 시도해보게 만드는 것이다.

다시 말해서 명상에 대해 읽는 데 그치지 않고 실제로 행하게 하는 것이다. 약간의 헤드스페이스(고요한 마음)를 얻기 위해 하루에 10분 동안 앉아 있는 일은 분명 산책하러 나가는 일만큼 흔하고 자연스러워지게 될 것이다. 10년 내지 15년 전에는 요가를 배운다고 하면 히죽거리는 사람이 많았지만, 요즘은 요가 수업을 받으러 가는 것이 에어로빅 하러 가는 것만큼 자연스럽게 인식된다 (실제로 에어로빅보다 요가가 더 인기라고 주장하는 사람들도 있다).

헤드스페이스 프로젝트를 세상에 내놓는 데 수년에 걸친 연구조사와 계획, 개선이 필요했지만 명상 기법의 역사를 놓고 보면 그 시간은 눈 깜박할 새에 불과하다. 명상 기법은 수천 년에 걸쳐 스승에게서 제자에게로 전해 내려왔다. 수천 년이라면 명상 기법을 다듬고 발전시키는 데 충분하고도 남는 시간이다. 그 사이에 관련된 모든 문제를 말끔히 해결한 것은 물론이다. 새로운 것과 일시적 유행, 시류 등이 판치는 세상에서 그 정도의 정통성이라면 믿고 안심해도 되는 무언가를 갖췄다고 봐도 무방하다. 바로 그런 정통성에 힘입어 나는 의사들과 손을 잡고 의학적 치료에 명상 기법을 적용하도록 돕는 일을 시작할 수 있었다.

또한 그 덕분에 임상적 마음챙김(mindfulness) 컨설턴트로서 명상 클리닉을 오픈할 수 있었고 이후 지금까지 불면증이나 무기력 등 갖가지 증상으로 고통받는 고객들을 도울 수 있었다.

다시 한밤중에 사찰 담장에 올라 웅크리고 아래를 내려다보던 그 시점으로 돌아가보자. 나는 마지막으로 한 번 더 뒤를 돌아본 후 담에서 뛰어내렸다. 그런 식으로 절을 떠나는 게 유감스럽지 않을 수 없었다. 하지만 돌이켜보면 불가에 입문한 것 자체에 대한 후회는 없다. 오래 머물렀거나 잠깐 들른 모든 절과 선원, 명상 센터에서 나는 무언가를 배우거나 깨우쳤다.

실제로 나는 그 세월 동안 비범한 스승들, 진정한 명상의 구루들에게 배움을 얻는 행운과 특권을 누렸다. 독자들이 이 책에서 어떤 지혜를 얻는다면 그것은 전적으로 그들 덕분이다.

내가 이 책을 쓸 수 있는 가장 강력한 자격은 배움의 과정에서 저지를 수 있는 실수는 거의 다 저질러봤다는 데 있다. 따라서 독자들은 유사한 실수를 저지르지 않게 도와줄 수 있다고 믿고 싶다. 명상에 접근하는 최선의 방식과 명상을 수행하는 최상의 방법, 명상을 삶에 통합하는 최고의 방법을 조언할 수 있다는 의미다. 지도를 갖고 있는 것과 길을 가르쳐주는 누군가가 옆에 있는 것은 천양지차다.

이 책의 활용법

명상은 삶을 바꿀 잠재력이 있는 놀라운 기술이다. 하지만 그 기술을 어떻게 이용하느냐는 당신에게 달려 있다. 명상과 마음챙김에 대한 미디어 보도가 늘어나자 많은 사람이 명상의 목적을 규정하려고 경쟁하는 모양새다. 하지만 사실 명상의 목적은 명상을 하는 당사자가 그것을 어떻게 이용할지 결정함으로써 규정하는 것이다.

자전거 타는 법을 배웠을 때를 떠올려보자. 사람들은 필경 당신에게 자전거 타는 법만 보여주었지 그 능력을 어떻게 이용하는지는 말하지 않았을 것이다. 어떤 사람들은 자전거를 출퇴근에 이용하고 어떤 사람들은 친구들과 놀러 다니는 데 이용하며 (많지는 않지만) 자전거 타기를 직업으로 삼는 경우도 있다. 그러나 자전거 안장에 앉아 있는 기술은 누구에게나 동일한 것으로 남는다.

그렇게 자전거 타는 법을 배웠겠지만 자전거 타기가 자신에게 무엇을 의미하는지 그 기술을 무엇에 이용할지, 그것을 생활방식에 어떻게 적합하게 만들지 등을 규정하는 것은 자신이 할 일이다. 명상 기술의 경우도 마찬가지다. 그것은 삶의 모든 영역에 적용할 수 있으며 그 가치는 당신이 명상에 어느 정도의 가치를 부여하느냐에 따라 달라진다.

많은 사람에게 명상은 만능 스트레스 해소법이자 마음을 위한 아스피린이다. 간단히 말해 일상적으로 약간의 헤드스페이스를 얻는 방법인 것이다. 어떤 이들에게 명상은 마음챙김에 이르는 보다 폭넓은 접근방식의 토대다.

즉 하루 종일 바로 그 순간에 존재한다는 것을 체험할 수 있는 기회다. 또 어떤 사람에게는 그것이 정서적 안정이나 모종의 영적인 성장을 증진하기 위한 자기 계발 계획의 일부일 수도 있다. 그리고 연인이나 배우자, 부모, 자녀, 친구, 동료와의 관계 개선을 위해 명상에 의지하는 사람들도 있다.

또한 명상을 훨씬 더 특정한 방식으로 이용할 수도 있다. 영국 국립임상연구소(UK National Institute for Clinical Excellence, NICE)에서 명상(의료계에서는 마음챙김이라 한다)의 적용을 승인한 이후 명상은 스트레스와 연관된 다양한 증상의 치료에 이용되고 있다. 여기에는 만성불안증과 우울증, 분노, 중독, 강박 행동, 불면증, 근육 긴장, 성 기능 장애, 월경전증후군 등이 포함되며 물론 이에 국한되지도 않는다.

치료 목적이 아니라 삶의 특정 영역을 개선할 목적으로 명상을 활용하는 사람도 많다. 특정한 훈련이나 직업, 취미, 스포츠(미국 올림픽 팀이 좋은 예다) 등의 영역에서 추가적인 유익을 얻기 위해 명상을 이용하는 경우가 여기에 속한다. 끝으로 덧붙이면, 미국 해병대는 전방에서 근무하는 군인들의 집중력과 효율성을 높이기 위해 명상을 채택했다.

명상과 마음

어쩌면 명상에 이렇듯 다양하고 광범위한 혜택이 따를 수 있다는 사실이 믿기지 않을지도 모른다. 하지만 좀 더 생각해보면 명상은 우리의 마음과 관련된 어떤 것에든 긍정적인 영향을 미친다. 명상은 컴퓨터의 하드디스크를 세밀하게 조정하는 것과 흡사하다.

생각해보라. 마음을 사용하지 않고 할 수 있는 일이 한 가지라도 있는가? 우리의 삶에서 마음이 얼마나 중심적인 역할을 하는지 고려한다면 요즘과 같은 명상 혁명이 더 일찍 일어나지 않은 것이 오히려 이상하다. 우리는 운동으로 몸을 건강하게 만드는 것은 당연시하면서도 마음의 웰빙은 뒷전으로 미뤄두는 경향이 있다. 마음의 웰빙을 눈으로 확인할 수 없기 때문이든 그것을 가망이 없는 것으로 생각하기 때문이든 그 이유는 중요하지 않다. 어차피 우리의 존재는 전부 마음을 통해 경험하니까. 삶의 행복감이든, 충만감이든, 다른 사람들과의 긍정적인 관계든, 우리는 바람직한 모든 것을 마음에 의존해 추구한다. 따라서 매일 약간의 시간이라도 내서 마음을 수행하고 마음의 웰빙을 유지하는 것은 필수적인 무엇에 해당한다.

명상은 경험이다

명상은 기술인 동시에 경험이다. 이는 곧 명상의 가치를 충분히 인식하려면 명상을 반드시 해봐야 한다는 뜻이다. 명상은 또하나의 거품 같은 개념이 아니며 철학 사상도 아니다. 명상은 현재의 순간을 직접 경험하는 것이다. 명상의 '목적'을 규정하는 일이 당신에게 달렸듯이 명상의 '경험'을 규정하는 일 역시 당신 몫이다.

친구가 레스토랑에서 먹은 아주 맛있는 음식에 대해 들려주는 경우를 상상해보자. 이제 당신이 직접 그곳으로 가서 그 음식을 먹는다고 치자. 음식에 관한 설명을 듣는 것과 그 음식을 실제로 맛보는 것은 완전히 다른 경험이다. 그렇지 않은가?

또는 스카이다이빙에 관한 책을 읽는다고 상상해보자. 저자의 말에 얼마나 많이 공감을 하고 3킬로미터 상공에서 뛰어내리는 자신을 얼마나 실감나게 상상하든 그것은 실제로 비행기에서 뛰어내려 시속 200킬로미터의 속도로 지상으로 돌진하는 경험과는 완전히 다르다. 따라서 명상을 이해하기 위해서는 반드시 직접 해봐야 한다.

책을 읽고 영감을 받아 삶을 바꾸기로 결심했는데 며칠 지나지도 않아 예전의 습관으로 돌아간 경험은 분명 많은 사람에게 있을 것이다. 그런 자신의 모습을 보고 무엇이 어디서부터 잘못되었는지 의아해한 적이 없는가? 집에 가만히 앉아 초콜릿 아이스크림을 먹으며 다이어트 책을 읽는 것만으로는 누구도 체중 감량에 성공할 수 없다.

마찬가지로 이 책의 내용을 단순히 곱씹는 것으로는 결코 헤드스페이스에 이를 수 없다. 좋다, 그렇게만 해도 약간의 헤드스페이스는 늘릴 수 있을지는 모르지만 요점은 명상의 진정한 효과를 체험하려면 반드시 직접 해봐야 한다는 것이다. 그리고 당연히 한두 번으로 끝내지 않는 것이 좋다. 헬스클럽에 다니는 것과 마찬가지로 규칙적으로 명상 공간에 가서 실제로 할 경우에만 명상 효과를 볼 수 있다.

사실 진정한 변화는 그러한 순간, 즉 책을 내려놓고 명상을 하는 순간에 일어난다. 그 변화는 미묘하고 손에 잡히지는 않지만 아주 심오하다. 그 변화에는 자신과 다른 사람들에 대해 느끼는 방식을 바꿀 수밖에 없는 인식과 이해의 성장이 포함된다.

* * *

불행히도 명상에 관해 널리 알려진 오해 때문에 바꾸고 싶어하는 기존의 사고방식을 오히려 강화하기만 한다.

우리는 종종 그런 잘못된 생각에 애착을 느끼고 마치 오랜 친구와 같은 익숙함과 편안함을 느낀다. 하지만 진정한 변화를 원한다면 어느 정도의 개방성, 즉 기꺼이 조사하고 탐구하려는 태도가 필요하다. 그래서 이 책은 명확한 답을 제시하고 무엇을 믿어야 하며 어떤 식으로 사고해야 하는지 알려주는 방식을 피한다. 당신의 문제를 모두 해결해주며 영원한 행복을 안겨주는 것도 아니다.

이 책은 당신이 시도하기만 하면 삶에 대한 경험을 근본적으로 바꿔줄 수 있는 방법을 소개할 뿐이다.

명상은 당신을 다른 사람이나 새로운 사람으로 바꾸는 것과 관계없고 심지어 더 나은 사람으로 바꾸는 것과도 관계가 없다. 명상은 자신의 감정과 생각이 형성되는 방식과 이유를 자각하고 이해하는 법을 훈련하며 그 과정에서 균형 잡힌 건강한 시각을 얻는 것이다. 그렇게 건강한 시각을 갖게 되면 당신이 삶에서 원하는 어떤 변화든 실현될 가능성이 훨씬 커지는 것이다.

그뿐만이 아니다. 명상은 또한 당신이 지금 이 순간에 존재하는 방식과 느끼는 방식에 만족하는 법도 보여준다. 하지만 거듭 강조하건대 중요한 것은 직접 해보는 것이다. 과학자들이 효과적이라고 말한다는 이유만으로 그냥 믿는 것은 금물이다. 연구조사 결과가 아무리 가치 있고 흥미로워도 그 혜택을 당신이 직접 경험하지 않으면 아무 의미가 없다. 그러므로 이 책이 제시하는 지침

을 활용하고 되새기고 꾸준히 시간을 내어 하루 10분이 당신에게
무엇을 제공하는지 직접 확인해보기 바란다.

헤드스페이스 애플리케이션

이 책은 명상을 시작할 때 알아야 할 모든 것을 담고 있지만
헤드스페이스 앱 또한 귀중한 동반자로 이용할 수 있다. 명상 앱
헤드스페이스는 짧은 단계별 가이드로 마음챙김 명상 과정을 안
내한다. 또한 많은 도움이 되는 애니메이션과 동영상도 포함돼
있다. 이 앱은 앱스토어(App Store)나 구글플레이(Google Play)에
서 다운받을 수 있다('Headspace Meditation'을 검색하면 된다). 또는
웹사이트 headspace.com을 방문해서 이용해도 된다.

명상과 마음챙김

솔직히 말해보자. 명상이라는 말을 들으면 히말라야의 어느
산꼭대기에 가부좌를 틀고 앉은 요가 수행자가 떠오르지 않는가?
혹은 향 연기가 자욱한 법당에서 경을 외우고 목탁을 치는 가사
차림의 삭발한 스님이 연상되지는 않는가? 어쩌면 홀치기염색 티

서츠를 입고 마약에 취한 히피들이나 숲속에 떼로 몰려가 차례로 나무를 끌어안는 뉴에이지 추종자들이 떠오를지도 모른다. 명상이라는 말은 대개 그런 장면을 연상시킨다.

30여 년 전, 주류 의료계에 명상을 도입하려 했던 소수의 진보적인 서양 의사들은 소속 병원에서 웃음거리가 되었다. 하지만 그들은 굴하지 않고 명상을 '마음챙김'이라는 단어로 바꿔 연구를 계속했다. 그렇게 서양에 자리 잡은 마음챙김은 전통적인 불교 명상에 그 기원을 두고 있지만 본질적으로 불교와 관련된 것은 하나도 남지 않았다.

마음챙김은 거의 모든 명상 기법의 핵심 요소로서 눈을 감고 정좌하는 명상의 형식적인 측면을 크게 넘어선다. 마음챙김이란 주의를 집중해 오직 현재에, 지금 이 순간에 존재하는 것을 의미한다. 마음을 쉬게 하며 알아차림의 자연스런 상태에 이르게 하는 것을 말하는데, 이 경우 선입견도 없고 판단도 하지 않는 마음 상태가 된다. 그렇게 마음을 챙길 수 있다면 근사하지 않겠는가?

마음챙김은 우리 대부분이 살아가는 방식과는 대치선 상에 놓인다. 우리는 끝없이 떠오르는 중요하거나 사소한 생각과 감정에 사로잡히고 늘 자신과 타인을 비판하고 판단하며 살고 있지 않은가!

우리가 실수를 저지르는 것은 대개 사소한 온갖 것에 사로잡혀 있을 때다. 적어도 나의 경우에는 늘 그랬다. 그런 실수는 직장 업무와 타인과의 관계, 심지어 통장 잔고에까지 영향을 미칠 수 있다. 나는 마음챙김이 부족하다고 느낄 때마다 모스크바에 머물던 시절의 경험이 떠오른다.

내가 일하던 학교는 미국 달러로 월급을 주었는데 상당히 후한 편이라 다달이 약간의 저축까지 할 수 있었다. 때는 1990년대 후반의 금융위기가 세계를 휩쓴 직후여서 아무도 은행을 믿지 않았다. 사람들은 현금을 매트리스 밑에 숨겨 두거나 러시아 밖으로 몰래 빼돌릴 방법을 궁리했다. 나는 명상 선원에서 수행을 하려고 돈을 모으고 있었기에 다음 번에 영국으로 돌아가는 길에 모은 돈을 모두 갖고 가기로 했다.

러시아 정부는 러시아 밖으로 돈을 가지고 나가는 행위를 엄격한 법규를 통해 단속했다. 해당 법규에 따르면 단 한 푼도 갖고 나갈 수 없었다. 그래서 나는 속옷 앞쪽에 500달러를 쑤셔 넣었다. 돈다발을 팬티에 쑤셔 넣은 채 가사 차림으로 출국 심사대에 서자니 아무리 명상 수행에 쓰겠다는 좋은 의도라고 해도 죄의식이 들었다. 불안감으로 인한 그 모든 잡념과 세관원에게 할 말을 러시아어로 연습하는 일에 완전히 사로잡힌 나머지 나는 속옷에 돈을 쑤셔 넣었다는 사실을 까맣게 잊은 채 화장실로 들어섰다.

화장실 소변기는 빈 자리가 없어서 칸막이 화장실로 들어갔다. 자세히 설명하진 않을 테지만 변기는 낡은데다 먼저 사용한 사람이 물 내리는 것을 잊은 상태였다. 나는 여전히 온갖 잡다한 생각과 걱정에 사로잡힌 채 변기 앞에 서서 가사 자락을 걷어 올렸다. 바로 그때 그 일이 벌어졌다.

미처 손을 쓸 새도 없이 500달러에 달하는 지폐들이 변기 속으로 우수수 떨어지는 모습을 망연자실한 채 지켜보았다. 말할 필요도 없이 내가 마음을 좀 더 챙기며 그 모든 잡념에 조금만 덜 골몰했더라면 그런 일은 결코 일어나지 않았을 것이다.

당시 나는 마음이 산란한 상태였다. 마음이 산란할 때는 실수를 저지른다. 독자들은 이 사태가 어떻게 마무리되었는지 궁금할 것이다. 내가 더러운 변기에 빠진 500달러를 놔두고 나왔을까, 아니면 소매를 걷어 올리고 결코 생각할 수 없는 그 일을 해냈을까?

예정대로 선원으로 수행하러 들어갔다는 말만 해두겠다.

마음챙김은 현재에 존재하는 것을 의미한다. 다른 일에 정신이 팔리거나 생각에 사로잡히지 않고 '그 순간에' 존재하는 것, 지금 펼쳐지고 있는 삶을 직접 경험하는 것을 의미한다. 그것은 당신이 어떻게든 창출하거나 유지해야 하는 부자연스럽거나 일시적인 상태의 마음이 아니다. 그 반대로 마음챙김은 한 걸음 물러나 일상의 혼란에서 벗어난, 자연스러운 상태에서 마음을 쉬게 하는 것이다. 잠시 시간을 갖고 그런 방식으로 사는 삶이 어떠할지 상상해보라. 마음을 온통 차지하고 있는 그 모든 앙금과 사연, 논쟁, 판단, 의무를 내려놓은 상태는 어떠할지 상상해보라. 마음챙김은 바로 그것을 의미한다.

그러나 평생을 생각에 사로잡혀 살아온 사람들이 그렇게 한 걸음 뒤로 물러서는 법을 배우기란 쉬운 일이 아니다. 그것이 가능하려면 올바른 조건이 갖춰져야 한다. 명상이 필요한 이유가 바로 거기에 있다. 명상은 결코 신비로운 것이 아니다. 명상은 마음챙김의 기술을 실행하는 데 필요한 최적의 조건을 제공하는 한 가지 기법일 뿐이다.

* * *

물론 당신은 명상을 하지 않고도 '그 순간'에 존재하거나 어떤 활동으로든 현재에 완전히 몰입하는 느낌을 경험할 수 있다. 실제로 지금까지 살아오면서 그런 느낌을 여러 번 경험한 적이 있을 것이다. 스키를 타고 산비탈을 질주하거나 자전거에 올라타 달리거나 아주 좋아하는 음악을 듣거나 아이들과 함께 놀거나 일몰을 바라보며 바로 그 순간에 존재하는 느낌을 경험했을지도 모른다. 이런 일시적인 몰입은 예측하기 어려운 까닭에 그렇게 자주 경험하지 못하지만 날마다 명상을 한다면 아주 짧은 시간이라도, 그렇게만 한다면 알아차리는 느낌과 지금 그 순간에 존재하는 느낌이 갈수록 익숙해지고 그래서 삶의 나머지 영역에 적용하는 일이 훨씬 쉬워진다.

어떤 것이든 새로운 기술을 배울 때 최상의 효과를 거두려면 그것을 배우는 데 필요한 최적의 조건부터 갖춰야 한다. 명상은 마음챙김을 배우는 데 필요한 더없이 훌륭한 조건을 제공한다. 따라서 날마다 명상을 한다면 누구든지 원하는 만큼 마음을 챙길 수 있다.

이렇게 한번 생각해보자. 당신이 운전하는 법을 배운다고 치자. 처음에는 혼잡한 고속도로보다는 한적한 시골길로 차를 몰고 나갈 것이다. 물론 당신은 어디서든 운전을 할 수 있다. 하지만 운전을 배우는 시기에는 고속도로보다는 시골길이 훨씬 더 수월하다. 마음챙김도 마찬가지다. 당신은 어떤 상황에서든 그리고 어떤 목적을 위해서든 마음챙김을 적용할 수 있다. 하지만 마음챙김 기술을 가장 쉽게 배울 수 있는 시간은 바로 명상을 하는 동안이다. 게다가 그런 경우에는 대개 주위에서 어떤 일이 일어나고 있는지 알아차리고 풍경을 즐길 수 있는 시간과 공간도 향유할 수 있다.

물론 경험이 풍부한 명상가 중에는 '10분 명상'이라는 아이디어에 아연실색하며 손을 내저을 사람도 분명 있을 것이다. 그들에게는 그것이 일견 전자레인지에 데우면 그만인 냉동식품과 다르지 않아 보일 수도 있다. 그러나 마음 훈련의 의도를 좀 더 자세히 들여다보면 '조금씩 자주'라는 아이디어가 실로 타당하다는 사실을 이해할 것이다.

명상에 접근할 때에는 융통성 있게 적응하는 자세를 취할 필요가 있다. 1시간 동안 꼼짝 않고 앉아 명상하는 것도 괜찮기는 하지만 그 시간 내내 마음챙김을 유지할 수 없다면 별다른 혜택을 보기도 어렵다. 게다가 하루 중 나머지 23시간은 어떻게 할 것인가? 삶의 다른 많은 일이 그렇듯이 명상도 양보다는 질이 중요하다. 그저 10분을 할애하는 것으로 시작하라. 그것이 쉬워지며 명상을 더 오래 하고 싶어지고 시간도 낼 수 있다면 더할 나위 없이 좋은 일이다.

하지만 하루에 10분씩만 명상을 해도 여전히 많은 유익을 누릴 수 있다는 사실은 잊지 마라. 내가 지난 세월 직접 보고 들은 명상의 놀라운 효과들은 차치하더라도 짧고 규칙적인 일일 명상이 건강에 여러모로 유익함을 입증하는 과학적 자료는 차고도 넘친다.

헤드스페이스란 무엇인가?

헤드스페이스는 지금 이 순간 어떤 감정이 일든 흔들리지 않는 확고한 만족감이나 충족감, 즉 마음의 근원적인 평온과 평화를 묘사하는 말이다. 헤드스페이스는 표면적인 감정에 좌지우지되는 마음 상태가 아니다. 그러므로 슬픔이나 분노가 솟구칠 때도 기쁨이나 환희에 휩싸일 때처럼 확연히 경험할 수 있다. 헤드스페이스는 본질적으로 어떤 생각이 들고 어떤 감정이 생기든 그에 '만족하는 것'을 의미한다. 그렇기에 명상을 하면, 심지어 처음 시도할 때도 기분이 좋아지는 것이다. 그렇다고 명상을 하면 꼭 때굴때굴 뒹굴 정도로 웃음이 분출되거나 샹들리에로 그네를 탈 정도로 기쁨이 솟구친다는 것은 아니다.

하지만 그 근원적인 만족감은 반드시 경험하게 되고 모든 게 괜찮다는 것을 그냥 알게 되는 지점에는 반드시 이른다. 그것의 결과가 바로 삶의 변화다.

헤드스페이스와 행복감을 구별하는 것은 실로 중요하다. 어떤 이유에서인지 우리는 행복이 삶의 기본 세팅이라 믿게 되었으며 따라서 그 기준에 부합하지 않는 어떤 것이든 문제가 있다고 생각한다. 이런 가정 때문에 우리는 불행의 원천에 대해서 육체적으로, 정신적으로, 정서적으로 저항한다. 상황이 복잡해지는 것은 대개 이 단계에서다. 삶이 고역으로, 그놈의 행복감을 얻고 지키려는 끝없는 고군분투로 느껴지기 시작한다.

우리는 일시적인 쾌락이나 색다른 경험의 희열에 빠져들고 한 번 그렇게 발을 들이면 언제나 그것을 무언가로 충족시켜야 한다. 그 무엇이 음식인지 알코올이나 마약, 옷, 자동차, 연애, 일, 심지어 목가적인 전원 풍경인지는 중요하지 않다. 그런 것에 의지해서 행복을 추구하면 우리는 결국 덫에 갇힌다. 그것을 더 이상 가질 수 없다면 어떻게 될까? 흥미가 사라지고 나면 무슨 일이 일어날까?

인도를 여행할 때 조시라는 남자를 만난 적이 있다. 첫눈에 호감이 가는 인상이었는데 어느 날 버스를 기다리고 있는 내게 말을 걸어왔다. 인도를 여행해본 사람은 다들 알겠지만 거기서는 버스가 언제 올지 알 수가 없다. 우리는 서로 마음이 통했고 두세 가지 관심사도 공유했다. 특히 둘 다 명상에 관심이 많다는 사실이 우연 치고는 신기했다. 이후 수주에 걸쳐 많은 시간을 내어 대화를 나누고 경험을 공유했다. 하루하루 지나면서 조시는 자신이 살아온 이야기를 조금씩 털어놓았다.

우리가 만나기 몇 년 전, 조시는 아내와 네 아이와 함께 살았다. 그의 부모와 장인장모 역시 형편이 넉넉하지 않았던 관계로 모두가 함께 살았다. 당시 그의 집은 북적거리고 혼잡하긴 했어도 정말 행복했다. 그런데 아내가 넷째를 낳고 다시 직장에 나간 지 얼마 지나지 않아 불행히도 교통사고로 세상을 떠났다. 아내가 탄 차에는 장인, 장모와 갓난아기도 타고 있었는데 워낙 큰 사고여서 생존자가 한 명도 없었다. 조시는 그 고통을 도저히 견딜 수 없었다. 세상을 다시 마주할 수가 없어서 집에 틀어박혀 자신의 내부로만 침잠해 들어갔다. 그러자 조시의 부모는 아직도 그가 돌봐야 할 세 아이가 있고 그 아이들에게 가장 필요한 것은 아빠가 곁에 있어 주는 것이라는 사실을 상기시켰다. 조시는 다시 몸과 마음을 추슬러 헌신적으로 아이들을 돌봤다.

몇 달 후 우기가 오면서 조시가 사는 지방에 전형적인 홍수가 연이어 발생했다. 그 때문에 곳곳에 커다란 물웅덩이가 생기고 고인 물이 썩으면서 전염병이 창궐했다. 마을의 다른 아이들과 마찬가지로 조시의 세 아이도 병에 걸렸다. 어머니 역시 시름시름 앓기 시작했다. 그리고 고작 2주 만에 어머니와 세 아이가 세상을 떠났다. 어머니는 예전부터 몸이 약했던 터라 전염병에 걸리자 곧바로 돌아가셨다. 아이들은 할머니보다는 튼튼했지만 그 무자비한 질병과 싸워 이길 수는 없었다.

석 달이라는 그 짧은 기간에 이 남자는 아내와 어머니, 아이들과 장인 장모를 다 잃었다. 가족 중에서 살아남은 이는 아버지 한 사람뿐이었다. 너무도 가혹한 비극이 벌어진 집에서 더 이상 살 수 없었던 조시는 집을 떠나 친구들과 함께 지냈다. 하지만 아버지는 평생 정이 든 집을 떠날 수 없다며 홀로 남아 집을 지키겠다고 했다. 친구 집으로 옮겨 온 지 며칠도 지나지 않아 조시는 그의 집이 불에 탔고 아버지는 미처 빠져나오지 못했다는 소식을 들었다.

조시는 그것이 사고였는지 아니면 아버지가 그저 더 이상 살아갈 수 없다고 결심한 건지 여전히 잘 모르겠다고 했다.

그 이야기를 듣고 있자니 그동안 살아오면서 틈만 나면 투덜대고 불평하고 한탄한 내 자신이 너무나 부끄러웠다. 나는 언제나 모든 일이 정확히 내가 원한 대로 되기를 바랐고 내 맘대로 되지 않으면 절대 만족하지 않았다. 전철이 조금 늦는다고 한밤중에 잠에서 깼다고, 친구가 내 말에 동의하지 않는다고, 어떻게 그 렇게 화를 낼 수 있었단 말인가?

내가 상상할 수도 없는 방식으로 고통을 겪고도 비범할 정도 로 평온하고 침착한 마음을 유지하는 남자가 내 앞에 있었다. 아 버지까지 잃은 후에는 어떻게 지냈느냐고 묻자 그는 이 새로운 지 역으로 이사한 사연을 들려주었다. 가족도 없고 집도 없고 돈도 없었기에 인생을 완전히 다르게 생각하지 않을 수 없었다고 그는 말했다. 결국 한 명상 센터에서 살기로 하고 거의 모든 시간을 그 곳에서 보냈다. 나는 명상을 통해 그가 겪은 비극에 대해 느끼는 방식이 바뀌었느냐고 물었다. 그는 명상으로 자신이 느끼는 감정 이 바뀌지는 않았지만 그런 감정을 경험하는 방식은 바뀌었다고 답했다. 여전히 엄청난 상실감과 슬픔을 느끼지만 그 감정을 다 르게 인식한다는 얘기였다. 그는 자신이 어떻게 그러한 생각과 감정 아래에 있는 고요하고 평온하고 평화로운 공간을 찾아냈는 지 설명했다. 조시는 그 공간이야말로 그에게서 결코 앗아갈 수 없는 유일한 것이며, 삶에 그 어떤 일이 일어나든 자신의 내면에 는 언제든 돌아갈 수 있는 그곳이 존재할 거라고 덧붙였다.

조시의 사연은 물론 극단적인 예다. 하지만 삶은 우리 모두에 게 필연적으로 도전을 부과한다. 우리가 절대 겪지 않기를 바라 는 사건이나 그 반대였으면 하는 상황(조시의 경우만큼 비극적이진 않기를 바랄 뿐이다)을 제시한다. 명상은 이런 현실을 바꿔줄 수도,

그와 관련해 다른 무언가를 해줄 수도 없다. 이 세상에서 인간으로 살아가려면 피할 수 없는 부분이기 때문이다. 때로는 변화를 요구하거니 심지어 강요하는 외부적 상황이 발생하기도 한다. 그 경우 당신은 그 상황에 능숙하게 대처해야 한다. 그럴 때 필요한 것이 바로 마음챙김이다. 그래서 마음을 훈련시키는 것이 그토록 중요한 것이다. 세상을 바라보는 방식을 바꿀 때 당신은 당신을 둘러싼 세상을 효과적으로 바꿀 수 있다.

이 말은 종종 오해를 산다. 명상을 하려면 꿈과 야망을 버려야 한다고 여기는 사람들이 있는데 절대로 그렇지 않다. 무언가를 성취하려는 열망은 인간의 타고난 특성이며 인생의 목적과 방향을 정하는 것은 지극히 중요한 일에 속한다. 오히려 명상을 이용하면 그러한 목적과 방향을 명확하게 규정하고 지원할 수 있다. 지속적인 행복감과 헤드스페이스는 열망이나 야망에 좌우되지 않는다는 것을 명상이 직접적으로 깨우쳐주기 때문이다.

명상은 당신이 더욱 편안하고 자유로운 마음으로 살아갈 수 있도록 돕는다. 또한 삶의 방향에 대해서는 확신을 갖되 그 결과에는 집착하지 않도록 이끌어 뜻밖의 장애물이나 원치 않은 결과에도 좌절이나 상실을 느끼지 않게 해준다. 이러한 관점의 변화는 미묘하지만 중요하다.

헤드스페이스의 필요성

당신은 언제 마지막으로 그 무엇에도 방해받거나 정신이 팔리지 않은 채 아무런 움직임 없이 앉아 있어 보았는가? TV, 음악, 책, 잡지, 음식, 술, 전화, 컴퓨터, 친구, 가족이 옆에 없는 상태에서 머릿속으로 그 무엇도 생각하지 않고 그 어떤 것도 고민하지 않으면서 말이다.

지금까지 명상 같은 것에 전혀 관심이 없었던 사람이라면 이런 경험을 해봤을 가능성이 없다. 왜냐하면 대개는, 하다못해 침대에 가만히 누워 있을 때조차 우리는 여전히 사고의 흐름에 빠져들기 때문이다. 그래서 많은 사람이 가만히 앉아 아무것도 하지 않는 것에 대해 기껏해야 지루함을 느끼고 최악의 경우에는 두려움까지 느낀다.

사실 우리는 늘 무언가를 하느라 너무 바빠서 이제는 가만히 있는다는 것, 그저 마음을 쉬게 한다는 것이 의미하는 바에 대한 기준점마저 상실한 상황이다. 우리는 '무엇이든 하는 것'에 중독된 상태다. 그 무엇이 단지 생각하는 것인 경우에도 그렇다. 따라서 아무것도 하지 않고 가만히 앉아 있는 일이 처음에는 조금 어색하게 느껴질지도 모른다. 당연한 일이다.

명상 연습 1 :
아무것도 하지 않기

지금 시도해보라. 지금 앉아 있는 곳에서 움직이지 말고 책을 덮어 책상 위나 무릎 위에 올려놓아라. 특정한 자세로 앉을 필요는 없다. 그저 편한 자세로 앉아 가만히 눈을 감고 1분이나 2분 동안 있어보라. 이런저런 생각이 떠올라도 괜찮다. 지금은 그냥 그런 생각들이 오고가게 놔두어라. 하지만 그렇게 1, 2분 동안 아무것도 하지 않고 가만히 앉아 있는 것이 어떤 느낌인지 느껴보라.

어떤가? 아무것도 하지 않으니 마음이 무척 느긋해지는 느낌이었을 것이다. 사실 이 연습에서도 다른 무언가를 '해야 할' 필요를 느꼈을 수도 있다. 또는 어떤 것에 집중하려는 충동, 어떤 식으로든 자신을 바쁘게 만들려는 충동을 느꼈을지도 모른다. 우리는 왜 이렇게 가만있지 못하는 걸까?

'아무것도 하지 않기' 명상 연습은 시험이 아니니 걱정하지 말길 바란다. 다음 장으로 넘어가면 당신을 바쁘게 만들어줄 명상 연습도 많다. 하지만 명상을 배우는 이 초기 단계에서 그 시간 내내 무언가를 하려는 습관이나 욕구가 있음을 알아차리는 것도 나

름대로 유익하다. 무엇이든 하려는 충동을 느끼지 않은 사람은
이 연습을 다시 한 번 해보고 싶은 마음이 들 수도 있는데, 그렇다
면 이번에는 시간을 조금 늘려보라.

지금 나는 TV를 보고 음악을 듣고 술을 마시고 쇼핑을 하고
친구들과 어울려 노는 것이 옳지 않다고 말하는 것이 아니다. 오
히려 그 반대다. 이것들은 모두 향유할 만한 것들이다. 다만 그런
것이 지속적인 헤드스페이스가 아닌 일정량의 '일시적인' 행복만
추구하는 행위라는 사실을 인식하자는 뜻이다.

하루 일을 마친 후 머리가 복잡해서 녹초가 되는 듯 느낀 적이
있는가? 그런 날에는 밤에 그저 '스위치를 끄고' 잠시 TV나 보며
기분을 북돋으려 할 수 있다. 만약 프로그램이 아주 흥미로워 완
전히 몰입했다면 당신은 그 모든 잡다한 생각에서 잠시 벗어나는
휴식처럼 느낄 것이다. 하지만 프로그램이 그다지 재미있지 않거
나 광고가 지루하게 이어진다면 때때로 빈틈을 뚫고 잡념이 떠오
를 것이다. 어느 경우든 프로그램이 끝나면 그 모든 생각과 감정
이 다시 밀물처럼 밀려들 가능성이 크다.

물론 처음과 같은 강도로 밀려오지는 않겠지만 그럼에도 여전
히 뒤에 머물러 있으면서 언제든 튀어나올 기회를 노렸을 것이다.

이것이 사람들 대부분이 살아가는 방식이다. 여기저기에 신
경 쓰고 몰두하려 애쓰고 그러면서 말이다. 일터에서는 너무 바
쁘고 신경 쓸 일이 많아서 자신이 실제로 어떤 감정을 느끼는지

알아차리지 못한다. 그러다 일을 마치고 집에 돌아오면 수많은 생각이 갑자기 밀려들어 머리를 채운다. 만약 저녁 시간마저 또 바쁘게 보내는 성우라면 밤에 잠자리에 들어서야 그런 생각을 알아차린다. 이 과정은 누구나 잘 안다. 베개에 머리를 누이는 순간 별의별 생각이 앞다퉈 머리를 채우기 시작한다. 물론 그 생각은 언제나 그 자리에 있었다. 달리 신경 써야 할 게 있어서 그 생각을 알아차리지 못한 것뿐이다.

이 반대의 경우도 있다. 어떤 사람들은 사교 생활이나 가정 생활로 정신없이 바쁜 탓에 직장에 출근한 후에야 마음을 휘젓고 다니는 수많은 생각을 알아차리고는 기진맥진해진다.

이렇게 잡다한 생각과 감정은 우리가 효율적으로 집중하고 수행하고 생활하는 능력, 즉 최적 수준에 가깝게 살아가는 능력에 영향을 미친다. 말할 필요도 없이 꼬리에 꼬리를 물고 이어지는 생각으로 마음이 분주하면 몰입하는 능력도 크게 떨어진다.

명상 연습 2 :
지각

　다시 2분을 내서 짧은 연습을 해보자. 연습 1에서처럼 지금 앉아 있는 곳에서 바로 실행하라. 책을 덮고 신체 감각 중 하나에 부드럽게 집중하라. 청각이나 시각에 초점을 맞추면 좋다. 나는 눈을 감고 주변의 소음에 집중할 것을 권하곤 했지만 소리는 때로 예상치 못하게 발생할 수도 있으므로 당신은 눈을 뜨고 실내에 있는 특정한 물건이나 벽의 한 지점을 응시하는 방법을 택하는 게 좋을 것 같다.

　어떤 감각에 집중하든 그것에 가능한 한 오래, 그러나 아주 가볍고 편안하게 집중하라. 생각이 끼어들거나 다른 감각에 관심이 가는 등 주의가 흐트러지면 그냥 지금까지 집중한 대상에 조용히 주의를 되돌려라.

　어떤가? 쉽게 집중할 수 있었는가? 아니면 다른 생각이 자꾸 끼어들어 마음이 줄곧 이곳저곳을 떠돌았는가? 온전히 집중한 시간은 얼마나 되는 것 같은가? 당신은 모호하게 집중하는 동시에 어렴풋이 다른 생각을 떠올렸을 수도 있다. 믿기지 않겠지만 대부분의 사람은 한 대상에 고작 1분 동안 집중하는 것만도 큰 성취다. 회사 업무나 가족을 돌보는 일, 친구와의 대화, 운전 등에 집중해야 하는 시간을 생각하면 그렇게 짧은 시간 동안만 집중할 수 있다는 사실은 문제가 아닐 수 없다.

테크놀로지에 사로잡힌 삶

아침에 일어나서 가장 먼저 하는 일이 무엇인가? 이메일을 확인하는가? 페이스북에서 메시지를 보내거나 트위터로 친구나 동료와 소통하는가? 잠들기 전에 마지막으로 하는 일은 무엇인가?

연구조사 결과가 정확하다면 당신은 이 모두는 아니더라도 적어도 한 가지 일로 하루를 시작하거나 마무리할 가능성이 크다. 플러그가 항상 꽂혀 있는 것과 마찬가지인 상황에서 스위치를 끈다는 것은 결코 쉬운 일이 아니다.

신문에 실린 어떤 남자에 관한 기사를 읽은 적이 있다. 그는 중요한 메시지를 확인하지 못하거나 제때 답신하지 못해 누군가를 기분 나쁘게 할지도 모른다는 두려움에 스마트폰을 가슴에 올려놓고 잠자리에 든다고 했다. 그렇게 테크놀로지에 중독된 그는 또한 노트북 컴퓨터도 침실에 갖고 들어가 옆에 놓고(실제로 침대 위 자신의 옆에 놓고) 잠을 잤다. 그렇게 아침부터 밤까지 메일과

메시지를 일일이 확인하고 답신하며 잠자리에까지 컴퓨터를 들고 들어가는데도 그는 어쩐 일인지 자신이 팔려고 내놓은 회사에 130만 달러를 제시하는 이메일은 놓쳤다.

이 남자의 예는 극단적일지 모르지만 홍수처럼 밀려드는 전자 데이터에 압도당하는 느낌을 토로하는 사람들이 내 주변에도 부지기수다. 스님으로 살던 시절 나는 그저 '끄고 안 쓰면 되지'라고 생각하곤 했다. 그런데 일반 세상으로 돌아와 있어 보니 나 역시 그리 간단하지 않았다.

나 역시 결국 모바일 기기를 무조건 끊거나 무시하려 애쓰는 대신 능숙하게 관계를 맺고 압도당하지 않는 방법을 찾을 필요가 있다.

마음 훈련의 근본 원칙

이런 현실은 마음 훈련의 근본 원칙을 상기시킨다. 마음챙김은 당신에게 무언가를 바꾸라고 요구하지 않는다. 자신의 마음을 갈수록 명확하게 인식함에 따라 당신은 외적인 삶에서 약간의 변화를 꾀하려 할지도 모른다. 하지만 그것은 전적으로 당신에게 달린 문제다. 원한다면 당신은 지금까지 살아온 방식 그대로 살아갈 수 있다.

그러한 생활방식에 대한 경험을 바꾸는 방법을 배우는 것이 마음챙김의 핵심이다. 당신이 있는 그대로 살아가면서도 근원적인 충족감을 누릴 수 있는 방식을 찾는 게 중요하다는 뜻이다. 그 방법을 찾은 후에 변화를 원한다면 얼마든지 변화를 추구할 수 있다. 여기서 중대한 차이점은 이후의 변화는 무엇이든 지속 가능성을 갖는다는 사실이다.

스트레스

너무 많은 책임과 선택을 강요하는 바쁜 생활 탓에 우리의 몸과 마음은 언제나 초과근무 중이다. 내가 아는 많은 사람이 밤에 잠을 잘 때조차도 톱니바퀴가 계속 돌아가는 것 같다고 말한다. 상황이 그렇다 보니 삶이 복잡해지면서 스트레스 관련 질환의 발병률이 증가한 것은 결코 우연이 아니다.

영국 통계청에 따르면, 불안과 우울증, 과민성, 중독, 강박 행동방식은 물론이고 만성 피로와 고혈압, 불면증 등 스트레스의 일반적인 신체적 증상 역시 근래에 들어 급격히 증가했다.

사람들은 저마다 다양한 이유로 명상 클리닉을 찾지만 스트레스 증상 때문에 찾아오는 부류가 단연코 많다. 자발적으로 찾아오는 사람들도 있고 배우자나 연인, 가족, 친구의 은근한 권유로 오는 이들도 있다. 때로는 스트레스 증상이 극심해서 담당의가 소개하기도 한다.

그러나 대부분은 삶의 다양한 문제에 조금 더 잘 대처할 방법을 찾고 있는 평범한 사람들이다. 직장에서 압박감에 시달리거나 가족 문제에 짓눌리거나 강박적인 사고에 지쳤거나 자신이나 타인에게 해를 끼치는 습관적인 행동으로 고민하는 사람들이다. 그들은 단지 삶에서 조금 더 많은 헤드스페이스를 찾을 뿐이다. 책의 뒷부분에 그들 중 일부의 사례가 실려 있다. 자신의 경험을 공유하는 데 동의를 표한 그들에게 감사한다.

우리는 스트레스 때문에 온갖 실수를 저지른다. 스트레스에 짓눌린 끝에 하지 말아야 마땅한 말을 내뱉고, 하지 말아야 마땅한 행동을 저지른다. 스트레스는 자신을 바라보는 방식과 타인과 상호작용하는 방식에도 영향을 미친다.

물론 우리에게 충족감을 주고 목표를 이루도록 돕는 스트레스나 도전도 있기는 하다. 하지만 대개는 하나의 스트레스가 별로 도움이 되지 않는 다른 스트레스로 이어지기 마련이다. 그렇게 사는 게 뭔지 고민하는 상황이 조성되는 것이다. 바로 그런 상황이 마음을 훈련시켜 삶에서 무슨 일이 일어나든 근원적인 충족감과 행복감, 즉 헤드스페이스를 얻도록 만드는 일이 그토록 중요해지는 시점이다.

인간관계

마음챙김은 의심할 여지없이 일정한 헤드스페이스를 얻고 삶에 변화를 일으키도록 돕는다. 애초에 당신이 이 책을 집어든 이유도 거기에 있을 것이다. 하지만 마음챙김을 배우고 익혀야 하는 이유는 그게 전부가 아니다. 원하든 원치 않든 우리는 다른 사람들과 함께 살아가야 한다. 깊은 산중에 틀어박혀 홀로 살아가는 요가 수행자나 은둔자가 아닌 이상, 언제나 다른 사람들과 상호작용해야 한다. 그렇다면 당신이 헤드스페이스의 느낌을 증진하면 누가 가장 많은 혜택을 입겠는가? 당신일까? 아니면 주변 사람들일까?

마음챙김을 실행하며 날마다 명상을 해서 마음이 한결 더 고요하고 온화해진다면 당신은 다른 사람들과도 더욱 긍정적으로 상호작용하게 될 것이다.

이것은 아마도 마음 훈련에서 가장 도외시된 측면일 것이다. 서양으로 전해지자마자 명상은 어떤 이유에서인지 오직 '나 자신'에 관한 것으로 변모했다. 명상이 전해진 초기에는 그런 경향을 피할 수 없었을지도 모르지만 세월이 흐른 지금은 명상을 보다 이타적인 마음 훈련법으로 삼으려는 의도를 갖는 것이 중요하다. 누구든 자신의 문제에 초점을 맞추고 있을 때 가장 치열하게 분투할 것이다. 인간은 그러기 마련이다. 우리는 끝없이 고민하고 반추하고 분석하기를 좋아한다. 사실은 별로 좋아하지 않지만 그러지 않는 게 불가능하다고 느낄 때가 있다. 하지만 다른 사람의 문제에 초점을 맞추고 있을 때는 어떠한가? 내적 분투의 본질이 바뀐다. 그렇지 않은가?

물론 다른 사람이 처한 곤경을 떠올리며 슬퍼하거나 분노할 수도 있다. 하지만 당신 자신의 문제를 놓고 고민할 때와는 사뭇 다르게 느껴진다. 관점이 바뀌었기 때문이다. 마음 훈련에서는 이 점이 아주 중요하다. 자신의 걱정에서 조금 시선을 돌려 타인의 행복에 조금 더 초점을 맞춤으로써 당신은 오히려 자신을 위한 헤드스페이스를 더 창출할 수 있다. 이뿐만 아니라 그렇게 하면 당신의 마음은 더욱 온화해져서 다루기가 더 쉬워진다. 나아가 그러면 명상의 목표에 더 빨리 이를 수 있으며 오가는 생각에 주의가 쉽게 흐트러지지 않는다.

또한 마음이 더욱 명확해지고 안정적이게 되어 변덕스러운 감정에 휘둘리지도 않는다. 그러니 이타적인 면에 초점을 맞추어 명상하라. 그런 명상에는 단순히 옳은 일을 한다는 것 이상의 훨씬 더 많은 의미가 담긴다.

이런 간단한 기술도 이렇게 당신의 인간관계에 매우 큰 영향을 미친다는 사실은 결코 놀랄 일이 아니다. 모든 것과 모든 사람을 더욱 명확하게 자각하게 되면 당신은 타인을 더욱 분명하게 알아차릴 수밖에 없다. 당신이 어떻게 본의 아니게(또는 의도적으로)

다른 사람의 화를 돋우는지, 그리고 무엇이 그들로 하여금 당신의 화를 돋우도록 만드는지 알아차리기 시작한다. 타인과 대화할 때도 그들이 해주길 바라는 말이나 당신이 다음에 할 말에 대해 생각하는 대신 그들이 그 순간에 실제로 하고 있는 말에 귀를 기울이기 시작한다.

당신이 이렇게 바뀐다면 그들과의 관계 역시 실제로 바뀌기 시작한다는 것을 알 수 있다. 그러나 내내 자신의 문제에만 몰두한다면 타인을 위한 시간을 내기가 무척 어려워질 수밖에 없다.

마음 훈련의 세 가지 요소

전통적으로 명상은 결코 단독으로 행해지지 않았다. 명상은 언제나 마음 훈련이라는 보다 광범위한 체계의 일부였다. 구체적으로 말하자면 명상은 마음 훈련의 세 가지 핵심 요소인 접근, 명상 수행, 통합 중 두 번째 요소에 해당한다. 마음 훈련의 첫 번째 요소는 명상에 접근하는 방법을 이해하는 것이다. 이것은 마음의 역할을 이해하고 명상을 연습할 때 마음이 어떻게 달라지는지 알아내는 것을 의미한다. 오직 그런 후에야 실제로 명상 기법을 배워서 수행에 들어갈 수 있다. 물론 세 번째 요소도 중요하다. 명상에 익숙해지면 그렇게 달라진 마음 상태를 일상생활에 통합해야 한다. 그 두 요소를 배제한다면 명상의 본질을 상실하는 것이나 다름없다. 그렇게 본질이 사라진 명상은 본래의 맥락에서 동떨어진 기법이 되며 따라서 효과가 감소할 수밖에 없다. 당신의 일상에 미치는 영향 역시 줄어드는 것은 물론이다.

명상이 진정으로 효능을 발휘하려면 그리고 누구든 명상으로 최상의 무엇을 얻으려면 반드시 세 요소를 모두 고려해야 한다. 명상에 가장 잘 접근하는 법과 명상을 가장 잘 수행하는 법, 명상을 일상에 가장 잘 통합하는 법을 모두 알아야 한다는 뜻이다.

어디로든 몰고 나갈 수 없다면 자동차가 무슨 소용이 있겠는가? 명상의 경우도 마찬가지다. 명상을 배우는 이유는 눈을 감고 진득하게 앉아 있는 일에 삶을 소비하기 위해서가 아니라 알아차림에 숙달해 그것을 삶의 다른 영역에 적용하기 위해서이다. 그것이 바로 통합이다.

이는 명상을 이용하는 두 가지 방법이 있다는 의미다. 그 한가지 방법을 나는 아스피린 접근 방식이라고 부른다. 밖에서 온종일 바쁘게 움직이다가 스트레스를 받으면 기분을 풀기 위해 잠시 명상을 하는 경우가 여기에 해당한다. 기분이 나아지고 기운을 차리면 다시 밖으로 나가 바쁘게 움직인다. 그러다 다시 스트레스를 받으면 또 기분을 풀어줄 무언가를 원한다.

명상에 대한 이런 접근 방식에 무슨 문제가 있는 것은 아니다. 실로 아무런 문제가 없다. 실제로 이 방법으로도 상당한 헤드스페이스를 얻을 수 있다. 다만 두 번째 접근 방식에 비하면 제한적일 수밖에 없다. 그러한 헤드스페이스를 삶의 나머지 영역에 통합하기는 어렵다는 의미다.

대다수 사람들이 좌선하는 데 온전히 바칠 수 있는 시간은 하루 중 극히 일부에 불과하다. 마음챙김을 하루의 나머지 시간에 적용하는 일에서 멋진 부분은 그것이 당신에게 추가적으로 시간을 내거나 어떤 식으로든 일정을 바꿀 것을 요구하지 않는다는 점이다. 실제로 당신은 하루를 사전에 계획했던 그대로 보낼 수 있다. (다음 장에서 상세히 살펴볼) 이 두 번째 접근 방식은 당신의 활동이 아니라 당신의 마음에 직접적인 영향을 미치기 때문이다.

<1장>

명상에 가까이 서다

The Headspace Guide to
Meditation and Mindfulness

생각을 통제하지 않는 그 무엇

처음에 속세를 떠나 절에 들어갈 때 나는 명상의 본질이 생각을 멈추는 것이라고 믿었다. 명상을 하면 고요하고 텅 빈 마음에 도달할 수 있다고 들은 바 있었고, 바로 그것을 음미하고 싶은 것이 당시 나의 갈망이었다.

물론 그때까지 그런 마음을 한두 번 얼핏 경험하긴 했지만, 나는 명상이 불쾌한 어떤 것이든 들어설 수 없는 빈 공간으로 상상했다. 생각과 감정이 아예 없는 공간으로 상상한 것이다. 어떻게 그렇게 생각도 감정도 없이 사는 게 가능하다고 상상했을까? 확실한 이유는 잘 모르겠지만 어쨌든 그것이 당시 내가 명상에 접근한 방식이었다.

하지만 그런 공간을 창출하려고 애쓰는 것, 즉 올바르게 명상하기 위해 필요한 것으로 내가 추정했던 그러한 마음 상태를 달성하려 노력하는 것은 명상에 대한 가장 흔한 오해다.

그 시기에 나는 나름대로 훌륭한 지도를 받았다. 하지만 내가 갖고 있던 잘못된 생각만 강화해줄 뿐이었다. 나는 매일 스승을 찾아가 나의 명상이 어떻게 진행되고 있는지 설명하고 온갖 생각이 마음을 휘젓는데 아무리 노력해도 생각을 멈출 수가 없다고 말했다. 그럴 때마다 스승은 경계심을 더 강화하고 생각이 떠오르는 순간 그것을 붙잡기 위해 더욱 노력하라고 했다. 그러면 나는 더욱 초조하고 불안해졌다. 나는 몇 시간이고 앉아 경계의 촉각을 곤두세웠다. 그것은 마치 오락실에서 두더지 잡기 게임을 하는 경우와 같은 마음 상태였다. 튀어나오면 즉시 후려칠 작정으로 계속 다음번 생각을 기다렸으니까 말이다.

매일 18시간 명상을 하고 3시간 남짓 잠을 자다 보니 얼마 지나지 않아 나는 완전히 탈진하고 말았다. 나는 선방에서 꼼짝도 하지 않고 앉아 무언가를 아니, 그 무엇이든 얻으려 안간힘을 쓰고 있었다. 하지만 애를 쓰면 쓸수록 내가 구하려는 것에서 더욱 멀어지기만 했다. 그 나라 출신의 다른 스님들은 더없이 느긋해 보였다.

사실 주기적으로 조는 것 같은 스님들도 몇 명 있기는 했다. 당연히 그것은 명상의 목표가 아니었지만 나처럼 억지로 신경을 곤두세우고 있는 입장에서는 그렇게 잠들 수 있다는 것조차 환상적으로 느껴졌다.

얼마 후 내가 지나치게 애쓰고 있음을 알아차린 스승이 조금 쉬어가며 하라고 말했다. 하지만 그즈음 나는 모든 일에 지나치게 많은 노력을 쏟고 있었다. 심지어 조금 쉬어가며 하는 깃에소차 지나친 노력을 기울였다.

이런 고군분투는 한동안 계속되다가 다행히도 스토리텔링에 타고난 재능을 가진 다른 스승을 만나서야 끝이 났다. 그는 무엇이든 내가 알아듣기 쉽게 설명해주었다. 그가 내게 전해준 모든 것은 충격이었다. 명상에 대한 스승의 설명은 내가 상상하던 것과 완전히 달랐다.

도로

스승은 먼저 내게 아주 혼잡한 도로 옆에 눈을 가린 채 앉아 있는 것을 상상해보라고 했다. "자, 이제 이런저런 소음 속에서 차들이 빠른 속도로 질주하는 소리가 들릴 거야. 하지만 눈을 가렸으니 보이지는 않겠지. 그렇지?"

나는 고속도로 옆의 풀밭에 앉아 있다고 상상하며 스승의 물음에 고개를 끄덕였다. 스승은 말을 이었다. "명상을 시작하기 전의 느낌이 이와 비슷하다고 할 수 있지. 머릿속의 그 모든 소음, 그 모든 생각 때문에 가만히 앉아 있을 때에도, 밤에 잠자리에 들어서조차도 그런 소음이 계속되는 느낌일 거야. 그렇지?"

어떻게 그 말에 반박할 수 있으랴. 실로 내 마음은 언제나 일정량의 소음이나 불안이 채우고 있었다. 떠오르는 각각의 생각을 의식적으로 인식하지 않을 때도 마찬가지였다.

"이제 눈가리개를 벗었다고 상상해보거라. 맨 먼저 도로가, 그리고 질주하는 차도 보일 것이다. 색깔도 모양도 크기도 모두 다른 차들이지. 때로는 자동차 소리에 더 관심이 갈 수도 있고 때로는 자동차의 외양에 마음이 끌릴 수도 있다. 하지만 눈가리개를 처음 벗었을 때나 그런 법이지." 그러면서 스승은 혼자 껄껄 웃었다.

"명상을 배우는 사람들이 때로는 이 단계에서 아주 재미있는 말들을 해. 명상을 하면서 드는 생각과 느낌을 놓고 명상을 탓하기 시작한다는 얘기야. 사람들은 내게 와서 이렇게 말하지. '대체 무슨 일인지 모르겠어요. 이 모든 생각이 다 어디서 생겨나는 건가요? 평소에는 결코 이렇게 많은 생각이 들지 않거든요. 명상 때문에 오히려 내내 이런저런 생각이 드는 게 틀림없어요.' 이렇게 명상 때문에 자신의 상황이 악화된 것처럼 말한단 말이야. 따라서 먼저 분명히 해둘 것이 있다. 명상으로 인해 생각이 생겨나는 것은 아니라는 사실 말이다. 명상은 단지 너의 마음에 크고 밝은 빛을 비추고 그럼으로써 네가 네 자신의 마음을 보다 명확하게 볼 수 있게 해줄 뿐이지. 그 밝은 빛이 바로 알아차림이다. 그 빛이 켜진 후 보이는 것을 네가 좋아하지 않을지도 모른다. 하지만 그 것은 너의 마음이 일상적으로 어떻게 움직이는지를 명료하고 정 확하게 반영하는 것이지."

나는 그대로 앉아 스승의 말을 곰곰이 생각해보았다. 한 가지 에 관해서는 그의 말이 전적으로 옳았다. 나 역시 명상을 시작한 이후로 줄곧 나의 마음 상태에 대해 명상을 탓했다. 나의 마음이 정말로 언제나 그렇게 소란스럽다는 것을 믿을 수 없었다. 아니, 믿고 싶지 않았다. 스승의 말을 들으면서 만약 내가 그렇게 구제 불능이라면 아무리 명상을 많이 해도 아무 소용이 없는 것 아닌가 하는 생각이 들었다.

하지만 나중에 알고 보니 그것은 명상 입문 초기에 드는 놀랍 도록 흔한 느낌이었다. 따라서 당신도 만약 그런 식으로 느낀다 면 아무 걱정할 필요가 없다는 것부터 기억하길 바란다.

스승은 내가 무슨 생각을 하고 있는지 감지한 듯 이런 말로 주 의를 환기시켰다. "처음에는 마음이 그렇게 보이는 법이다." 스승 은 온화한 목소리로 말을 이었다. "너의 마음만 그런 것이 아니다. 모든 사람의 마음이 그러하다. 그래서 마음을 훈련시키는 일이 무 엇보다 중요한 것이다. 혼란스런 상태에서 마음을 보면 그것을 어 떻게 다뤄야 좋은지 알기가 어렵다. 겁에 질리는 사람도 있지. 어떤 이는 억지로 생각을 멈추려 하고, 또 어떤 이는 그 생각을 무시하고 대신 다른 생각을 떠올리려고 하지. 그렇게 떠올린 생각이 나름대로 흥미로우면 대개는 거기에 매달리게 된다. 하지만 그 모든 책략은 있는 그대로의 현실을 회피하려는 방법에 지나지 않지. 혼잡한 도로를 다시 떠올려보거라. 그런 방법은 길가에서 일어나 차들이 질주하는 도로로 달려 들어가서는 교통을 통제하려고 시도하는 것과 다르지 않지."

스승은 잠시 멈춘 후 다시 말했다. "위험하기 짝이 없는 전략이 아닐 수 없겠지?"

익숙한 얘기 같지 않은가? 이 역시 스승의 말이 옳았다. 나는 바로 그렇게 해오고 있었다. 단지 명상을 하는 동안에만 그런 것도 아니었다. 스승의 비유는 나의 전반적인 삶을 고스란히 요약했다. 나는 모든 것을 통제하려고 애쓰고 있었다. 가만히 앉아 명상을 할 때 마음의 혼란이 느껴지면 그저 습관적으로 뛰어들어 내 스스로 모든 것을 정리 정돈하려고 했다. 그 방법이 효과가 없어도 나는 단지 노력만 더 기울였다. 어린 시절에 다들 그렇게 배우지 않았던가. '더 열심히 노력하면 된다.' 그래서 나는 더욱더 열심히 노력하기만 했다. 하지만 아무리 노력하고 공을 들여도 마음은 고요해지지 않았다.

스승은 한 가지 방법을 일러주었다. "이렇게 한번 해보거라. 혼잡한 도로로 뛰어들어 모든 것을 통제하려고 애쓰지 말고 네가 앉아 있는 곳에 잠시 그대로 있어 보는 게 어떻겠니? 그러면 어떻게 될까? 도로 옆에 그대로 앉아 질주하는 차를 그저 지켜보기만 한다면 어떻게 될까? 러시아워라서 차들이 끝없이 이어질지도 모르고 한밤중이라서 오가는 차가 별로 없을지도 모른다. 도로가 혼잡한지 한산한지는 중요하지 않지. 요점은 제자리에 그대로 앉아 오가는 차를 지켜보는 일에 익숙해져야 한다는 것이다."

오가는 생각을 그저 지켜보는 일은 아주 쉬울 것 같았다. 얼른 다시 명상 방석에 앉고 싶어질 정도였다.

"그런 방법으로 명상에 접근하기 시작하면 너의 관점이 변하는 것을 알아차릴 것이다. 생각과 감정에서 한 걸음 물러서면 그 사이의 공간이 커지는 느낌이 들 거다. 마치 네가 단순히 관찰자가 되어 질주하는 차, 그러니까 오가는 생각들을 지켜보는 느낌이 드는 거지. 때로는 무슨 생각이 든 건지 잊어버리기도 할 거다."

다 알고 있다는 듯이 스승은 빙그레 미소를 띠었다. "그리고 자기도 모르는 새에 아주 멋진 차를 따라 도로를 달려가기도 할 거다. 유쾌한 생각이 떠오를 때 그런 일이 일어나는 거지. 눈에 띄자마자 홀딱 반해서 결국 쫓아다니게 된다고나 할까." 스승은 내가 차 꽁무니를 쫓아 달리는 상상을 하는 듯 웃음을 터뜨렸다. "하지만 그러다 문득 자신이 무슨 짓을 하고 있는지 깨달을 것이다. 그 순간, 너는 도로 옆의 원래 자리로 돌아올 수 있는 기회를 갖게 되는 거지. 어떤 경우에는 네가 싫어하는 자동차가 달려오는 모습이 보일 때도 있을 거다. 그러니까 불쾌한 생각이 드는 경우가 그렇지. 그러면 넌 당연히 즉시 도로로 뛰어들어 그 차가 오는 걸 막으려 하겠지. 그렇게 불쾌한 생각이나 감정에 저항하려고 한참을 애쓴 후에야 자신이 다시 도로에 들어와 있음을 깨닫게 될 거다. 하지만 그렇게 깨닫는 순간, 바로 그 순간에 너는 다시 도로 옆의 자리로 돌아올 수 있는 기회를 갖게 되는 거지."

스승은 진지한 목소리로 말을 이었다. "시간이 가면 모든 게 점차 쉬워질 거다. 도로로 뛰어들고 싶은 욕구가 점차 줄어들 것이고 제자리에 앉아 오가는 생각을 그저 지켜만 보는 일이 갈수록 쉬워질 거다. 그것이 바로 명상의 과정인 것이다."

잠시 시간을 갖고 이 고속도로 비유를 숙고해볼 가치가 있다. 당시 나는 그 자리에서 스승의 말을 되새겨보았다. 모든 말이 적어도 이론적으로는 지극히 합당했다. 하지만 두어 가지 마음에 걸리는 게 있었다. 내가 그냥 가만히 앉아 관찰자로서 오가는 생각을 지켜보기만 한다면 그렇다면 그 생각을 하는 사람은 누구라는 건가? 어떻게 생각을 하는 동시에 그 생각의 관찰자가 될 수 있단 말인가? 스승은 이렇게 설명했다.

"생각은 저절로 생겨나는 것이다. 물론 너는 무언가에 대해 생각하고 싶을 때 얼마든지 그럴 수 있다. 숙고하거나 기억하거나 미래에 투영해 상황이 어떻게 될지 상상할 수 있다. 하지만 명상을 할 때나 길을 걸을 때, 혹은 책상에 앉아 책을 읽을 때 그냥 '불쑥 솟아나는' 생각은 어떠한가? 그런 생각은 저절로 떠오르는 것이다. 책을 읽는 중에 갑자기 옛 친구 생각이 날 수도 있지. 한동안 그 친구에 대해 생각해본 적도 없고 그를 떠올리려고 의식적으로 노력하지도 않았는데 갑자기 생각이 날 수도 있단 말이야."

확실히 나는 그런 경우를 많이 겪고 있었다. 독자 여러분도 그런지는 잘 모르겠지만 어쨌든 나는 책을 들고 한 페이지를 다 읽었는데 머릿속에는 도통 남는 게 없었던 적이 한두 번이 아니었다. 책을 읽던 중 어느 순간 어떤 생각이 불쑥 떠올라 주의가 흩어졌지만 그 사실조차 알아채지 못한 적도 있었다.

"우리가 그토록 애써서 억누르려 하거나 벗어나려 하거나 완전히 막으려고 하는 그런 생각들은 그렇게 제멋대로 불쑥불쑥 찾아오는 법이지. 우리는 스스로 마음을 지배하고 생각의 흐름을 통제한다고 믿고 싶어 하지만 만약 그게 가능했다면 네가 지구를 반 바퀴나 돌아 이 자리에서 나의 가르침을 구하는 일도 없었을 테지." 스승은 나를 가리키며 익살스럽게 웃었다.

"생각을 통제하는 일이 실제로 가능하다면 우리는 어떤 상황에서도 결코 스트레스를 받지 않을 테지. 불쾌한 생각은 모두 차단하고 오직 행복한 생각만 떠올리며 편안하게 살면 되니까 말이야." 이 설명을 들으니 모든 게 분명해지는 것 같았다. 마치 내가 그 사실을 어느 정도는 이미 알고 있으나 어떤 이유에서인지 삶에 적용하는 것을 잊어버린 것과 같았다. "그렇다면 생산적인 생각은 어떻습니까?" 내가 물었다. "창의적인 생각, 문제 해결에 꼭 필요한 생각 같은 거 말입니다."

"나는 모든 생각이 나쁘다고 말하고 있는 게 아니다. 누구든 세상을 살아가려면 생각하는 능력이 필요해. 생각하는 것은 마음의 본성이야. 도로는 차가 다닐 용도로 건설되었듯이 마음이 존재하는 이유는 생각과 느낌을 경험하기 위해서니까. 따라서 모든 생각이 나쁘다고 믿는 실수를 범해선 안 돼. 다만 우리는 생각과 관계를 맺는 법을 알아야 하지. 스스로 자문해야 하는 것은 자신의 생각 가운데 얼마나 많은 것이 쓸모 있고 생산적인지 또 얼마나 많은 것이 쓸모없고 비생산적인지 하는 부분이다. 그 대답을 아는 사람은 오직 자기 자신뿐이야. 가르침을 찾아 이렇게 멀리 온 것을 보니 너 역시 생각들이 때로 문제를 일으키고 그중 일부는 그다지 도움이 안 되는 거겠지?"

반박할 여지가 전혀 없는 물음이었다. 나의 생각은 대다수가 쓸모없고 비생산적인 범주에 속했다. "만약 창의적인 생각마저 잃을까 봐 걱정이 된다면…" 스승은 다소 무시하는 몸짓을 취했다. "그렇다면 그 생각은 애초에 어디에서 생겨난 것으로 생각되느냐? 영감이 스치는 그런 순간은 냉철하고 합리적인 사고에서 생겨나는 것일까 아니면 고요하고 텅 빈 마음에서 생겨나는 것일까? 마음이 언제나 분주하다면 그런 생각이 생겨날 공간 자체가 없게 된다. 따라서 마음을 훈련시켜야 창의적인 생각이 떠오를 수 있는 공간이 더 많아지는 거지. 요점은 마음의 노예가 되지 말라는 것이다. 마음을 통제하고 잘 이용하고 싶다면, 뭐 나쁠 건 없다. 하지만 마음이 아무런 방향감이나 안정감도 없이 온갖 장소에 흩어져 있다면 그런 마음이 무슨 쓸모가 있겠느냐?"

가르침을 주신 것에 감사드린 후 나는 방으로 돌아와 스승의 말씀을 처음부터 끝까지 곰곰이 생각해보았다. 한 말씀 한 말씀이 더도 덜도 없이 모두 중요해 보였다. 나로서는 명상에 접근하는 완전히 새로운 방식을 배운 셈이었다. 나는 그 한 차례의 짧은 시간 동안 명상이 마음챙김의 맥락에서 생각을 멈추는 것도, 마음을 통제하는 것도 아니라는 사실을 배웠다.

명상은 마음을 통제하려고 애쓰지 않고 한 걸음 물러나 수동적으로 주의 집중하는 법을 익히면서 그와 동시에 마음을 자연스러운 알아차림 상태에 두는 과정이었다. 스승은 명상이 하나의 기술이자 능력, 즉 한 걸음 물러서는 법과 비생산적이며 종종 스트레스까지 유발하는 끝없는 생각의 굴레에 빠져들지 않는 법을 아는 것이라고 설명했다. 나는 그렇게 생각이란 저절로 찾아온 다는 사실을 배웠고 아무리 애써도 막을 수 없다는 사실을 깨달았다.

다음 몇 주 동안 나는 더욱 열정적으로 명상에 임했다. 명상에 접근하는 그 새로운 방식은 내게 찾아온 하나의 계시와 같았다. 그 방식을 처음 적용할 때부터 변화가 생기는 것 같았다. 물론 때로는 깜빡 잊고 예전의 습관으로 돌아가기도 했지만, 그 새로운 방식은 차츰 뿌리를 내리고 자리를 잡아가기 시작했다. 스승이 단언한 그대로 나의 마음은 때때로 아주 분주해졌지만 다른 경우에는 매우 고요하고 고요해졌다. 도로를 달리는 자동차의 수가 현저히 줄어들어 개개의 차들을 훨씬 더 명확하게 관찰할 수 있게 된 것 같았다. 게다가 차들 사이의 간격도 이제는 더 길고 더 넓고 더 커졌다. 실제로 도로 위에 차가 한 대도 없는 것처럼 보일 때도 있었다. 바로 그때 나는 명상을 배우면서 겪은 혼란을 마침내 이해할 수 있었다.

'텅 빈 공간' 또는 '무념무상'의 순간이라는 말을 들을 때마다 나는 무엇인가를 해야 그것이 생겨나는 것으로 추정했다. 하지만 알고 보니 그런 순간은 '하지 않음'에서 생겨났다. 명상은 한 걸음 물러나 마음이 제 나름의 속도와 제 나름의 방식으로 긴장을 풀게 놔두는 것이다. 그렇게 해야 비로소 헤드스페이스의 진정한 느낌에 다다를 수 있다.

그렇다면 어떻게 무언가를 하도록 고안된 훈련에 임하면서
아무것도 하지 않을 수 있는가?

스승의 가르침을 받았음에도 나는 때때로 이에 대한 해답을
찾고자 고심했다. 확실히, 도로 옆에 가만히 앉아 있는 것은 한동
안은 괜찮았다. 하지만 얼마 지나지 않아 나는 한 차원 더 높은 수
준의 무언가를 갈망하기 시작했다. 고요한 느낌이 나를 만족시키
기에 충분치 않았다는 사실이 믿기 힘들지만 나는 어쨌든 그 이상
을 원했다. 나는 혜안을 얻길 원했다. 생각들은 진정되기 시작했
지만 여전히 수없이 이는 감정에 시달리고 있었기 때문이다. 좌
절감이든 걱정이든 의심이든 이런저런 감정이 명상으로 얻은 고
요한 마음에 때때로 그늘을 드리웠다.

나는 또한 그런 수동적인 접근방식으로 정말 오래 지속되는
변화를 이끌어낼 수 있을지 확신이 서질 않았다. 사원에서 고요
한 마음을 얻는 것과 부산한 일상 속에서도 그것이 효과적일 것이
라 가정하는 것은 완전히 별개의 문제였다. 두어 달이 지난 후 절
에서 그 스승을 다시 만날 기회를 가졌다. 나는 내 안에서 점점 커

져가던 그 장애물에 대해 토로하며 거기서 벗어나도록 도와달라고 청했다.

"맑고 푸른 하늘을 떠올려보거라." 스승은 말문을 열었다. "기분이 좋지 않느냐? 하늘이 그렇게 맑고 푸르면 마음이 울적해지기가 쉽지 않지." 스승은 그 이미지가 마음에 안겨주는 공간을 음미하듯이 잠시 말을 멈추었다 "이제 너의 마음이 그런 푸른 하늘과 같다고 상상해보거라. 온갖 생각과 혼란과 갈망으로 어수선한 마음을 말하고 있는 게 아니다. 마음의 근원적인 본질, 즉 본래의 상태에 대해 말하고 있는 것이다." 스승은 웃으면서 말했다.

나는 잠시 그에 대해 생각해보았다. 맑고 푸른 하늘을 상상하는 것과 그것이 어떻게든 나의 마음을 대변한다고 상상하는 것은 전혀 다른 문제였다. 당시 나의 마음은 전혀 맑고 푸르지 않았다. 이런저런 생각과 혼란스러운 감정으로 가득 차 있었다. "지금 너의 마음이 어떤 상태인지는 중요하지 않다. 단순히 너의 마음이 청명한 하늘과 같다고 잠깐이라도 상상해보라는 뜻이다. 과거에 매우 행복하고 느긋했던 순간을 떠올린다면 그렇게 상상하는 것이 그다지 어렵지 않을 거다." 스승의 말씀이 옳았다. 그 순간에 행복했던 상황을 떠올리자 나의 마음이 푸른 하늘과 같다고 상상하는 일이 실제로 아주 쉬워졌다. 당신도 지금 한번 시도해보라.

"좋다. 이제 잔뜩 흐린 날을 상상해보거라. 온통 먹구름이 깔린 하늘, 푸른 구석이 전혀 보이지 않는 새까만 먹구름이 아주 두텁고 무겁게 깔린 하늘 말이다." 요점을 강조하려는 듯 스승은 단어 하나하나를 천천히 또박또박 말했다. "기분이 어떠하냐?" 여전히 미소 지으며 스승이 물었다. "그다지 좋지는 않지? 이제 하늘에 떠 있는 구름들이 너의 마음속에 떠오르는 생각이라고 상상해보거라. 어떤 때는 가볍고 하얗고 친근해 보이지만 어떤 때는 무겁고 까맣고 암울해 보이지. 구름의 색깔은 단순히 그 순간에 네가 느끼는 감정이나 기분을 반영하는 거다." 맞는 말이었다. 가볍고 하얗고 친근한 구름, 즉 즐거운 생각이 수없이 떠오를 때는 마음이 분주해도 그렇게 힘들지 않았다. 명상하는 시간이 아니라면 때로 그런 생각을 일부러 떠올리려 애쓰기도 했을 것이다. 하지만 무겁고 어두운 구름, 즉 힘겨운 생각이 떠오르면 나는 견딜 수 없이 불편해지기 시작했다.

하지만 정말로 내 마음에 와닿은 것은 스승이 이어서 들려준 이야기였다. 독자 여러분도 이 이야기를 오래오래 간직하게 되기를 희망한다. "이곳으로 오기 위해 너는 비행기를 타야 했을 것이다. 그렇지?" 답을 빤히 알고 있으면서도 스승은 물었다. 나는 그렇다고 대답했다. "네가 출국하던 그날의 날씨는 어땠느냐? 흐렸느냐?" "영국은 늘 날씨가 흐립니다." 스승의 물음에 그렇게 답하며 빙긋 웃었다. "그렇다면 너는 비행기를 타고 구름 위로 올라가면 그곳에는 오직 푸른 하늘밖에 없다는 것을 알게 될 거야. 하늘에 먹구름밖에 없는 것처럼 보일 때조차도 그 구름 위에는 언제나 청명한 하늘이 존재하지." 지당한 말씀이었다. 수없이 비행기를 타봐서 나 역시 그 사실을 알고 있었다.

"결국." 스승은 어깨를 으쓱하며 말을 이었다. "하늘은 언제나 푸르다는 얘기다." 내가 알아야 할 모든 것이 그 한마디에 담겨 있다는 듯이 스승은 빙그레 웃음을 지었다. 어느 면에서는 실로 그랬다.

나는 방으로 돌아와 스승께 배운 내용의 의미를 곱씹어보았다. "하늘은 언제나 푸르다." 나는 이 말을 하나의 개념으로 이해했다. 구름은 우리의 생각이고, 따라서 마음이 그 모든 잡다한 생각으로 어수선해지면 푸른 하늘은 일시적으로 흐려질 수밖에 없다. 나의 경우, 마음이 수많은 생각으로 지나치게 분주했고, 그래서 너무 오랫동안 푸른 하늘이 어떤 모습인지 거의 잊고 산 셈이었다. 하지만 스승의 가르침은 그게 전부가 아니었다. 보다 중요한 것은 마음의 근원적인 본질은 푸른 하늘처럼 변함이 없다는 것과 우리가 어떤 감정을 느끼든 변함이 없다는 사실이었다. 우리가 어떤 이유로든 기분이 좋지 않거나 감정이 나쁠 때 구름은 단지 더욱 짙어지고 더욱 많은 주의를 끌어들일 뿐이다. 드넓은 하늘에 단 하나의 생각만 있을지라도 그 한 가지가 우리의 모든 주의를 요구하는 것처럼 보인다.

이 가르침이 내게 그토록 중요했던 이유는 (그리고 당신에게도 중요하길 바라는 이유는) 그 이전까지는 내가 언제나 그 푸른 하늘을 어떻게든 창조해야 한다고 믿고 있었기 때문이다. 나는 '헤드스페이스를 경험하려면 내 스스로 무언가를 생기게 만들어야 한다'는 막연한 느낌에 사로잡혀 있었다. 하지만 사실 우리는 그 어떤 것도 창출해낼 필요가 없다. 푸른 하늘은 곧 헤드스페이스이고, 그것은 언제나 그곳에, 아니 이곳에 존재한다. 이 깨달음은 내가 명상에 대해 생각하던 모든 것을 바꿔 놓았다.

명상은 이제 더 이상 어떤 인위적인 마음의 상태를 창조하려고 애쓰는 과정이 아니었다. 나는 헤드스페이스를 그렇게 인위적으로 창출할 수 있을 것이라 생각했다. 또한 명상은 단 하나의 구름도 생기지 않도록 애쓰는 과정도 아니었다. 오히려 정원에 의자를 놓고 앉아 흘러가는 구름을 바라보는 것에 더 가까웠다. 때로는 구름 사이로 푸른 하늘이 모습을 드러냈는데, 그러면 기분이 좋아졌다. 그리고 내가 구름에 지나치게 몰두하지 않는 상태로 참을성 있게 앉아 있을수록 푸른 하늘이 더욱 많이 드러나기 시작했다. 마치 저절로 그런 일이 일어나는 것 같았다. 내가 전혀 거들지 않는 가운데 저절로 그렇게 되는 것 같았다는 뜻이다. 그런 식으로 오가는 구름을 지켜보며 나는 새로운 관점을 얻게 되었다.

이전의 명상에서는 경험한 적 없는 공간 감각을 갖게 된 것이다. 게다가 그런 방식을 통해 나는 일부러 애쓰거나 무언가를 행하지 않고 단지 존재하는 것만으로 앉아서 마음을 자연적인 상태에 둘 수 있다는 확신도 갖게 되었다.

물론 내 얘기를 듣고 공감하는 것도 좋지만 직접 경험하지 않으면 거기에 담긴 중요성을 완전히 이해할 수 없을 것이다. 잠시 시간을 내어 마음속에 그런 종류의 자유와 공간을 갖는 것이 어떨지 한번 상상해보라. 마음에 떠오르는 생각들의 양이나 강도에 전혀 개의치 않는 것이 어떨지 한번 상상해보라. 무엇보다 언제나 고요하고 언제나 평온하며 언제나 청명한 공간, 어느 때건 돌아갈 수 있는 장소를 마음속에 갖는다는 것, 삶에서 어떤 일이 일어나든 편안하고 평화로울 수 있다는 것이 어떨지 상상해보라.

명상 연습 3 :
신체 감각

이번에도 책을 내려놓고 2분 동안 연습을 해보자. 여기서 초점을 맞출 부분은 마음에 무엇이 떠오르든 언제나 평화로울 수 있다는 개념이다. 지난번 연습에서는 청각과 시각에 초점을 맞춰서 소리나 물건에 집중했지만 이번에는 신체 감각에 초점을 맞출 것이다. 의자를 누르고 있는 엉덩이의 감각일 수도 있고, 바닥을 딛고 있는 발바닥의 감각 혹은 책 위에 올려놓은 손의 감각일 수도 있다. 이렇게 신체 감각에 집중하는 것은 몸으로 직접 느낀다는 점에서 크게 도움이 된다. 하지만 그래도 여전히 당신의 마음은 여기저기를 떠돌지도 모른다. 만약 마음이 아주 분주하거나 모종의 강렬한 감정에 사로잡힌다면 푸른 하늘의 개념을 기억하라. 그 모든 생각과 감정의 밑에는 언제나 고요하고 드넓고 청명한 공간이 존재한다. 그러니 마음이 어수선하고 산만하다는 사실을 깨달을 때마다 그냥 가만히 주의를 돌려 다시 신체 감각에 집중하라.

야 생 마

얼마 후 나는 훨씬 더 바쁘게 돌아가는 다른 절로 옮겨 수행 생활을 이어갔다. 그 절은 지역 공동체와 밀접한 관계를 맺고 지역의 요구에 부응하고 있었기에 방문객이 무척 많았다. 우리에게는 하루에 수차례 공식적인 명상 시간이 주어졌지만 이 절에서는 일상생활에서 알아차림을 실천하는 것을 더욱 강조했다. 다시 말하면 일상생활을 영위하는 가운데 마음을 챙기라는 얘기였다. 전에는 명상 세션 사이에 별다른 활동 없이 쉬다가 다음 세션으로 넘어갔던 터라 명상을 위해 앉으면 금방 마음을 가라앉히는 데 익숙해졌는데 여기서는 명상 세션이 정원 일이나 요리, 청소, 문서 작업 등과 같은 여러 활동들 사이에 끼여 있었다. 그런 활동은 통상 다른 사람들과 함께하는 일이어서 온갖 주제를 놓고 대화나 토론이 벌어지곤 했다. 그런 담화 중 일부는 수행을 주제로 삼았지만, 어떤 것들은 뭐라면 좋을까 수행과는 별로 관계가 없는 내용이었다. 나는 그런 유형의 상호작용이 이후에 이어지는 명상에 큰 영향을 미친다는 사실을 금방 알아차렸다. 앉으면 즉시 마음이 가라앉던 예전과 달리 이제는 마음이 한동안 어수선한 상태로 유지되는 경우가 많아졌다.

그리고 결국, 마음을 통제하려고 애쓰던 예전의 습관이 되살아났다(이런 경향의 강력한 힘을 과소평가해서는 안 된다). 명상을 시작하고 5분 정도 지났는데도 마음이 가라앉지 않으면 나는 떠오르는 이런저런 생각에 저항하기 시작했다. 그리고 그렇게 저항하는 가운데 나는 훨씬 더 많은 생각을 만들어냈다. 그러면 바로 나 자신이 더 많은 생각을 창출한다는 사실에 두려움이 엄습했고 그 두려움이 훨씬 더 많은 생각을 유발했다.

다행히 그 절에도 오랜 세월 수행한 훌륭한 스승이 있었다. 나는 그를 찾아가 조언을 구했다. 그는 온화하고도 종종 유머러스한 방식으로 가르침을 전수하는 것과 어떤 질문에든 좀처럼 직설적으로 답하지 않는 것으로 유명했다. 실제로 그는 질문에 반문으로 답하는 걸 즐겼다. 하지만 답을 줄 때는 예전의 스승과 다름없이 거의 언제나 이야기의 형태를 취했는데, 마치 고갈되지 않는 이야기보따리를 갖고 있는 것 같았다. 내가 겪고 있는 어려움을 토로하자 스승은 조용히 귀를 기울이며 천천히 고개를 끄덕였다.

"야생마를 길들이는 과정을 본 적이 있느냐?" 스승이 물었다. 나는 고개를 저었다. 야생마가 대체 명상과 무슨 상관이란 말인가? 스승은 조금 실망하는 기색이었다. 하지만 티베트 고원에서 자라는 아이들의 삶과 영국의 작은 마을에서 자라는 아이들의 삶은 다소 다르지 않겠는가! 어쨌든 스승은 야생마 이야기를 이어나갔다. 야생마는 붙잡기가 몹시 어려울 뿐더러 길들이기는 더더욱 어렵다고 했다.

"자, 네가 야생마 한 마리를 붙잡아서 한곳에 가둬 놓으려 한 다고 상상해보거라." 그의 말에 나는 야생마 옆에 서서 밧줄을 목 에 걸고 단단히 붙잡고 있는 모습을 떠올렸다.

"어림없는 일이지." 스승이 불쑥 내뱉었다. "어느 누구든 야생 마를 붙들어 세워놓을 수는 없는 법이지. 너무 힘이 세거든. 네가 친구들을 모두 불러 힘을 모은다 해도 결코 야생마를 한곳에 붙들 어 세워둘 수는 없다. 그것은 야생마를 길들이는 방법이 아니다." 스승은 잠시 쉬었다. "말을 처음 붙잡을 때 반드시 기억해야 할 점이 있다. 야생마는 자유롭게 뛰어다니는 데 익숙하다는 사실 이다. 야생마는 한곳에 오래 서 있거나 자신의 의지에 반해 한곳 에 억지로 머물러 있는 것에는 익숙하지 않다." 무슨 말씀을 하려 고 하는 건지 조금씩 이해되기 시작했다. "좌선하고 명상에 들어 갈 때 너의 마음은 이 야생마와 흡사하다. 네가 조각상처럼 한곳 에 가만히 앉아 소위 명상이란 걸 한다고 해서 너의 마음도 갑자 기 한곳에 가만히 머물기를 바랄 수는 없는 법이다. 따라서 그 야 생마, 그 거칠게 날뛰는 마음과 함께 앉아 있을 때에는 그것이 자 유롭게 나돌 수 있는 공간부터 내줘야 한다. 명상이라는 대상에 즉각적으로 집중하려 애쓰지 말고 너의 마음이 가라앉을 시간, 조 금 느긋해질 시간부터 가져야 한다는 뜻이다. 서두를 게 뭐가 있 느냐?"

다시 한 번 스승의 지적이 전적으로 옳았다. 나는 급하게 명상을 서두르며 지금 이 순간보다는 다음 순간이 더 중요하다고 여겼으며, 그러면서 특정한 마음 상태에 도달하려고 계속 애썼다. 그렇다고 내가 도달하려고 애쓰는 그 지점이 어떤 상태인지 명확하게 아는 것도 아니었다. 스승이 다시 입을 열었다. "야생마 길들이기와 같은 방식으로 너의 마음에 접근해야 한다.

네가 아주 넓은 공간에, 사방이 탁 트인 벌판에 서 있다고 상상해보거라. 야생마는 길게 늘어진 밧줄에 묶여 있고 너는 그 밧줄의 끝을 붙잡고 있는데 야생마는 필요로 하는 공간을 모두 누릴 수 있는 상황이라고 치자. 그러면 야생마는 자신이 묶여 있다거나 어떤 식으로든 꼼짝 못하게 갇혀 있다고는 느끼지 않을 거다." 나는 느슨한 밧줄의 끝을 붙잡고 벌판에 서서 그 드넓은 공간을 마음껏 뛰어다니는 야생마를 계속 눈으로 좇는 장면을 상상했다. "이제 두 손으로 밧줄을 번갈아 쥐며 아주 부드럽게 조금씩 그 길이를 줄여 나간다고 상상해보거라. 아주 부드럽게 조금씩."

스승은 요점을 강조하려는 듯 엄지와 검지로 0.5센티미터 정도 되는 폭을 만들어 보여주며 말했다. "충분히 부드럽게 줄여 나가면 야생마는 그 차이를 알아차리지 못할 거다. 여전히 이 세상이 모두 제 것이라고 느끼겠지. 야생마를 계속 주시하며 그렇게 조금씩 천천히 잡아당겨라. 말이 여전히 자유롭고 편안하다고 느낄 수 있는 공간을 충분히 주면서, 긴장하지 않게 만들면서 그래야 한다."

납득이 갔다. 그 과정을 상상하는 것만으로도 보다 느긋해지는 느낌이 일었다. "이것이 명상을 하려고 앉았는데 머릿속이 계속 어수선한 경우 마음에 대해 취해야 할 방식이다. 천천히 부드럽게, 마음이 필요로 하는 공간을 내어주거라. 야생마가 자연스럽게 쉴 수 있는 곳으로 행복하고 당당하고 느긋하게 머물 수 있는 곳으로 돌아오게끔 만들거라. 어쩌면 처음에는 때때로 발버둥치며 거부할지도 모른다. 그래도 상관없다. 그러면 그저 밧줄을 조금 풀어주었다가 다시 천천히 부드럽게 앞의 과정을 반복하면 된다. 이런 식으로 명상한다면 너의 마음은 아주 행복해질 것이다."

이 간단한 이야기를 기억한다면 당신의 명상도 엄청나게 달라질 것이다. 우리의 웹사이트(www.getsomeheadspace.com)에는 이 야생마 길들이기에 대한 애니메이션도 준비되어 있다.

판단하지 않는 일

반 (反) 심 리 학

이런 모든 훌륭한 가르침 덕분에 오래지 않아 나의 마음은 정말로 차분해지기 시작했다. 마음이 분주한 날도 있기는 했지만 오가는 생각을 지켜보는 일이 하루가 다르게 편안해지고 있었다. 왜 그런지 그런 생각들을 더욱 쉽게 다룰 수 있었다. 나는 도로 옆과 푸른 하늘의 비유를 더욱 가슴 깊이 새겼다. 하지만 강렬한 감정이 치솟거나 몸이 편치 않을 때는 가만히 앉아 있는 것조차 힘이 들었다. 그런 상황에서는 평온한 자세를 취하기가 거의 불가능했다. 행복하고 기쁠 때는 그러한 감정에 가능한 한 오래 머물고자 했다. 하지만 불쾌한 감정이 솟아날 때는 그것에 저항할 수밖에 없었다. 저항은 아무런 소용이 없을 뿐더러 오히려 상황을 악화시킬 뿐이라는 말을 수없이 들었지만 스스로 어쩔 수가 없었다.

이런 상황이 한동안 계속되었다. 나는 그것을 에고와 벌이는 영웅적 싸움으로 간주했고 완고하게 고집부리며 결코 물러서지 않았다. 내가 벌이고 있는 그 싸움이 나 자신과의 싸움일 뿐이라는 것을 알 정도의 알아차림에 아직 이르지 못한 탓이었다. 결국 나는 내가 어디로도 나아가지 못하고 있음을 인정할 수밖에 없었

1장. 명상에 가까이 서다

83

다. 그래서 다시 스승을 찾아갔다. 내가 처한 상황을 설명하자 스승은 숱하게 들어본 이야기라는 듯 고개를 끄덕였다. "누구에게나 생길 수 있는 일이다. 사람은 누구나 좋아하는 것에 끌리고 집착하기 마련이지. 무슨 일이 있어도 그런 것을 포기하고 싶지 않은 게 인지상정이다. 유일한 문제는 우리가 쫓아가면 갈수록 그것은 더 멀리 도망가는 것처럼 보인다는 거지. 그리고 그런 유쾌한 감정에 매달리려고 애쓰면 애쓸수록 그것이 사라질지도 모른다는 두려움은 더욱 커지기 마련이다."

  사실이었다. 실제로 명상할 때에는 그런 유쾌한 감정조차 하나의 방해물로 작용했다. 명상을 하면서 긍정적인 감정을 경험할 때마다 그것이 나의 기대치를 높이는 역할만 했기 때문이다. 다음번 명상 세션에 들어갈 때 지금 이 순간에 존재하지 못하고 이전의 명상에서 경험한 감정을 되살리려 애썼다는 의미다.
  "우리는 유쾌한 것은 유지하려고 애쓰는 동시에 불쾌한 것은 어떻게든 모두 없애 버리려고 한다. 잡다한 생각을 없애려는 것인지 힘든 감정을 없애려는 것인지 육신의 고통을 없애려는 것인지 그 성격은 중요하지 않다. 어쨌든 모두 똑같은 저항이기 때문이다. 그리고 저항이 있는 한 그것을 받아들일 여지는 없다. 그리고 그것을 받아들이지 않는 한 평화로운 마음을 얻을 방도도 없는 법이다." 이렇게 설명을 하니 명료해지지 않는가? 행복은 그저 행복일 뿐 별 게 아니다. 행복은 오고 또 간다. 슬픔도 그저 슬픔일 뿐 별 게 아니다. 그 역시 오고 간다. 언제나 유쾌한 것을 경험하고 싶다는 갈망도 버리고 불쾌한 것을 경험하면 어쩌나 하는 두려움도 함께 버릴 수 있다면 누구든 고요한 마음을 갖게 될 것이다.

스승의 설명에 귀를 기울이는 가운데 무언가 부족하다는 생각이 자꾸 고개를 내밀었다. 집착도 내려놓고 저항도 내려놓아야 한다는 것은 이해했다. 하지만 어떻게 해야 한단 말인가?

"간단하다. 더 알아차리게 되면 그럴 수 있다." 스승은 말했다. 그 말이 모든 의문의 정답처럼 보였다. 다만 더욱 알아차리게 됨에 따라 나의 관점이 변하고 있다는 것을 알 수는 있었지만 그 속도가 충분히 빠르지는 않다는 느낌이 들었다. 그런 생각을 털어놓자 스승은 껄껄 웃었다. "그러니까 조급한 마음이 든다는 말이로구나." 나는 어깨를 으쓱하며 고개를 끄덕였다. "저는 저의 알아차림이 좀 더 강력해질 때까지 이 모든 것을 어떻게 다루어야 할지 그 방법을 알고 싶을 뿐입니다." 그러면서 기대에 찬 눈빛으로 덧붙였다. "제게 도움이 될 만한 또 다른 기법이 있지 않을까요?" 스승은 나를 찬찬히 살피더니 대답했다. "계속 호흡에 집중하는 게 좋다. 그러면서 마음을 자연스러운 알아차림 상태에 두어야 한다. 그리고 이 연습에 추가하면 도움이 되는 게 한 가지 더 있다." 나는 기대감에 부풀어 눈썹을 치켜 올렸다. 스승은 설명을 계속했다.

당신도 자신의 명상에 적용하면 크게 도움이 될 방법이다.

"명상 중에 유쾌한 느낌을 경험하면 그 느낌을 다른 사람들과 함께 나눈다고 상상해보거라. 고요한 마음에서 오는 유쾌한 느낌이든 느긋한 몸에서 나오는 유쾌한 느낌이든, 온화한 감정에서 생기는 유쾌한 느낌이든 상관이 없다. 그저 그 느낌을 나눠 준다고 상상해라. 친구와 가족 그리고 소중한 사람과 그 느낌을 공유한다고 상상하는 거다. 거기에는 많은 생각이 요구되지 않지. 자, 정리해보자. 호흡에 집중하면서 숨을 들이쉬고 내쉴 때 호흡을 세어 보거라. 그렇게 명상을 하고 있는데 아주 유쾌한 느낌이 인다면 그 느낌을 다른 사람과 함께 나누고자 하는 태도를 유지해라." 이 방법이 어떻게 도움이 된다는 것인지 확실히 이해할 수는 없었지만 전혀 해로울 것 같지는 않았다. 그런 정서는 선의에 속하니까.

"다음 기법은 조금 더 어려울지도 모른다." 스승은 환하게 웃으며 말을 이었다 "명상 중에 불쾌한 느낌을 경험할 때 쓰는 방법이다. 소란한 마음에서 오는 불쾌한 느낌이든, 경직된 몸에서 나오는 불쾌한 느낌이든, 언짢은 감정에서 생기는 불쾌한 느낌이든 상관없다. 그런 느낌이 드는 경우 그것이 소중한 사람들이 지닌 불쾌한 느낌이라고 상상해보거라. 마치 네가 비범한 수준의 자비로움으로 명상을 하며 그 불쾌한 느낌을 대신 경험하는 덕분에 소중한 이들은 그런 느낌을 가질 필요가 없는 것이라고 상상해라."

희한한 가르침이었다. 그 방법이 어떻게 나를 도와줄 수 있다는 것일까? 왜 내가 유쾌한 느낌은 두루두루 나눠주고 다른 사람들의 불쾌한 느낌은 대신 경험하며 앉아 있어야 하는 것일까? 스승은 말했다. "긴장할 거 없다. 그런 일이 실제로 일어날 수는 없는 거니까. 하지만 곰곰이 한번 생각해보면, 그것이 마음을 다스리는 아주 현명한 방법이라는 것을 알 수 있을 거다. 유쾌한 느낌에 매달리려고 애를 쓰면 긴장감만 고조된다. 그 느낌을 나눠주고 다른 이들과 공유한다고 상상하면 긴장이 풀리고 비판적인 태도도 사그라진다." 그렇다. 타당한 말이다. 그렇다면 다른 사람들의 불편한 느낌을 대신 경험하라는 말씀은?

"불편한 느낌이 들면 우리는 언제나 그것을 없애려 노력한다. 그렇지? 그러한 노력 또한 긴장감을 불러온다. 따라서 평소의 방식과 정반대로 해보라는 것이다. 저항하지 말라는 뜻이지. 저항하지 않으면 긴장도 생기지 않는 법이다." 생각해 보니 일리가 있는 말이었다. 사실 그 가르침은 반심리학(reverse psychology: 자신의 바람과 반대되는 생각이나 행동을 옹호함으로써 목적을 달성하는 기법 - 옮긴이)의 정교한 버전과 같았다. 명상과 함께 마음이 더욱 이타적이 되도록 훈련한다는 점이 흥미로웠다.

나는 자리에서 물러나 스승의 가르침을 실천에 옮겼다. 명상법 자체를 어떤 식으로든 바꿀 필요는 없었다. 스승의 가르침은 명상에 접근하는 방식과 관계가 있었다. 그리고 명상 중에 떠오르는 감정이나 생각에 대해 판단하지 않는 태도를 유지하는 것이 중요했다. 나의 의구심에도 불구하고 결국 스승의 말씀이 옳았음이 드러났다. 유쾌한 느낌을 함께 나누려는 태도를 유지하면 그 느낌이 더 오래가는 것 같았고, 명상도 더욱 즐거워졌다. 정확히 무엇이 달라졌는지 말로 표현하기는 어렵지만, 이기적인 명상에서 조금 벗어난 느낌이었다. 두 번째 기법도 그에 못지않게 효과적이었다. 그 기법을 적용하자마자 불쾌한 느낌이나 긴장이 즉시 사라졌다고는 할 수 없지만, 그 기법의 의도 자체가 보다 자신 있고 수용적인 태도로 그런 느낌을 경험하는 방법을 찾아내는 데 있었다. 그리고 실로 다른 사람들에게 유익한 일을 하고 있다고 상상하니 모든 것이 보다 수월해지는 느낌이 일었다.

명상에 이런 방식으로 접근하자 마음의 모든 측면을 기꺼이 이해하려는 나의 태도와 능력에도 상당한 변화가 생겼다. 이전까지 나는 유쾌한 느낌은 더욱 자세히 이해하고 싶었고 불쾌한 느낌은 언제나 두려워했다. 그러나 이제 모든 게 바뀌었다. 전에는 전혀 보지 못했던 내 마음의 일부를 드디어 바라보고 이해할 수 있게 된 것 같았다. 물론 그것을 보지 못했던 이유는 언제나 그 있으로부터 서둘러 달아나려고만 했기 때문이었다.

명상 연습 4 :
유쾌한 감정이나 불쾌한 감성에 집중하기

바로 지금 시도해보고 어떤 느낌이 드는지 알아보자. 이번에도 책을 내려놓고 2분 정도 눈을 지그시 감은 채 신체 감각에 초점을 맞춰라. 지난번에는 감정을 배제하고 단순히 감각에만 집중했다면, 이번에는 신체에 감지되는 유쾌한 느낌 또는 불쾌한 느낌에 집중하라. 예를 들어 손이나 발에 드는 가뿐한 느낌일 수도 있고, 어깨에 드는 뻐근한 느낌일 수도 있다. 일반적으로 당신은 불쾌한 느낌에는 저항하고 유쾌한 느낌은 유지하려 할 것이다. 하지만 그 반대로 해보자. 유쾌한 느낌은 아끼는 사람들에게 나눠주고 불쾌한 느낌은 그들을 대신해서 당신이 경험한다고 상상해보자. 어떤 일이 일어나는가? 그럼으로써 당신이 경험하는 느낌이 달라지는가? 기억하라. 당신이 유쾌한 느낌에 집중하고 있다면 그렇게 집중하면서 그 느낌을 다른 사람들과 공유한다는 태도를 부드럽게 유지하라. 마찬가지로 불쾌한 느낌에 머물고 있다면 소중한 사람을 위해 그 느낌을 당신이 대신 경험하거나 맡아준다는 태도를 가볍게 유지하라.

쌓아둔 감정은 솟아오르기 마련인 법

수도승이 된 이유를 되짚어볼 때 내가 정확히 언제부터 불행하다고 느꼈는지 그 순간을 정확히 짚어낼 수는 없다. 그저 나를 벼랑 끝으로 내모는 사건이 연달아 일어났다는 느낌이다. 10대 시절이 끝나갈 무렵 엄마가 재혼하면서 나와 누나에게는 새 아빠와 더불어 여동생과 남동생도 생겼다. 얼마 후 이복 여동생 조앤이 자전거를 타고 나갔다가 교통사고로 세상을 떠났다. 밴을 몰고 가던 어떤 남자가 졸음운전으로 사고를 낸 것이었다. 그 사고로 우리 가족이 받은 충격은 이루 말로 표현할 수 없었지만, 나는 상황을 받아들이고 마음을 가라앉히는 데 필요한 시간을 제대로 갖지도 못한 채 일상으로 돌아왔다. 나를 둘러싼 슬픔을 마주할 자신도 없었고 마주하고 싶지도 않았기에 그저 내 삶을 살아가며 견디는 쪽을 택한 것이었다. 실제로 집을 잠시 떠나기도 했다. 그렇게 하면 슬픔이 어떻게든 나에게서 떨어져나갈 것만 같았다. 그렇게 해서 슬픔이 사라진 것은 아니었지만 적어도 한동안 그런 감정을 외면한 채 살 수는 있었다.

그런 후 몇 달 지나지도 않아 예전 여자 친구가 심장 수술을 받다가 세상을 떠났다는 말을 들었다. 그 소식을 듣고 마치 대수롭지 않다는 듯이 한 귀로 흘려버렸던 것으로 기억한다. 나는 어른이 되려면 주변에서 일어나는 일을 그렇게 무심하게 다룰 수도 있어야 한다고 생각했다. 하지만 사실은 그로 인해 일렁이는 모종의 감정을 감당할 수 없었기에 내가 아는 유일할 방법을 동원했던 것이다. 즉 그런 감정을 마음속 깊은 곳에 쑤셔 넣는 방법이거나 외면하는 일이었다.

불운은 셋씩 짝지어 온다는 말이 있다. 이 말을 증명이라도 하듯 얼마 되지 않아 세 번째 사건이 터졌다. 크리스마스 이브에 나는 한 무리의 친구들과 파티에 참석했다. 자정이 지난 후 우리는 제각기 일정 수준 이상 술에 취해 밖으로 나섰다. 다들 즐거운 기분이었다. 모두 서로 껴안고 메리 크리스마스를 기원하며 작별 인사를 나눴다. 나는 두 친구와 함께 집을 향해 걸었다. 그때 언덕 위에서 자동차가 달려오는 소리가 들렸다. 고개를 들어 쳐다보며 저 차는 어째서 헤드라이트를 켜지 않은 걸까 의아해한 기억이 난다. 차는 속도를 높여 언덕 밑으로 질주했다. 언덕을 절반 정도 내려온 운전사는 차를 제어하지 못하고 있었다. 나중에 밝혀진 바에 따르면 그는 제한 속도를 4배 이상 초과해 달리고 있었다. 그차는 우리 세 명을 가까스로 비끼면서 별안간 인도로 방향을 틀었고, 무리를 지어 반대 방향으로 걷고 있던 나의 친구들을 그대로 들이받았다. 참으로 끔찍하고도 참혹한 장면이 펼쳐졌다. 시간이 돌연 느리게 흐르며 마치 카메라가 연달아 찍듯 사고 장면이 여러 개로 나뉘는 느낌이 들었다. 한 장면에는 충돌하는 순간이 담겼다. 친구들의 몸이 헝겊 인형처럼 공중으로 던져졌다. 다른 장면에서는 한 친구의 몸이 벽에 털썩 얹혀졌다. 그날 밤의 사고로 여러 명이 사망했고 중상을 입은 인원은 훨씬 더 많았다. 지금까지 살아오면서 그때보다 더 큰 무력감과 절망을 느낀 순간은 결코 없었다.

순전한 투지와 의지력 때문이든 아니면 갑자기 압력솥의 뚜껑을 열어젖힐 때 벌어질지도 모를 상황에 대한 두려움 때문이든 나는 그 일련의 사건 후에 찾아온 여러 감정을 한동안 철저히 억눌렀다. 그러나 1년 정도 지나자 그것이 다른 방식으로 분출하기 시작하면서 나를 둘러싼 세상에 영향을 미쳤다. 감정의 경우에 꾹꾹 눌러놓으면 언젠가는 다시 나오기 마련이다. 감정 자체가 심으로 드러나기도 하고 어떤 식으로든 행동방식에 영향을 미치기도 한다. 때로는 그것이 신체의 건강에 영향을 미친 때도 있다. 스트레스와 관련된 신체 증상이 점차 흔해지고 있으며, 스트레스를 유발하는 사건이나 환경에 자극받은 감정을 해결하지 못하는 결과로 빚어진다는 사실이 널리 인정되고 있다.

감정의 위치 찾기

내가 절에 들어왔을 무렵 그런 감정이 뚜렷하게 표출되고 있었다. 때로는 명확한 감정이 일며 생각이 수반되어 그것이 무슨 일에 대한 감정인지 확실히 알 수 있었지만 대개는 그저 막연한 슬픔이 솟구쳤다. 그런 슬픔이 나를 사로잡기 시작하면 다소 화가 나는 느낌도 들었다. 내가 산에 들어온 이유는 슬픔을 얻으려던 게 아니었다. 평화와 평정을 얻으려고 산사로 들어오지 않았던가! 나는 그런 감정과 꽤 오랫동안 싸움을 벌이면서 무시하거나 저항하려고 애썼다. 아이러니한 부분은 그렇게 싸움을 벌이면서 동시에 무시와 저항을 완전히 내려놓으려 노력했다는 사실이다. 감정을 통제할 수 없었던 탓에 나는 좌절감까지 들었고, 명상에서 진척을 이루지 못하고 있는 게 틀림없다는 생각에 사로잡히지 않을 수 없었다. 그리고 언제부턴가 어쩌면 내가 명상에 적합하지 않은 사람이라 그런 건지도 모른다는 생각도 들었다. 결국 명상을 하려고 앉을 때마다 나는 점점 더 불안해지기 시작했다.

그러던 어느 날, 더 이상 견딜 수가 없어서 스승을 찾아갔다. 명상을 실천하는 과정에서 무슨 일이 벌어지고 있는지 설명하는 동안 스승은 참을성 있게 귀를 기울였다. 나는 고통스러운 감정을 없앨 수 있는 비법을 전수받으리라는 기대에 부풀었다. 그러나 스승은 대신 질문을 던졌다.

"누군가가 너를 웃게 해주면 좋으냐?" "물론이죠." 나는 웃는 얼굴로 답했다. "누군가가 너를 울게 하면 어떠하냐? 그것도 좋으냐?" "아니요." 나는 고개를 저었다 "좋다. 내가 너에게 두 번 다시 슬픔을 느끼지 않을 방법을 알려줄 수 있다면 어떻겠냐? 그러면 좋겠느냐?" "물론이죠." 나는 간절히 고개를 끄덕였다. "하지만 조건이 하나 있다. 그와 동시에 웃는 능력도 상실해야 한다는 것이다." 스승은 갑자기 아주 진지한 표정을 지었다. 내 생각을 들여다보고 있는 것 같았다.

"슬픔과 기쁨은 한 세트에 속해서 둘 중 한 가지만 가질 수는 없다. 동전의 양면과 같지." 나는 골똘히 생각에 잠겼다. "고민할 필요 없다." 스승은 웃으며 말했다. "어차피 불가능한 일이다. 네가 아무리 원해도 내겐 그런 방법을 알려줄 능력이 없다." "그러면 저는 어떻게 해야 합니까? 내내 슬픈 이 느낌을 없앨 수 없다면 어떻게 행복해질 수 있겠어요?" 나의 물음에 스승의 태도가 더욱 진지해졌다. "너는 지금 그릇된 행복을 추구하고 있다. 진정한 행복은 즐거울 때의 기쁨과 힘겨울 때의 슬픔을 구분하지 않는다. 명상은 즐거움이 주는 행복감을 찾는 것과 관계가 없다. 그런 행복감을 원한다면 파티에 가야지. 내가 말하는 진정한 행복이란 그 어떤 감정이 일어나든 언제나 편안할 수 있는 능력이다." "하지만 불행하다고 느끼면서 어떻게 편안할 수 있습니까?" 나는 반박했다.

"이런 식으로 한번 접근해보거라." 스승은 말을 이었다. "감정은 인간이란 존재의 일부다. 세상에는 너보다 조금 더 행복해 보이는 사람도 있고 조금 더 불행해 보이는 사람도 있다." 나는 고개를 끄덕였다. "사람들은 종종 특정한 방식으로 감정을 느끼는 성향을 보인다. 그래서 때로 어떤 사람은 상대적으로 조금 더 행복한 감정을 갖고, 어떤 사람은 상대적으로 조금 더 불행한 감정을 갖지. 하지만 중요한 것은 그런 감정 밑에 존재하는 무엇이다. 자신의 감정을 통제하는 사람은 없기 때문이다. 행복한 사람은 그런 상태를 계속 유지할 수 없으며 불행한 사람은 쉽사리 그것을 몰아낼 수 없는 법이다." 내가 원한 비법은 아니었지만 적어도 납득은 가는 가르침이었다.

"지금 너를 가장 힘들게 하는 감정이 무엇이냐?" "주로 슬픔입니다. 그 때문에 명상을 제대로 못할까 봐 걱정이 생기고, 다시 슬픔이나 걱정을 멈출 수 없어 화가 납니다." "좋다. 걱정과 분노는 잠시 제쳐 놓도록 하자. 그것은 나중에 다루면 되니까. 게다가 그 둘은 슬픔에 대한 너의 반응일 뿐이지. 일단 애초의 감정인 슬픔을 들여다보자. 슬픔이 너에게 어떤 감정을 품게 하느냐?" 뭐 이리 빤한 답이 나올 수밖에 없는 질문을 하는가? "그야 슬픈 느낌을 갖게 만들지요." "아니지." 스승이 반박했다. "그것은 슬픔이 너에게 갖게 만드는 느낌에 대한 너의 인상 내지는 생각일 뿐이다. 슬픔이 실제로 갖게 만드는 느낌은 아니라는 뜻이다."

나는 물러서지 않고 조금 더 고집을 부렸다. "아닙니다. 실제로 슬픈 느낌을 갖게 만듭니다." "좋다. 그렇다면 그것은 어디에 있느냐?" "어디에요? 뭐가요?" 나는 조금 어리둥절한 표정으로 되물었다. "슬픔이 어디에 있느냐는 말이다." 스승이 다시 물었다. "너의 마음속에 있느냐, 너의 몸 속에 있느냐?" "모든 곳에 있습니다." "확실하냐?" 스승은 끈질기게 물었다. "슬픔을 찾아보려고 한 적이 있느냐? 슬픔이 어디에 살고 있는지 찾아보려 했느냐?" 슬픔에 대한 생각에 지나치게 골몰했던 탓에 슬픔을 관찰한다는 생각은 애초에 떠올려본 적도 없었다. 나는 조금 풀이 죽어서 고개를 저었다. "좋다. 그렇다면 우선 그 일부터 해라. 가서 슬픔을 찾아보고 난 후에 다시 오거라. 그럼 좀 더 나눌 얘기가 있을 거다." 그날의 가르침은 그렇게 끝이었다.

그 후 두세 주 동안 나는 슬픔을 찾는 일에 많은 시간을 쏟았다. 슬픔이 내 마음에 떠오르는 생각을 채색하는 것 같았지만 그런 생각이 곧 슬픔이라고 말할 수는 없었다. 게다가 생각이라는 것은 실체가 없는 것이라서 그것들이 어느 곳에 어떤 식으로든 존재한다는 느낌조차 가질 수 없었다. 특정한 사항에 대해 생각하면 그 때문에 슬픔이 실제로 더 강렬해지는 것 같았지만 스승이 나더러 찾아보라고 한 것은 그것이 아니었다. 그래서 나는 명상을 하는 동안 나의 몸을 자세히 관찰하기 시작했다(물론 눈이 아닌 의식으로 관찰한다는 뜻이다). 위에서 아래까지 몸 전체를 샅샅이 훑으면서 슬픔이라는 감정을 찾아내려고 했다. 확실히 그 감정은 환상에 불과했다. 그러나 신체의 감각들에는 분명히 질적으로 다르게 느껴지는 부분이 존재했고 그렇다면 스승께 돌아가서 슬픔이라는 감정이 몸속에 살고 있다고 말할 수 있겠다는 자신감이 들었다.

나를 방 안으로 들이며 스승은 껄껄 웃었다. "그래, 찾으려던 것을 찾았느냐?" "그게 그렇기도 하고 아니기도 합니다." 나는 대답했다. "슬픔을 마음속에서, 생각 속에서 찾을 수는 없었습니다. 슬픔이 저의 생각을 채색하고 영향을 미치는 것은 분명한 것 같았지만요." 스승은 고개를 끄덕였다. "하지만 몸에는 슬픔이 더욱 강하게 느껴지는 부위가 있었습니다. 그곳에서는 슬픔이 좀 더 실재하는 무엇처럼 느껴졌습니다." 스승은 다시 고개를 끄덕였다. "문제는 제가 그곳을 찾았다고 생각할 때마다 몸의 다른 부위로 옮겨가는 것 같았다는 겁니다." 스승은 동의한다는 듯 미소를 띠며 고개를 끄덕였다. "그래, 그렇게 계속 바뀌는 것은 관찰하기가 쉽지 않지. 그래서 슬픔이 어디에 살고 있는 것으로 결론을 내렸느냐?" 스승이 눈썹을 치켜 올리며 물었다. "주로 여기서 느껴집니다." 나는 가슴을 가리키며 말했다. "다른 곳은 또 없느냐?" "여기도 조금 그런 것 같아요." 이번에는 횡격막 부위를 가리키며 대답했다. "귀는 어떠냐?" 스승이 웃으며 물었다. "발가락은? 거기서도 슬픔을 찾았느냐?" 스승은 이제 장난기까지 드러내고 있었지만, 틀린 말은 아니었다. 나는 귀와 발가락에서는 슬픔을 전혀 느끼지 못했다. 사실 그것을 귀와 발가락에서도 찾아봐야 한다는 생각은 아예 하지도 않았다. "그러니까 슬픔이 요 부분에 살고 있다는 말이로구나." 스승은 손가락으로 나의 가슴께를 가리키며 말했다. "그렇다면, 정확히 어디라고 생각되느냐? 보다 구체적이어야 한다. 그리고 슬픔이 실제로 그곳에 살고 있다면 크기는 어느 정도이고 모양은 어떠한지도 알아봐야 한다. 슬픔을 조금 더 관찰하고 다시 얘기를 나눠보기로 하자."

나는 다시 물러나서 슬픔의 위치를 정확히 짚어내려고 노력했다. 그렇게 슬픔을 관찰하는 가운데 알아차린 한 가지 사실은 그 감정의 강도가 약화되는 것 같았다는 사실이다. 그것이 우연인지 아닌지 알 수는 없었지만 확실히 변화가 있었다. 어쨌든 나는 다시 스승의 지시 그대로 슬픔을 찾으려 애썼다. 그 일은 쉽지 않았다. 슬픔이 일정한 모양이나 크기를 가진 것으로 보이질 않았기 때문이다. 어떤 때는 상당히 크게 느껴졌고 또 어떤 때는 작게 오그라든 느낌이 들기도 했다. 때로는 아주 묵직하게 느껴졌고 때로는 약간 가볍게 느껴졌다. 슬픔을 또렷하고 확실하게 감지했을 때조차 그 중심점을 찾아내는 것은 무척 어려웠다. 그리고 중심점을 찾아 그것에 집중하자마자 그 중심점에도 중심점이 있다는 점을 깨달았다. 그렇게 들어가면 한도 끝도 없다는 느낌이 들었다. 내가 무시할 수 없었던 한 가지는 슬픔의 강도가 계속 약해지고 있다는 사실이었다. 생각을 간단한 알아차림으로 대체하자 어떤 일이 일어났다는 것, 무언가가 변했다는 사실에 의심의 여지가 없었다. 스승의 지시가 그저 속임수가 아니었을까? 내가 아무것도 찾지 못하리라는 것을 스승은 처음부터 알고 있었던 것 같다는 생각이 들었다. 다음에 뵈면 여쭤봐야 할 사항이었다.

당시 내가 겉보기에도 달라졌는지 모르겠지만 방문을 열고 들어서자마자 스승은 나의 슬픔이 약화되었음을 알아차린 것 같았다. 그동안 어떤 일이 있었는지 말씀드리는 내내 스승은 지긋이 귀를 기울였다. 슬픔을 찾아보라는 스승의 지시가 늘 슬픔에 골몰하는 나의 행태를 바꿔주기 위한 일종의 속임수였던 것 같다고 말씀드리자 스승은 껄껄 웃으며 방석에 앉은 몸을 앞뒤로 흔들었다. "아주 재미있는 속임수로군." 그러고는 말을 이었다. "아니다. 전혀 속임수가 아니지. 지난번에 나는 명상을 하면 더 많이 알아차리는 법을 배울 수 있다고 했다. 명상하면 불쾌한 감정이 사라질 것이라는 말은 한 마디도 하지 않았다. 다만 더 많이 알아차릴 때는 그런 불쾌한 감정이 활개 칠 공간이 아주 작아지는 것이다. 불쾌한 감정에 시도 때도 없이 몰두하는 것은 당연히 그 감정이 돌아다닐 공간을 크게 넓혀주는 셈이지. 그 감정을 계속 활성화시키는 거니까. 하지만 그 감정에 몰두하지 않으면 그것은 차차 힘을 잃기 마련이지."

"그러니까 속임수였잖아요." 내가 대꾸했다 "속임수가 아니라니까!" 스승은 강조했다. "찾고 있던 슬픔은 찾았느냐?" "아니요. 찾았다고 볼 수는 없습니다." "바로 그거다." 스승은 미소를 지으며 말했다. "지금 나는 그런 감정이 존재한다거나 존재하지 않는다거나 그런 말을 하고 있는 게 아니다. 너는 슬픔을 그렇게 자세히 관찰하면서 실제로 그것을 찾아내기가 몹시 어렵다는 것을 스스로 깨달았다. 이것이 바로 네가 특정한 감정에 강하게 반응하고 있음을 알아차릴 때 기억해야 할 부분이다. 지난번에 너는 슬픔을 느낄 뿐만 아니라 그 때문에 명상이 잘되지 않아서 걱정스럽고 화도 난다고 말했다. 하지만 그런 감정은 애초의 감정, 즉 슬픔에 대한 반응에 지나지 않으며 전체 상황을 훨씬 더 악화시킬 뿐이다. 지금은 어떠하냐? 슬픔을 알아차리며 단순히 지켜보기만 했을 때도 걱정이 되거나 화가 났느냐?" 나는 고개를 저었다. 스승의 말이 옳았다. 나는 걱정도 되지 않았고 화도 나지 않았다. 찾아야 하는 것을 찾을 수 없다는 것에 때로 낙심하기는 했지만 거정은 결코 하지 않았다.

사실 나는 다시 명상 시간을 고대하기 시작했고, 내게 그토록 많은 문제를 안겨준다고 믿었던 슬픔을 찾을 수 없을 것 같다는 사실에 몇 차례 웃음을 터트리기까지 했다. "바로 그거다." 더욱 환한 미소를 지으며 스승이 말했다. "어디에 있는지 찾을 수도 없는 감정에 그렇게 강하게 반응할 이유가 있겠느냐? 어떤 것에 저항하기 위해서는 그것이 무엇인지 알아야 한다. 특정한 감정에 대한 우리의 '생각'은 그저 생각일 뿐이다. 조금 더 자세히 들여다보면 그 생각은 결코 그 감정이 아니라는 사실을 깨닫게 된다. 그래서 더욱 저항하는 것 자체가 어려워지는 거다. 그렇게 저항이 없어지면 그 감정을 그냥 그대로 받아들일 수 있게 되지."

그 과정이 빠르고 수월했다고 말할 수는 없다. 그 후로 더 이상 불쾌한 감정을 느끼지 않은 것도 아니다. 하지만 그 경험으로 나는 몇 가지 가르침을 얻었다. 가장 중요한 가르침은 감정 자체는 문제가 아니라는 것이다. 그 감정에 반응하는 방식이 문제를 일으키는 것이다. 예를 들어 나는 화가 나면 더 많은 분노로 그에 반응하며 기름을 부어 분노의 불길이 계속 솟구치도록 만들었다. 걱정이 생기면 내가 걱정하고 있음을 걱정하기 시작했다. 하지만 한 걸음 물러나 조금 더 객관적인 관점을 얻게 되자(명상을 하지 않았더라면 절대 가능하지 않았을 일이다) 나는 애초의 감정을 있는 그대로 바라볼 수 있었다. 또 그 감정을 단순히 알아차리자 그것은 마치 한 번 빛을 봤으니 됐다는 듯이 기꺼이 떠나가는 것 같았다. 불쾌한 감정이 솟아오르면 우리는 종종 그것을 철저히 차단한다. 그런 감정을 느끼고 싶어 하지도 가까이 하고 싶어 하지도 않는다. 하지만 이런 반응은 그 감정을 훨씬 더 중요하게 만들 뿐이다.

알아차림과 객관적 관점을 갖는 능력은 우리의 내면에 이미 존재한다. 따라서 감정이 오가게 내버려 두는 법을 배운다면 그 감정이 아무리 힘겹고 강렬해도 모든 것이 괜찮다는 느낌을 언제든 가질 수 있다. 내가 배운 또 다른 중요한 가르침은 어떤 것에 대한 생각이 실체와는 아주 다를 수 있다는 것이었다. 나는 내가 무척 슬픈 감정을 갖고 있다고 생각했다. 하지만 그 슬픔의 위치를 찾아내려고 했을 때 내가 찾아낸 것은 그저 끝없이 변하는 생각과 신체 감각뿐이었다. 어떤 것이든 영구적인 감정을 찾아내려고 안간힘을 썼지만, 그런 감정에 채색된 생각과 신체의 감각만 찾을 수 있었던 것이다.

덧없는 감정

우리는 종종 자신의 감정을 알아차리지 못한다. 물론 감정이 어느 극단으로든 걷잡을 수 없이 치달을 때는 알아차린다. 하지만 대개의 경우 감정은 무대 뒤에 머물며 삶에 대한 우리의 관점을 채색한다. 또한 한 감정이 다른 감정으로 순식간에 변하는 일이 잦아서 그것들을 구별하거나 정의하는 일이 불가능해 보이기도 한다. 행복을 느낀 순간을 한번 떠올려보라. 그 감정이 언제 시작되었는지 기억하는가? 1분 정도 시간을 갖고 행복이라는 감정이 처음 솟아난 순간을 정확하게 짚어내 보라. 또 그 감정은 언제 사라졌는가? 화를 낸 순간은 어떠한가? 분노를 유발한 상황이나 정황은 기억날지도 모른다. 하지만 화가 시작된 순간과 사라진 순간을 기억할 수 있는가? 그리고 그런 감정들이 갑자기 사라진 이유는 무엇인가? 기력이 다해서 저절로 사라졌는가? 더 중요한 다른 것이 당신의 주의를 끌었는가? 아니면 그저 다른 감정이 그 감정을 대체했는가?

삶을 살아가는 데 무엇보다 중요한 역할을 하는 무엇인데도 우리는 감정에 대해 아는 것이 거의 없다. 신경과학자들은 우리가 특정한 감정을 느낄 때 일어나는 생리적 반응을 극도로 정확하게 알려줄 수 있고, 행동과학자들은 그런 데이터를 해석해서 우리가 그 감정을 특정한 방식으로 느끼는 이유를 합리적으로 설명해 줄 수 있다. 그러나 이런 정보가 유용하고 흥미롭기는 하지만 그 것이 우리가 감정을 느끼는 방식을 바꿔주지는 않는다. 더 중요 한 사실은 그것이 우리가 감정에 반응하거나 대응하는 방식도 바 꿔주지 않는다는 사실이다. 나 역시 화를 내면 몸에서 해로운 화 학물질이 분비되고 혈압이 올라가니까 화내지 않는 게 좋다는 정 도는 알고 있다. 하지만 그 지식이 내가 화를 내는 것을 아예 차단 하지는 못한다. 마찬가지로 긴장을 풀고 조금 더 편안한 마음을 가지면 스트레스를 덜 느낀다는 것도 나는 안다. 하지만 걱정으 로 정신이 혼미할 때는 그런 지식이 별로 소용이 되지 않는다. 우 리가 알고 있는 지식과 일상에서 실제로 경험하는 감정 사이의 괴 리는 때로 이렇게 엄청나게 커 보일 수 있다.

스승은 나에게 유쾌한 것이든 불쾌한 것이든 감정을 느끼지 않는 삶을 고려해볼 것을 권했다. 당신은 어떠한가? 감정을 전혀 느끼지 않는 삶을 원하는가? 우리의 감정은 삶의 경험에 근본적 으로 필요한 무엇이다. 고통스러운 감정에 휩싸일 때는 감정을 모조리 없앨 방법이 있기를 소원할지도 모른다. 하지만 그런 감 정은 대개 금방 사라진다.

명상을 처음 배우는 사람들은 종종 감정을 모두 없애려고 열심히 애쓰거나 아니면 명상으로 인해 어떤 감정도 전혀 느낄 수 없는 모종의 냉담한 무채색 인간으로 변모할까 봐 걱정한다. 지금까지 설명했지만 그런 일은 절대 일어나지 않는다.

감 정 이 라 는 필 터

감정은 주변 환경과 상황과 사람들에 대한 우리의 인식에 영향을 미친다. 또한 그것의 직접적인 결과로 주변 환경과 상황, 사람들과 맺는 우리의 관계에도 영향을 미친다. 감정은 우리와 세상 사이에 놓인 일종의 필터다.

화가 날 때는 세상이 매우 위협적으로 보일 수 있다. 그 경우 우리는 상황을 장애로 타인을 적으로 인식한다. 그러나 행복할 때는 세상이 아주 우호적인 곳으로 보일 수 있다. 똑같은 상황을 기회로, 똑같은 타인을 친구로 인식한다. 주변 세상이 그렇게 변한 것이 아니다. 세상에 대한 우리의 경험이 근본적으로 달라진 것이다.

감정이 필터라는 생각이 들 때면 나는 휴일에 즐겨 찾는 장소가 떠오른다. 바닷가 바위투성이 지대로서 자연의 힘이 강력히 발휘되고 날씨가 종종 급변하는 곳이다. 내가 좋아하는 벤치에 앉으면 마을과 해변 위로 탑처럼 솟아 바다로 뻗어나간 거대한 암벽이 한눈에 들어온다. 화창한 날이면 그 암벽은 실로 장관을 이룬다. 짙은 붉은빛의 절벽이 장엄한 위용을 뽐낸다. 아주 멀리서도 절벽의 구석구석까지 또렷하게 구별할 수 있다. 그런 날에 그 암벽을 보면 경외감을 느끼지 않을 수 없다. 하지만 조금 흐린 날에는 암벽의 외양이 시시각각 달라지는 것으로 보인다. 구름이 그림자를 드리울 때는 짙은 밤색으로 칙칙해 보이고, 때로는 유황처럼 노랗게 빛나기도 한다. 구름이 짙게 깔린 날에는 심지어 파란 빛을 발하는 것으로 보이기도 한다. 비바람이 몰아치는 날이면 전혀 다른 특질을 드러낸다. 절벽이 검은빛에 가까워지고 상단의 뾰족한 모서리들은 하늘로 뚫고 올라갈 기세를 떨친다. 그런 날이면 암벽은 인상적인 수준을 넘어 위협적이기까지 하다.

그러나 암벽 자체는 전혀 변하지 않는다. 그 위로 지나가는 구름 때문에 어떤 식으로든 변한 것 같은 착각을 일으키는 것뿐이다. 이와 마찬가지로 감정이라는 필터 때문에 우리는 특정 시점에 주변 세상의 실제 모습과 다른 환상을 창출한다.

하지만 감정에는 순간적인 경험과 보다 확고하게 뿌리 내린 습관적인 경험을 구별하는 또 다른 측면이 있다. 예컨대 순간적인 슬픔이나 행복의 경험과 몸에 밴 슬픔이나 행복의 경험으로 나눌 수 있다는 의미다. 명상의 맥락에서는 이러한 면을 특성과 상태로 구별해서 다룬다.

특성

특성은 성격을 규정하는 것처럼 보이는 감정을 말한다. 쾌활한 에이미라든지 침울한 마크 등이 그 예다. 이 특성은 현재의 자신이 형성되는 데 영향을 미친 가정교육과 사회적 조건, 경험 등을 반영한다. 특성은 마치 유전적 코드의 일부로서 타고난 것 같다는 느낌을 준다. 이 때문에 자신의 특성을 알아차리지 못하는 사람이 많다.

잠시 시간을 갖고 당신의 특성은 어떠한지 숙고해보라. 삶에 대한 당신의 관점은 어떠한가? 삶이 당신에게 호의적이라고 느끼는가 아니면 가혹하다고 느끼는가? 인생이 즐겁게 느껴지는가, 고되게 느껴지는가? 사실 효과적인 명상을 하는 데 삶에 대한 관점은 중요하지 않다. 하지만 누구든 당연히 전자가 훨씬 바람직한 삶의 방식이라고 여길 것이다. 당신의 친구들과 가족, 동료들은 어떠한가? 극단적인 인생관을 지닌 사람을 떠올릴 수도 있을 것이다. 극단적으로 비관적인 사람은 매사에 부정적인 태도를 보인다. 복권 당첨이나 연애, 승진 등 거의 모든 좋은 일은 자신과 무관하다고 믿는다. 그들은 때로 크게 화를 내기도 하고 투덜거리거나 불평하면서 살아간다. 정반대로 과도하게 낙관적인 사람도 있다. 어떤 일에든 지나치게 쾌활해 보여 진심이 맞나, 하는 의심이 드는 사람들 말이다. 물론 그들의 태도가 진심이 아닐 때도 있다. 하지만 선천적으로 행복해하고 만족하며 사는 듯 보이는 사람이 분명 있다. 그래서 감정이 성격 특성으로 비유될 수도 있는 것이다.

상 태

그에 반해 상태는 일상생활에서 오가는 일시적인 감정을 말한다. 살다 보면 누군가에게서 불쾌한 말을 듣는 등 나쁜 감정을 품을 때도 있고, 아기가 첫 걸음을 떼는 모습을 보는 등 기쁜 감정을 품을 때도 있다. 이런 일은 보통 그와 어울리는 감정을 촉발하는데 그런 감정은 왔다가 다시 가버린다. 좋을 때도 있고 나쁠 때도 있는 감정이라 할 수 있다. 도로에서 다른 운전자에게 불같이 화를 내다가도 라디오에서 나오는 이야기에 곧바로 웃음을 터뜨리는 경우도 있다. 화에 몰두할 기회를 잡지 못하는 바람에 화가 즉시 잊히는 경우다. 혹은 보다 심각한 무언가도 여기에 속한다.

예를 들어 직업을 잃은 후에는 우울해질 수 있는데 이런 감정은 대체로 오래 머문 후에야 사라진다. 어느 경우든 감정이 이렇게 오고 가나는 사실은 그것이 특성이 아닌 일시적인 상태임을 가리킨다. 때로는 그런 감정 상태가 확고하게 뿌리를 내려 특성처럼 느껴지기도 한다. 감정에 완전히 압도당해 거기서 벗어날 수 없는 것처럼 보이는 경우다. 그런 상황에서는 그 감정이 우리의 정체성을 규정하기 시작할 수도 있다. 우울증이 좋은 예다. 따라서 때로는 특성과 상태를 구별하기가 불가능한 것으로 느껴질 때도 있지만, 둘의 차이를 알고 있으면 도움이 된다.

헤드스페이스

오랫동안 다양한 명상 기법을 실천한 사람으로서 나는, 여전히 감정에 접근하는 가장 명료하고 간단하며 널리 받아들여질 수 있는 방식은 생각과 관련해 지금까지 논한 것과 똑같은 접근방식을 이용하는 것이라고 느낀다. 어쨌든 생각과 감정은 구분하기가 몹시 어렵다. 당신의 생각이 당신이 감정을 느끼는 방식을 규정하는가? 아니면 감정을 느끼는 방식이 당신의 생각을 규정하는가? 마음챙김은 자연스러운 알아차림의 상태에서 기꺼이 마음을 쉬면서 어떤 감정이 생기든 판단하려는 유혹에 빠지지 않고 그리하이 그 감정에 저항하지도 휩쓸리지도 않는 것을 말한다. 명상은 당신이 그런 감정을 알아차리는 데 필요한 최상의 조건을 제공할 뿐이다. 그리고 헤드스페이스는 이러한 접근방식을 적용해서 얻는 결과다. 헤드스페이스는 감정을 느끼지 않는 것을 의미하지 않는다. 그보다는 어떤 감정이 일든 그 감정을 편안하게 받아들일 수 있는 장소에 머무는 것을 의미한다.

생각을 좋은 생각 또는 나쁜 생각으로 규정하지 않았듯이 우리는 감정도 좋은 감정 또는 나쁜 감정으로 규정하지 않을 것이다. 이렇게 말하면 사람들은 보통 의문을 품고 반박한다. "도대체 무슨 소린지…. 어떻게 분노가 나쁜 감정이 아니라고 말할 수 있지요? 저는 조금 전에 누군가에게 고함을 질렀어요. 그것은 당연히 나쁜 거 아닌가요? 기분도 더럽다고요. 화가 나면 저는 폭발하고 싶어져요! 분노의 '좋은' 점이 대체 뭔가요?"

물론 분노의 결과는 완전히 다른 문제이며 자제력을 발휘하는 것도 중요하다. 하지만 명상을 할 때에는 열린 마음을 갖는 것이 도움이 된다. 과거의 경험에 비추어 감정에 단순히 좋다 또는 나쁘다는 꼬리표를 붙이는 것보다는 감정 그 자체의 본질에 관심과 호기심을 갖는 개방적인 태도가 유용하다는 얘기다. 그렇지 않으면 긍정적인 감정은 열심히 쫓아다니고 부정적인 감정은 열심히 없애려 드는 오래된 태도에 머물게 되고 만다. 그런 접근방

식이 지금까지 당신에게 얼마나 효과가 있었는가? 가장 잘 아는
사람은 당신이다.

　그러니 부드러운 호기심의 세계로 돌아가자. 감정이 오갈 때
몸과 마음에서 어떤 일이 일어나는지 지켜보고 관찰하고 알아차
리는 기법으로 말이다. 여기서 목적은 헤드스페이스라는 점을 기
억하라. 어떤 감정이 생기든 편안한 느낌을 유지하는 것이 목적
이다. 이는 곧 도로 옆에 앉아 지나가는 감정을 지켜보며 유혹적
으로 보인다고 해서 쫓아가지도 않고 위협적으로 보인다고 해서
달아나지도 않는 것을 의미한다. 생각이 떠오르지 못하게 막으러
애쓰지 말아야 하는 것과 마찬가지로 이 기법 역시 감정이 일어나
지 못하게 막으러 애쓰는 것과는 관계가 없다. 생각처럼 감정 또
한 저절로 생겨난다. 중요한 것은 우리가 그런 감정을 마주하는
방식, 즉 감정에 반응하는 방식이다.

　명상을 통해 감정에 접근할 때 감정에 보다 많은 중요성을 부
여할 필요는 없다(감정은 이미 충분히 주의를 끈 상태이기 때문이다).
감정을 중시하는 대신 보다 능숙하게 관계를 맺는 방법을 찾아야
한다. 감정을 알아차리고 경험하고 인정하고 감정과 함께 살되
감정에 휘둘리지 않는 방법을 찾아야 한다. 마음챙김과 명상이
그 최고의 방법을 가르쳐 준다.

이지적인 측면에서는 소위 부정적인 감정의 가치를 인정할 수도 있다. 과거에 유난히 힘들던 시기가 없었다면 자신이 이룬 성취나 오늘의 위치가 가능하지 않았을 거라고 말하는 사람이 많다. 설령 그 시절로 돌아가 상황을 바꿀 수 있다 해도 그러고 싶지 않다고도 말한다. 세월이 흐르고 시야가 넓어지면 감정의 경험이 매우 다르게 보일 수도 있다.

인생에는 이런저런 일이 일어나기 마련이다. 사건이 발생했을 때 자신이 문제를 해결할 수 있을 정도로 준비가 잘되어 있음을 안다면 좋을 것이다. 감정은 잘 다룰 준비가 되어 있다고 해서 경험하지 않게 되는 것이 아니다. 당신이 감정과 관계를 맺는 방식이 결국 그 감정을 더욱 빨리 그리고 더 쉽게 내려놓을 수 있게 돕는 것이다.

명상 연습 5 :
감정의 알아차림

우리는 자신의 감정이 어떠한지 늘 정확하게 인식하지는 못한다. 그 이유는 대개 자신의 행동이나 생각에 의해 주의가 흐트러지기 때문이다. 하지만 명상을 시작하면 필연적으로 자신의 감정을 더 정확하게 알아차릴 수 있게 된다. 얼마나 다양한 감정을 느끼는지 감정의 강도는 어떠한지, 어떤 감정이 고집스럽게 머물고 어떤 감정이 덧없이 사라지는지 등을 보다 잘 알아차리게 된다. 지금 당신은 어떤 감정을 느끼고 있는가?

잠시 책을 내려놓고 눈을 감아보자. 몸의 느낌을 먼저 알아차리는 것이 도움이 된다. 신체 감각은 뒤에 숨어 있는 감정에 대한 실마리를 제공하기도 하기 때문이다. 몸이 무겁게 느껴지는가? 아니면 가볍게 느껴지는가? 몸이 차분한가? 아니면 들썩이는가? 갑갑한 느낌이 드는가, 탁 트인 느낌이 드는가? 서둘러 단정 짓지 말고 부드러운 호기심의 개념을 적용하며 20초 내지 30초 동안 몸의 감각을 감지한 후 각각의 질문에 답해보라.

호흡은 어떠한가? 빠른가, 느린가? 깊은가, 얕은가? 호흡을 바꾸려 하지 말고 시간을 갖고 호흡이 어떻게 느껴지는지 자각하라. 이 연습이 끝날 무렵에는 자신이 어떤 감정을 느끼고 있는지 훨씬 정확하게 알아차렸을 가능성이 높다. 하지만 알아차리지 못했어도 걱정하지 마라. 처음에는 그런 경우가 아주 흔하니까. 연습을 거듭하면 감정을 보다 명확하게 인식하게 될 것이다.

부드러운 호기심

명상은 나의 일상적인 마음을 들여다보는 한 장의 스냅 사진이라는 말이 있다. 처음 그 말을 들었을 때 나는 잘 믿기지가 않았다. 많은 알아차림으로 나의 마음을 경험한 적도 없었고 따라서 그런 식으로 마음을 본 적도 없었기 때문이다. 그 말에 어느 정도 친근감이 들긴 했지만 그것은 내가 기대하는 바가 전혀 아니었다. 어쩌면 앞서 소개한 짧은 명상 연습을 고작 두어 번 실천한 당신은 이미 마음에 대해 그런 느낌을 체험했을지도 모른다. 새로운 대상이나 예상치 못한 일을 접할 때 우리는 친숙한 것을 대할 때와는 다른 방식으로 반응하는 경향이 있다. 어떤 사람은 흥분과 호기심으로 반응하고, 어떤 사람은 불안이나 두려움을 갖고 접근한다. 마음을 지켜보는 경우에도 마찬가지다.

명상을 처음 시작할 때 나는 낙관적이고 저돌적인 방식을 취했다. 과정 자체에는 그다지 관심이 없었고 오로지 명상의 궁극적인 열매만 맛보기를 원했다. 깨달음이라는 결실 말이다. 나의 방식은 깨달음이 아니면 파멸을 달라는 것과 같았다. 명상하는 동안 나는 지금 이 순간에 머물며 삶이 제공하는 모든 것을 즐기지 못한 채 언제나 미래의 목표에 초점을 맞추었다. 특정한 경험을 추구하거나 진전 또는 결실의 특정한 신호로 보상 받기를 바라는 것은 명상에 임하는 사람들이 저지르는 흔한 실수다. 마음의 평정이나 통찰력은 그것을 찾기 위해 지나친 노력을 기울이면 언제나 환상이 되고 만다.

명상에서는 목적지와 여정이 다르지 않다. 결국 명상에 임하는 나의 방식은 비유하자면 휴가 여행에 나서서 자동차를 몰고 목적지를 향해 달리기만 하는 것과 같았다. 운전하는 내내 어느 곳에도 들르지 않고 밤이건 낮이건 쉬지 않고, 창밖을 구경하는 것도 거부하면서 목적지까지 그냥 냅다 달리기만 하는 식이었다. 스스로 목적을 파괴하고 있었던 셈이다!

당신의 접근 방식이 지닌 특징은 당신의 성장 과정과 성격을 반영한다. 그 가운데는 마음에 들고 도움이 되는 특징도 있을 테고 못마땅하고 하등 쓸모없이 느껴지는 특징도 있을 것이다. 하지만 진정한 흥미와 호기심을 갖고 명상에 접근할 수 있다면 당신의 방식이 어떤 특징을 지녔는지는 그렇게 중요하지 않다. 이유는 그런 특징이 바로 명상의 일부가 되기 때문이다. 다시 말해서 그 역시 관찰의 대상이 된다는 뜻이다. 한 스승은 그러한 특징을 언제나 부드러운 호기심이라고 묘사하곤 했다. 그 특징이 명상에 접근하는 방식의 일부가 되면 당신은 마음이 활짝 열리는 느낌을 알아채게 될 것이다. 어쩌면 당신은 그 당시의 나처럼 호흡을 딱 한 번 지켜보고 나서 호흡을 모두 지켜보았다고 여길지도 모른다. 호흡을 좇는 당신의 태도가 그러하다면 의심할 여지없이 매우 빠르게 흥미가 사라질 것이다. 하지만 시간을 갖고 조금 더 자세히 들여다보면 매 호흡이 실제로 꽤 다르다는 것을 알아차릴 것이다. 마음을 오가는 생각의 경우도 마찬가지다(한 가지 생각이 거듭해서 떠오르는 것처럼 느껴질 때도 있겠지만 말이다). 또한 몸에 생기는 신체 감각의 경우도 여기에 해당한다.

나는 부드러운 호기심으로 명상에 접근하는 개념을 온화하고 열린 자세로 참을성 있게 관심을 기울이는 것으로 받아들였다. 그 방식은 비유하자면 나무 뒤에 가만히 웅크리고 앉아 야생 동물을 관찰하는 것과 유사하다. 당신은 지켜보는 대상에 완전히 마음을 사로잡혀 모든 주의를 기울인다. 그 야생 동물이 특정한 행동을 하기를 바라지도 않고 조급해하지도 않으면서 매 순간을 즉시 알아차리고 그 대상을 있는 그대로 지켜보는 것에 만족한다. 또는 바닥에 있는 작은 곤충을 관찰하는 것과 비슷할 수도 있다. 처음에는 그 곤충을 발견하고 단순히 '어라, 벌레네?' 하고 생각할지도 모른다. 하지만 조금 더 자세히 들여다보면 벌레의 다리가 보인다. 조금 더 자세히 들여다보면 얼굴 생김새도 눈에 들어온다. 자세히 들여다볼 때마다 그 벌레의 새로운 면을 알아차린다. 이런 부드러운 호기심을 명상과 일상생활에 적용할 수 있다면 모든 면에서 전혀 뜻밖의 혜택을 누리게 될 것이다.

매 운 수 프

다음 주제인 명상 실행하기로 넘어가기 전에 마지막으로 이야기 하나를 더 소개하겠다. 내 자신의 부드러운 호기심 부족과 매우 엄격한 절의 규율, 그리고 매운 수프가 얽히고설켜서 빚어낸 이야기다. 서구의 불교 사찰 다수와 마찬가지로 그 절 역시 종종 일반인들에게 단기 명상 수련에 참여할 기회를 마련해주곤 했다. 그런 기간이면 우리는 그들을 사찰의 손님으로 대접해야 했다. 그들의 일과에는 우리가 아침과 점심 두 차례 식사를 준비해 방으로 나르면 그 자리에서 그것을 먹는 것도 포함되었다. 절에서 룸서비스라니? 다소 호사스럽게 들릴 수도 있으나 그것은 명상 수런 참가자들에게 '섭식 명상'을 실천할 기회를 제공하기 위한 조치였다. 우리 스님들은 교대로 음식을 준비해 접시에 담아 방으로 들어갔다. 점심은 작은 그릇에 담은 수프와 빵 한 조각으로 간소했다. 수프는 주로 밭에서 기른 채소로 즉석에서 요리했는데 요일에 따라 메뉴를 바꿔가며 내갔다. 명상 수련회를 이미 수차례 치렀던 터라 나는 수프 끓이는 과정에 익숙했다. 그리고 솔직히 말하자면 그 일에 모든 주의를 기울이지도 않았다. 실제로 언제부턴가는 수프 끓이는 과정을 서둘러서 대충 해치우곤 했다. 이것 조금, 저것 조금 던져 넣고 어떻게 되나 지켜보는 식이었다. 나는 그것을 창의성으로 간주하고 싶어 했지만 사실은 단지 너무 게을러서 모든 것을 눈대중으로 처리하며 설거지 거리를 줄이려고 애쓴 것에 불과했다. 게다가 빨리 끝낼수록 더 길게 쉴 수 있다는 계산도 깔려 있었다.

어느 날 조리실에 들어가서 보니 멀리거토니 수프가 그날 마련해야 할 메뉴였다. 커리가 주재료인 수프로 전에도 수없이 만든 적이 있었다. 나는 먼저 채소를 조리해서 한데 섞은 후 수프를 끓였다. 한두 번 해본 게 아닌지라 조리법을 살펴볼 필요가 없었다. 커리 가루와 허브를 넣어야 할 시점에 이르렀다. 규모가 큰 대부분의 조리실이 그렇듯 허브와 향신료는 모두 똑같은 유리병에 담겨 있었다. 내용물의 모양새와 병에 붙여 놓은 간단한 이름표가 그 종류를 구별할 수 있는 유일한 수단이었다. 나는 찬장을 열고 손을 뻗어 '커리 가루'라는 이름표가 붙은 유리병을 꺼냈다. 가루의 색깔이 불그스름하다는 것을 알아차리고 잠시 멈칫하며 색깔이 조금 이상하다는 생각은 했지만 즉시 그 생각을 날려버렸다. 그렇게 지나치게 서두르고 있던 터라 부드러운 호기심 같은 것을 적용할 새가 없었다. 일을 그저 빨리 끝내고 점심 후 휴식 시간을 조금 더 가질 수 있기만을 바랐다. 수프를 만드는 일이 나 자신에게도 즐거움이 될 수 있다는 생각 따위는 떠오르지도 않았다.

멀리거토니 수프 만드는 법을 처음 배울 때 나는 중간중간 맛을 보며 잘되어 가는지 반드시 확인하라는 지시를 받았다. 그랬음에도 나는 양을 재는 데 주의를 기울이지도 않고 맛보는 일도 생략하면서 이런저런 재료를 수저로 푹푹 퍼서 집어넣었다. 향신료를 조금 더 넣으면 풍미를 더할 수 있으리라 생각하며 그것도 큰 수저로 수북이 두어 술 떠서 집어넣었다. 그러고는 수프가 적절히 걸쭉해질 때까지 계속 끓였다.

이제 다 됐을 거라는 생각에 몸을 숙여 수프의 냄새를 맡았다. 코를 찌르는 매운 냄새에 눈에 눈물까지 돌았다. '이상하다. 이런 냄새가 아니었는데.' 나는 그런 생각을 하며 수저를 들어 한 입 먹어 보았다. 즉시 머리가 후끈 달아오르더니 곧바로 터져 버릴 것 같았다. 원래 매운 것을 좋아하는데다가 아시아에서 오래 거주하며 매운 음식을 자주 접한 나였지만 그것은 차원이 달랐다. 실제로 태어나서 그렇게 매운맛은 처음 보는 것이었다. 나는 기침을 토해내고 식식거리며 화끈거리는 입안에 도움이 될 것으로 생각되는 것은 무엇이든 집어삼켰다. 시계를 보았다. 명상 수련자들에게 수프를 내어가야 할 시간이 5분밖에 남지 않았다. 안타깝게도 나는 명상을 통해 새로 얻은 침착함을 일상의 스트레스 상황에는 아직 적용하지 못하고 있었다. 그래서 차분함을 잃고 패닉에 빠져 허둥대기 시작했다.

학창 시절에 시내에서 놀고 나면 종종 찾았던 커리 음식점을 황급히 떠올렸다. 차고 단것을 넣으면 매운맛이 중화된다는 사실이 기억났다. 나는 우유를 찾아 수프에 들이부었다. 아무런 변화가 없었다. 그래서 조금 더 부었다. 그래도 변화가 없었다. 이제 수프는 묽어졌다. 그러면서 혼잣말을 중얼거리기 시작했다. "요구르트? 안 될 것도 없지. 넣어 보자." 여전했다. "살구 잼? 넣어 봐!" 다소 효과가 있는지 매운 기는 조금 가셨지만 수프의 맛이 아주 이상해졌다. 어떤 종류든 달콤한 잼이 개선의 방향으로 나아가는 확실한 방법이라는 전제 아래 나는 마멀레이드와 꿀, 당밀까지 연달아 집어넣었다. 수프는 여전히 입이 얼얼하게 맵고 맛이 희한하기는 했지만 적어도 이젠 입에 넣고 삼킬 정도는 되었다.

나는 재빨리 그릇들에 수프를 나눠 담은 후 각 방문 앞에 내려 놓고는 살쩍 문을 두드려 점심이 준비됐음을 알렸다. 그제야 나는 진정되기 시작했다. 하지만 명상 수행을 하며 그날의 마지막 식사를 기다렸는데 국적 불명의 끔찍한 음식을 받아 드는 것이 어떤 느낌일지는 짐작이 가고도 남았다. 그나마 나로서는 다행이라 할만 했던 것이 일주일 기간의 묵언 수행에 든 지 겨우 이틀째라서 앞으로 닷새 동안 아무도 불만을 입 밖에 낼 수 없으리라는 사실이었다. '아마 주말쯤에는 다들 잊어버릴 거야.' 하지만 솔직히 말해서 그런 일을 어떻게 잊을 수 있겠는가? 속이 쓰리고 배탈이 나는 것은 여타의 일이 더없이 순조로울 때조차도 즐거운 일이 될 수 없다. 하물며 다른 여섯 명과 화장실 하나를 같이 써야 하는 묵언 수행 중에 배탈이 난다는 것은 결코 웃어넘길 일이 아니다.

나중에 알아보니 누군가가 향신료 유리병을 채울 때 실수로 커리 가루와 칠리 가루를 뒤바꿔놓은 것이었다. 결국 나는 순한 커리 가루를 넣어야 하는 수프에 칠리 가루를 그것도 평소의 두 배는 될 정도로 넉넉히 퍼서 넣은 것이었다. 물론 크게 보면 진짜로 심각한 피해가 발생한 것은 아니었다. 하지만 그 경험으로 나는 우리가 때로 삶을 헤쳐 나가는 과정에서 모종의 목적지에 도달하려고만 애쓰느라 여정에는 제대로 주의를 기울이지 않을 수 있다는 사실을 확실하게 깨달았다. 잠깐씩 멈춰 서서 호기심을 갖고 주의를 기울였더라면 상황을 그 지경까지 몰고 가는 일은 발생하지 않았을 터였다. 나는 얼른 끝내고 쉬고 싶다는 생각에 사로잡혀 그저 꾸역꾸역 나아가기만 했다. 아이러니하게도 그런 식으로 얻은 얼마 안 되는 휴식 시간은 내 자신이 저지른 짓을 걱정하는 데 허비되었다. 남의 일 같지 않지 않은가?

명상을 수행할 때에는 마음에 떠오르는 모든 것을 부드러운 호기심을 갖고 지켜보아야 한다. 그렇게 해야 상상할 수 있는 것보다 더 많은 변화를 이끌어낼 수 있다.

명상 연습 6 :
몸에 대한 의식적 관찰

부드러운 호기심을 키우는 좋은 방법은 그것을 신체 감각에 적용해 몸을 관찰하는 것이다. 책을 내려놓고 전처럼 지그시 눈을 감아보라. 머리끝에서 시작해 발끝까지 몸 전체를 마음속으로 훑어보라. 처음에는 10초 정도를 들여 빠르게 훑어라. 두 번째는 20초 정도로 시간을 늘려 관찰하라. 그리고 마지막으로 30초에서 40초 정도를 할애해 조금 더 자세히 훑어보라. 그렇게 의식으로 몸을 훑으면서 어느 부위가 이완되고 편안하고 가벼운 느낌이 드는지, 어느 부위가 아프고 불편하고 갑갑한 느낌이 드는지 알아차려보라. 판단이나 분석 없이, 그저 지금 이 순간 몸이 어떻게 느끼고 있는지 그 전체적인 그림을 그려본다는 생각으로 그렇게 하라. 이따금 생각이 끼어들어 방해해도 걱정하지 마라. 마음이 다른 곳을 떠돌고 있음을 깨달을 때마다 그것을 다시 부드럽게 제자리로 돌려놓으면 된다.

1. 의료 전문가들은 명상을 권한다.

영국 정신건강재단에서 최근 실시한 연구에 따르면 일반인의 68퍼센트가 마음챙김 기반의 명상 기법을 익히는 것이 환자는 물론이고 건강한 사람에게도 유익할 수 있다는 데 동의했다. 유일한 문제는 마음챙김에 관한 적절한 정보를 어디에서 얻을 수 있는지를 아는 의사가 별로 없다는 것이다. '헤드스페이스'를 검색하라.

2. 명상은 행복과 연관된 뇌의 부위를 활성화한다.

만약 당신이 유연하고 낙천적인 사고를 지닌 사람이라면 좌측 전두엽이 매우 활발하게 활동할 가능성이 높다. 반면에 걱정이나 근심에 사로잡히고 부정적인 사고를 갖는 경향이 있다면 우측 전두엽이 보다 활성화된다. 위스콘신 대학의 신경과학자들은 단지 8주 동안 마음챙김 명상을 실시한 피험자들에게서 우측 전두엽의 활성화 수준은 감소하고 좌측 전두엽의 활성화 수준은 증가한 결과를 확인했다. 이는 행복감과 웰빙 느낌이 증가했음을 의미한다.

3. 마음챙김은 부정적인 감정의 강도를 감소시킨다.

UCLA의 신경과학자들에 따르면, 마음챙김 명상을 하는 사람들은 그렇지 않은 사람들에 비해 부정적인 감정의 수준이 낮아진다. 그들은 부정적인 감정에 이름을 붙여 그에 대한 자각이 높아지게 할 경우 그런 감정의 강도가 크게 약해진다는 사실을 발견했다. 다음번에 어떤 이유로든 보복성 이메일을 쓰거나 배우자에게 고함을 치고 싶을 때는 그런 분노에 '화'라는 이름을 붙이고 자각해보라. 그러면 나중에 부끄럽게 사과해야 할 일을 면할지도 모른다.

4. 명상은 스트레스의 해악을 줄여준다.

스트레스가 건강에 심각한 영향을 미친다는 것은 잘 알려진 사실이다. 의사들은 이미 스트레스 반응이 혈압과 콜레스테롤 수치를 높이고 심지어 뇌졸중, 고혈압, 관상동맥 질환을 유발할 수 있음을 밝힌 바 있다. 또한 면역계에 악영향을 미치고 임신율을 감소시킬 수도 있다. 대조적으로 명상은 이완 반응을 일으키는데 그런 상태에서는 혈압, 심박, 호흡수, 산소 소모량이 모두 감소하면서 면역계를 크게 강화시킨다.

5. 마음챙김은 불안을 줄여준다.

수년 전 매사추세츠 의과대학에서 마음챙김 기반의 명상이 범불안장애(generalized anxiety disorder)로 고통받는 일단의 사람들에게 미치는 영향을 연구했다. 고작 8주 동안의 명상만으로 피험자의 90퍼센트에서 불안증과 우울증이 크게 감소했다는 믿기 어려운 결과가 나타났다. 3년 후에 실시한 후속 연구에서는 명상의 효과가 여전히 지속되고 있다는, 훨씬 더 놀라운 사실이 입증되었다.

마음챙김은

자연스러운 알아차림의 상태에서 기꺼이 마음을 쉬면서

어떤 감정이 생기든 판단하려는 유혹에 빠지지 않아

그 감정에 저항하지도 휩쓸리지도 않는 것을 말한다.

<2장>

명상을 실행할 때

The Headspace Guide to

Meditation and Mindfulness

10분 명상

세상에는 수천에 달하는 다양한 명상 기법이 있고 각각의 기법은 나름의 전통과 특정한 중점을 가진다. 하지만 거의 모든 기법의 핵심 목표는 언제나 긴장을 풀고 현재에 집중하며 자연스러운 알아차림의 상태에 머무는 것이다. '나의 마음은 그런 것과 거리가 멀어. 나는 절대로 그럴 수 없을 거 같아. 내 마음은 늘 이런 저런 생각으로 어수선하거든.' 이렇게 생각하는 독자들이 있을지 모른다. 그래서 명상으로 목적을 이루는 것은 배워서 익혀야 할 기술이라는 사실을 강조하고 싶다.

피아노를 배운 적이 없는 사람이 처음 배우러 나선 경우 그저 피아노를 슬쩍 쳐다보고는 자신이 없다며 그대로 달아나지는 않을 것이다. 애초에 피아노 수업에 간 이유가 무엇인가? 피아노 치는 법을 배우기 위해서 아닌가? 명상도 마찬가지다. 누구든 마음이 늘 산만하고 어수선하다고 느낄 수 있다. 하지만 그래서 명상을 배우려는 것이 아닌가? 당연한 이치인데 어쩐 이유인지 많은 사람이 그 사실을 잊고 있다.

어떤 문화나 전통에서 생겨났고 아무리 복잡해 보이고 그 목적이 어떻게 다르든, 모든 명상 기법은 두 가지 요소를 공통으로 갖는다. 마음을 가라앉히는 측면의 정신 집중(concentration)과 통찰력을 얻는 측면의 명료함(clarity)이 바로 그 두 가지 요소다. 이 가운데 한 가지 요소만을 다루는 기법도 있지만 대개는 두 요소를 모두 포함한다. 명상 기법은 통상 명상에 접근하는 방식과 원하는 결과를 기준으로 구분된다.

예를 들면 집중력을 키우기 위해 고안된 기법이 있고 헌신 또는 자비심을 고양하거나 수행력을 향상시키기 위한 기법도 있다. 사실상 온갖 유형의 목적을 위한 기법들이 있다고 봐도 무방하다. 그러나 목표가 무엇이든 모든 기법은 정신 집중과 명료함 중 적어도 한 가지 요소에는 반드시 의존한다. 마음챙김은 서로 다른 이 두 요소를 결합해 현대 생활에 매우 적합한 유연하고 포괄적인 기법을 창출할 수 있음을 보여주는 훌륭한 예에 속한다. 곧 소개할 10분 명상(Take 10) 기법도 마찬가지다. 10분 명상은 정신 집중과 명료함, 두 요소를 하나로 결합한 기법이지만 정신 집중의 요소를 조금 더 강조한다.

무언가에 진정으로 집중할 때 마음이 어떻게 고요해지는지 알아차린 적이 있는가? 마음이 종잡을 수 없이 어수선하다가도 일단 자신이 좋아하는 무언가에 몰두해 오로지 그것에만 초점을 맞추면 마음이 차츰 가라앉으며 고요해지는 느낌이 든다. 명상은 이와 매우 유사한 과정이다.

우선 마음이 초점을 맞춰야 할 어떤 것, 즉 집중해야 할 대상이 필요하다. 전통적으로 그것을 명상의 대상 또는 명상의 토대라 부르는데 외적인 것과 내적인 것으로 나뉜다. 외적 대상에 치중하는 명상에는 특정한 사물 응시하기, 특정한 소리에 귀 기울이기, 특정한 단어나 구절 반복 암송하기 등의 기법이 있다. 만트라(mantra, 주문)라고 알려진 마지막 기법은 큰 소리로 외지 않고 속으로 되뇌는 경우 내적 대상에 속하기도 한다(겁먹을 필요는 없다. 이 책에서는 만트라를 암송하는 기법은 논하지 않는다. 그것은 헤드스페이스 방식이 아니기 때문이다). 내적 대상에 초점을 맞추는 기법으로는 호흡이나 신체 감각에 집중하기, 특정 이미지 상상하기 등이 있다.

10분 명상의 경우 호흡을 주요 대상으로 삼는 것이 바람직하다. 그 이유는 다양한데 그중 몇 가지에 대해서는 나중에 자세히 설명하겠지만, 우선은 호흡이 가장 유연한 대상 중 하나이기 때문이다. 만트라 암송하기나 촛불 응시하기와 달리 호흡에 집중하는 기법은 어디서나, 심지어 공공장소에서도 아무도 모르게 이용할 수 있다. 호흡은 당신이 어디를 가서 무엇을 하든 함께한다. 만약 그렇지 않다면 명상 따위에 대해 걱정할 계제가 아니다! 신체 감각에 집중하는 기법 역시 마음을 가라앉히는 데 효과적이다. 사고의 영역에서 조금 더 실체가 있는 무언가로 주의를 돌리도록 돕기 때문이다.

일단은 이 정도만도 일부 사람들에게는 충분하다. 단지 매일 가만히 앉아 호흡을 관찰하고 마음을 진정시키며 모든 긴장이 저절로 풀리게 두어라. 앞서 언급했듯이 명상을 이렇게 이용하는 것에 아무런 문제가 없다. 다만 이 방법으로는 명상의 모든 효과를 고스란히 누리진 못할 뿐이다. 명상의 효과를 최대한 얻으려면 그것을 일상생활에 통합해야 한다. 또한 그러기 위해서는 두 번째 요소, 즉 명료함을 추가해야 한다. 정신 집중에 명료함이 더해지면, 애초에 긴장을 불러일으킨 것이 무엇인지 알아차릴 수 있으며 특정 상황에서 자신이 특정한 감정을 느끼는 이유와 방식도 이해할 수 있다. 상황에 대한 현명한 반응이나 충동적 반응은 바로 여기서 생기는 차이에 기인한다. 스트레스를 받는 지경까지 이른 후 풀려고 애쓰는 대신 처음부터 스트레스를 받지 않을 수 있다면 어느 쪽을 택하겠는가? 거의 언제나 그럴 수 있다면 말이다.

쉽게 표현하기 위해 명료함을 더해야 한다고 말했지만 엄밀히 따지면 옳은 말이 아니다. 명료함은 고요하고 텅 빈 마음에서 저절로 생겨나기 때문이다.

잔 잔 한 연 못

　내가 머문 절 중에는 전적으로 명상에만 치중하는 사원이 있었다. 불교 사상이나 교리 같은 것도 공부하지 않고 오로지 명상에만 전심을 다하는 곳이다. 그 절은 방문객도 없고 전화도 없어서 마음을 흐트러지게 할 요인이 거의 없었다. 우리는 새벽 3시에 명상을 시작해 잠깐씩 몇 차례 휴식 시간을 가지면서 밤 10시까지 명상에 매달렸다. 모든 시간을 명상에 할애하기를 원하는 이에게는 꿈을 실현할 수 있는 곳이었다. 조금 극단적으로 들릴지 모르지만 당사자로서는 얼마든지 이해할 수 있는 꿈이다. 내가 집을 떠나 스님이 된 이유는 가능한 한 최적의 환경에서 마음을 훈련시키기 위해서였다. 따라서 정신을 산만하게 하는 모든 요인을 제한하는 것은 그저 마음 훈련 과정의 출발점일 뿐이었다. 놀라운 것은 몸과 마음을 흐트러뜨리는 일상적인 요인을 철저히 제한하는 경우 아주 사소한 일로도 고요한 마음이 일시에 엄청난 혼란에 빠질 수도 있다는 사실이다.

　친구의 간단한 안부 편지 한 장이 온갖 생각과 감정을 불러일으켜 며칠 동안 마음을 들뜨게 만들 수도 있다는 얘기다. 따라서 주의를 흐트러뜨리는 요인이 전혀 없다면 마음이 가라앉기 시작하고 점차 고요해지는 것 역시 당연하다. 내가 체험을 통해 확신할 수 있었던 한 가지는 마음이 고요해질수록 명료함이 더욱 커진다는 사실이다.

지난 세월 동안 나는 이 과정을 묘사하는 수없이 많은 방법을 접했지만, 지금 내가 소개하고자 하는 비유가 가장 적절하다는 생각이다. 아주 맑고 잔잔한 연못을 상상해보라. 수심이 깊지만 더없이 맑다. 어찌나 맑은지 바닥에 있는 모든 것이 낱낱이 보이고 실제로는 무척 깊은데도 얕아 보인다. 이제 이 연못가에 앉아 한가운데로 작은 돌멩이들을 던진다고 상상해보자. 처음에는 아주 천천히 가끔 한 개씩 돌멩이를 던진다. 돌멩이를 던질 때마다 수면에 파문이 일고 시간이 조금 지나야 잔잔해진다. 수면에 인 잔물결이 완전히 사라지기 전에 돌멩이를 또 한 개 던진다면 새로운 파문이 일며 이전의 파문과 합쳐진다. 이제 돌멩이를 연거푸 던진다고 상상해보자. 수많은 파문으로 연못 전체가 동시에 출렁이는 모습이 보인다. 연못의 수면이 이렇게 출렁이면 바닥에 있는 것은 고사하고 수중에 있는 것을 하나도 볼 수 없다.

이 이미지는 여러 가지 방식으로 우리 마음의 표면을 보여준다. 적어도 어떤 식으로든 마음을 훈련하기 전까지는 그렇다. 새로운 생각은 연못에 던져지는 돌멩이처럼 매번 마음의 표면에 파문을 일으킨다. 우리는 그런 식으로 돌멩이들을 던지고 일렁이는 물결을 보는 데 너무 익숙해진 나머지 잔잔한 연못이 어떠해 보이는지에 대해선 아예 잊고 산다. 출렁이는 마음이 그리 바람직하지 않다는 것은 잘 알지만 어떻게든 정리하기 위해 마음에 개입하면 오히려 파문이 더 커지는 것만 같다. 가만히 앉아 있어도 긴장이 풀리지 않을 때 불안감을 야기하는 것이 바로 이런 가만히 못 있는 마음이다. 말할 필요도 없이 마음이 온통 출렁일 때는 그 표면 아래에 무엇이 숨어 있고 무슨 일이 일어나고 있는지 거의 알아낼 수가 없다. 그 때문에 우리는 마음의 본질을 꿰뚫어보지도 못하고 특정한 감정을 느끼는 이유와 방식도 깨닫지 못한다. 그래서 먼저 마음을 가라앉혀야 하는 것이다. 그러지 않으면 명료함도 얻기 어렵다. 이제 이 특별한 기법에서 정신 집중 요소를 조금 더 강조하는 이유를 이해했으리라 본다.

독자 여러분은 어떨지 모르지만, 예전의 나는 언제나 명상의 명료함 요소를 일상의 모든 경험을 즉시 바꿔줄 번득이는 지혜, 즉 찰나의 깨달음과 같다고 믿었다. 하지만 지난 경험을 돌이켜보면 명료함은 점진적인 과정에 더 가깝다. 따라서 명료함 요소는 마음이 꾸준히 조금씩 열리는 과정, 벌어지고 있는 일에 대한 직접적인 통찰이 점진적으로 증진되는 과정으로 여기는 것이 보다 유용할 것이다. 그리고 이 점진적인 명료함은 매우 중요하다. 누구든 마음이 항상 어수선하고 혼란스러운데다가 그것을 특정한 방식으로 이끌 수도 없다면 목적의식을 갖고 편안하게 살아가기가 매우 어렵다.

사람은 누구나 알아차림의 증진으로 혜택을 입을 수 있는 특정한 훈습(habitual tendency: 업에 따라 몸에 밴 습관을 가리키는 불교 용어 - 옮긴이)을 보유한다. 때로 그런 훈습은 표면 바로 밑에 숨어 있다가 전혀 뜻밖의 순간에 요란하게 등장할 기회를 노리는 듯하다. 실제로 훈습을 표출시키는 것은 악의 없는 말 한 마디와 같은 아주 사소한 것이 될 수도 있다. 일단 자극을 받으면 그것은 표면으로 치고 올라와 연못 전체를 출렁이게 한다.

익숙한 이야기 같지 않은가? 우리의 삶을 고달프게도 하고 풍요롭게도 하는 그런 감정과 생각을 제대로 알려면 그것들을 명료하게 볼 수 있을 정도로 연못의 수면을 잔잔하게 만들어야 한다.

명료해질 필요가 있는 것은 '자연적으로' 명료해진다. 명상은 마음의 구석구석을 뒤져 옛 기억을 파헤치고 분석하며 그 모든 것을 이해하려고 애쓰는 과정이 아니다. 그것은 명상이 아니라 사고의 과정이다. 그런 사고가 지금까지 우리를 어디로 이끌어왔는지 이제 모두 알고 있다. 명료함은 나름의 시간에 나름의 방식으로 일어난다. 때로는 명료함이 사고 과정을 더욱 많이 알아차리는 것을 의미하기도 한다. 때로는 그런 알아차림이 감정이나 신체 감각에 대한 것으로 옮겨가기도 한다. 어떤 일이 일어나든, 무엇을 더욱 알아차리게 되든, 그 일이 저절로 일어나게 놔둬야 한다.

따라서 불쾌하거나 불편하다는 이유로 그에 저항하지도, 철저하게 분석해서 서둘러 떠나보내려도 하지 말고 명료함이나 알아차림이 나름의 속도와 방식으로 일어나게 하라.

기억하라. 이러한 경험은 본질적으로 몸과 마음의 긴장을 풀고 오랜 세월 짊어지고 다니던 짐을 내려놓는 것이다. 당신이 모든 것을 더욱 명료하게 지켜보고 있다는 사실은 설령 그 경험이 때로 불편하더라도 그야말로 희소식이라 할 수 있다. 이는 곧 내려놓는 과정이며 내려놓음으로써 우리는 조금 더 가볍게 살아갈 수 있다.

잔 디

내가 담장을 뛰어넘어 달아난 그 포로수용소 같았던 절에 머물던 시절의 이야기다. 어느 날 나는 잔디를 깎으라는 지시를 받았다. 경내가 워낙 넓다 보니 깎아야 할 잔디밭도 넓었다. 나는 당연히 잔디 깎는 기계를 가지러 헛간으로 향했다. 그 기계를 막 끌고 나오는데 한 선배 스님이 다가오더니 가위를 건넸다. "이걸로 뭘 해야 하는 거죠?" 내가 물었다. "잔디를 깎아야지." 그는 필요 이상으로 즐거워하며 대답했다. "장난치는 거죠? 가위로 깎으면 평생 깎아도 다 못 끝낼 걸요. 쓰지도 않을 기계를 헛간에 보관해 둘 이유가 없잖아요?" 그는 나를 빤히 쳐다보며 말했다. "우선 너는 나에게 그런 식으로 말해선 안 돼. 둘째, 나는 결코 너랑 장난치고 있는 게 아냐. 셋째, 주지 스님은 네가 이 가위로 잔디를 깎아야 한다고 말씀하셨어. 그러니까 너는 반드시 그렇게 해야 해."

나는 쏘아붙이지 않기 위해 극도의 자제심을 발휘해야 했다. 그 선배 스님은 이미 몇 차례 고자질로 나를 곤경에 처하게 만든 바 있었다. 그래서 적어도 이번만큼은 밀어붙이지 않기로 했다. 가위를 받아들고 걸어가면서 나는 수련 스님으로서는 절대로 생각해서는 안 된다고 배운 것을 떠올리고 있었다.

가위로 잔디를 깎는 일은 머리를 깎는 일과 조금 비슷했다. 나는 왼손 검지와 중지로 풀을 잡고 그 사이로 빠져나온 풀을 오른손에 든 가위로 다듬었다. 잔디의 높이가 들쑥날쑥하지 않게 만들어야 했기에 나는 잔디를 다듬으면서 수시로 엎드려 바닥에 뺨을 대고 높이를 비교해야 했다. 잔디밭은 모두 세 곳이었는데, 처음 다듬기 시작한 잔디밭의 크기만도 테니스 코트와 얼추 비슷했다. 당연한 일이지만 잔디를 깎기 시작하고 몇 분도 지나지 않아

나는 그 일을 모두 끝내려면 얼마의 시간이 걸릴지 계산하고 있었다. 또한 축축하게 젖어 드는 무릎과 자꾸 구부리는 바람에 쑤셔 오는 등허리에 나에게 가위를 건네준 신배 스님에 대한 원망도 떠올랐다. 그렇게 얼마 지나지도 않아 나의 마음은 온갖 생각으로 요동치고 있었다. 고요함을 조금도 느끼지 못했고, 당면한 과제에 집중하는 데에도 어려움이 따랐다. 그리고 여전히 화가 머리 끝까지 치민 상태라 명료함은커녕 그 출발점에도 이르지 못하고 있었다.

그 순간에는 마치 모든 것이 분노로 채색된 것 같았다. 당신도 그런 경험이 있는지 모르겠지만, 마치 마음을 스치는 모든 생각에 주변 세상에 대한 관점을 바꾸는 분노가 입혀지는 것 같았다. 하지만 나는 그 모든 생각에, 수면에 일렁이는 파문에 사로잡혀서 그 사실을 알아차리지 못했다. 분노에 너무 바싹 붙어 분노를 아예 나와 동일시해 나 자신이 분노로 변한 느낌이었다. 관찰자 입장에서 분노를 응시하지 못했던 것이다. 그리고 분노가 실은 내 마음에서 생겨나고 있음을 명료하게 인식하지 못했기에 그 감정을 부채질할 것만을 찾고 있었다. 물론 선배 스님의 태도는 그다지 훌륭하지 않았지만 어디까지나 나는 자유의지로 그 일을 하는 중이었다. 거부하고 싶었으면 얼마든지 그럴 수도 있었다는 뜻이다.

그 상황은 상점, 사무실, 공장 등과 같은 일터에서 하기 싫거나 지루한 무언가를 하라고 지시받았을 때와 여러 면에서 비슷했다. 당신 역시 이와 유사한 상황을 겪은 기억이 벌써 떠올랐을지도 모른다. 가정이나 직장에서 괄시당하거나 학대당하거나 모욕당하거나 기만당하면 당연히 화가 치민다는 사실을 인정하는 것도 중요하다. 하지만 명상의 관점에서 보면 우리가 삶에서 느끼는 분노가 어디에서 생겨나는지 그 원천을 인정하는 것도 중요하다. 이 사례에서 분노를 촉발한 것은 선배 스님의 무례하고 모욕적인 언사였다. 하지만 그다음부터는 전적으로 나의 작업이었다.

나는 선배 스님의 태도를 옹호하는 대신 분노를 지속하는 데 필요한 나의 역할을 충실히 이행했다. 젖은 무릎과 쑤시는 등허리에 집중하는 것은 화를 내려놓기는커녕 오히려 부추기는 방법이었다. 다른 날 다른 기분이었다면 나는 젖은 무릎이나 쑤시는 등허리에 그렇게까지 신경쓰진 않았을지도 모른다. 하지만 그날은 누군가 나에게 복권 당첨 소식을 알려주었더라도(물론 절에서는 복권을 사지 않는다), 나는 여전히 분노를 지속시킬 방법을 찾았을 것이다. 그렇게 강렬한 감정은 내려놓는 게 늘 쉬운 것은 아니다.

그런 마음이 가라앉는 데 1시간 정도가 걸렸다. 참으로 이상하게도 생각에 덜 집중하고 잔디 깎는 일에 더 집중하기 시작하자 마음도 가라앉기 시작하는 듯했다. 가위로 잔디를 깎는 작업이 모든 사람의 취향에 맞는 일은 아니겠지만 어느 정도 시간이 지나자 그 일에 실로 마음을 진정시켜주는 무언가가 있는 것으로 드러났다. 실제로 그 일 자체가 어떤 명상이 되었다. 서두를 이유가 없다는 것도 알았다. 그 일에 며칠이 걸리는지는 중요하지 않았다. 그리고 좀 더 완벽을 기해 일을 '제대로' 해내려고 정성을 들이자 상당히 즐겁기까지 했다.

그렇게 생각에 대한 몰입도가 떨어지자 분노의 동력도 줄어들었다. 분노가 약해지자 나의 마음에서 일어나고 있는 일을 보다 명료하게 볼 수 있었다. 나는 이제 모든 것을 조금 더 객관적인 관점에서 바라보았고, 그런 태도는 마음을 훨씬 더 차분하게 만들었다. 집중과 명료함이 선순환하기 시작했다. 집중이 명료함으로, 다시 명료함이 집중으로, 다시 집중이 명료함으로 이어졌다.

잠시 후 나는 실실 웃음을 흘렸다. 내 친구들이 이렇게 웅크리고 앉아 가위로 잔디를 깎는 나를 보면 무슨 생각을 할까 궁금해졌기 때문이다. 덧붙이자면 이런 경험이 처음은 아니었다. 하지만 가장 중요한 것은 이제 마음이 완전히 가라앉았고 더 이상 화가 나지 않는다는 사실이었다.

똑같은 길

우리는 종종 명료함의 가치를 과소평가한다. 사실 예전의 나는 언제나 그랬다. 혼란스런 마음으로 사는 것에 워낙 익숙해진 나머지 내가 명료한 상태인지 아닌지도 알지 못했다(분명 명료한 상태와는 거리가 멀었을 것이다). 번번이 똑같은 실수를 저질렀고, 똑같은 상황이 아무리 자주 전개돼도 매번 똑같은 방식으로 대응했다. 전후 사정도 모른 채 맹목적으로 상황에 관여해서 해결할 방도를 모르는 바람에 나 자신과 다른 사람들을 큰 곤경에 처하게 만든 경우도 있었다.

명상을 막 시작했을 무렵 네팔에서 티베트인 스승과 이와 관련해 대화를 나눈 기억이 난다. 나는 진짜 열심히 명상을 하는데도 여전히 똑같은 실수를 자주 저지른다고 스승에게 털어놓았다.

"날마다 걸어서 일하러 간다고 상상해보거라." 스승이 말했다. "매일 똑같은 거리를 걸어가면서 똑같은 집들과 똑같은 사람들을 보겠지." 나는 그 장면을 그려 보았다. 과거에 그렇게 일을 하러 다닌 적이 몇 번 있어서 어렵지 않게 떠올릴 수 있었다. "그 길 끝에는 아주 커다란 구덩이가 하나 있다. 인부들이 수도관 같은 것을 수리하기 위해 파놓은 구덩이지. 그런데 구덩이가 무척 깊은데다가 인부들이 늘 차나 마시고 잡담이나 하며 빈둥거리는 탓에 항상 그 상태 그대로처럼 보인다고 치자." 스승은 잠시 말을 멈추고 그 상상을 하는 듯 웃음을 터뜨렸다. "길 끝에 커다란 구덩이가 있다는 것을 너는 알고 있는데도 매일 그 길을 따라 가다가 구멍에 빠져 버린다. 물론 구멍에 빠질 작정으로 그 길을 걷는 것은 아니지만 그저 같은 길을 따라가는 데 익숙해서 매번 그렇게 빠지고 마는 것이다. 아무 생각 없이 그런 행위를 습관적으로 반복하는 거지. 안 그런가?"

스승의 비유를 나의 외적인 삶에 연관시킬 수는 없었지만(한 번도 아니고 어떻게 날마다 똑같은 구멍에 빠질 수 있겠는가?), 나의 내적인 삶에는 완벽하게 연관시킬 수 있었다. 당신의 경우는 어떨지 모르겠으나 그 비유는 내가 늘 어떤 과정을 밟아 똑같은 감정적 함정과 정신적 혼란에 빠지고 마는지 거울처럼 보여주었다.

스승은 말을 이었다. "명상을 하는 것은 정신을 바짝 차리고 주변에서 일어나고 있는 일을 더욱 명확하게 자각하는 것과 같다. 그러면 길에 있는 구덩이가 눈에 들어와 빠지지 않게 되지." "그게 꼭 그런 것은 아닌 게요." 나는 이의를 제기했다. "명상을 많이 하고 그 구덩이가 훤히 보일 때조차도 매번 구덩이에 빠지는 것을 막지 못하거든요." 스승은 미소를 지었다 "바로 그거다. 처음에는 그 구덩이가 보여도 거기까지 마저 걸어가는 습성이 워낙 강하다 보니 그대로 빠질 수밖에 없지. 너는 그게 정신 나간 짓이라는 것도 알고 구덩이에 빠지면 아프다는 것도 안다. 하지만 스스로 어쩔 수가 없는 거지." 스승은 껄껄 웃었다. 나는 답답했지만 상상해보면 웃긴 부분도 있다는 사실을 인정하지 않을 수 없었다. 스승이 다시 말했다.

"마음이란 게 원래 그렇다. 구덩이가 빤히 보여도 습관이 너무 강하다 보니 어쩔 수 없이 빠지는 것이다. 그러나…." 스승은 극적 효과를 위해 잠시 말을 끊었다. "꾸준히 명상을 하다 보면 너는 구덩이를 훨씬 더 일찍 알아차리고 피할 수 있는 어떤 조치를 취할 수 있게 될 거다. 처음에는 구덩이 가장자리로 돌아가려다가 또 빠질지도 모른다. 그것도 한 과정이다. 하지만 명상의 깊이가 더해지면 결국 그 구덩이가 아주 명료하게 보여서 그냥 쉽사리 피해서 길을 계속 갈 수 있지. 그렇게 가뿐한 마음으로 일터에 도착할 것이다." 스승은 다시 웃었다. "물론 명료함과 깨어 있음이 일정 수준에 도달하면 그 길의 끝자락에 애초부터 구덩이가 없었다는 사실을 깨닫는 순간도 찾아올 것이다. 하지만 그것은 다른 차원의 깨달음이라 지금 신경 쓸 필요는 없다."

이후 나는 이 이야기를 되새길 때마다 그 유용성에 고개를 끄덕이지 않을 수 없었다. 명상의 과정이 여러 면으로 요약되어 있다. 그렇다. 명상은 하나의 과정이다. 매일 잠깐씩 앉아 명상을 한다고 해서 즉시 마음을 자유자재로 통제하고 오래된 악습의 굴레에서 벗어날 수 있는 게 아니다. 물론 그렇다고 때로 '번뜩이는' 자각의 순간, 그간의 어리석음을 깨우치는 순간 같은 것을 경험하지 않는다는 의미가 아니다. 하지만 전반적인 과정은 통상 점진적으로 진행된다. 자신이 빠지던 구덩이가 하루하루 조금씩 더 일찍, 조금씩 더 명료하게 보인다. 그런 과정을 밟는 가운데 스트레스를 유발하던 수많은 습관적인 반응에서 벗어나게 되는 것이다. 알아차린다는 것, 마음을 절대적인 명료함으로 본다는 것은 바로 그런 의미다.

그저 관람하는 사람으로

우리가 살면서 경험하는 거의 모든 것은 좋다거나 나쁘다, 더 좋다거나 더 나쁘다는 관점에서 판단된다. 하지만 명상에 관한 한 좋거나 나쁜 것이 없으며 거기에는 합당한 이유가 있다. 명상을 설명하는 또 하나의 방법은 알아차림이라는 표현을 이용하는 것이다. 따라서 만약 당신이 일정 시간 눈을 감고 가만히 앉아 있는데도 알아차리지 못하고 있다면 그것은 나쁜 명상을 하고 있다는 뜻이 아니라 명상을 아예 하지 않고 있다는 뜻이다!

당신이 수많은 생각을 알아차리든 무념을 알아차리든 그것은 중요하지 않다. 유쾌한 감정을 알아차리는지 불쾌한 감정을 알아차리는지도 중요하지 않다. 그 기술은 단지 알아차리는 것이다. 그뿐이다. 한 스승은 이 말을 만트라처럼 되풀이했다. 그는 이렇게 말하곤 했다. "마음이 흐트러진다면 명상이 아니다. 마음이 흐트러지지 않아야 비로소 명상이 된다. 좋은 명상이나 나쁜 명상 같은 것은 없다. 마음이 흐트러지느냐 흐트러지지 않느냐, 마음을 알아차리느냐 자각하지 않느냐만 있을 뿐이다." 실제로 그 스승은 명상을 극장에 가는 일에 비유하곤 했다.

몇 개의 막으로 구성된 연극을 보고 있다고 상상해보자. 당신이 해야 할 일은 극이 전개되는 동안 의자에 기대 앉아 느긋하게 지켜보는 것뿐이다. 연기를 지시하는 것도, 무대에 올라 내용 전개에 끼여드는 것도 당신이 할 일은 아니다. 그 연극은 낭만적인 사랑 이야기일 수도 있고 허세 가득한 액션 활극이나 스릴 넘치는 추리극일 수도 있다. 어쩌면 여러 요소를 골고루 갖춘 연극일지도 모른다. 이야기가 빠르게 전개되어 당신을 숨죽인 채 바짝 긴장하도록 만들 수도 있고 느릿느릿 진행되어 느긋하고 편안하게 할 수도 있다.

중요한 것은 무슨 일이 일어나든 당신이 할 일은 오직 연극을 지켜보는 것뿐이라는 점이다. 처음에는 그 일이 꽤 쉬울 수도 있다. 하지만 이야기가 지루하고 따분하면 당신은 좀이 쑤시기 시작할 것이다. 다른 흥밋거리를 찾아 주위를 둘러보거나 내일 해야 할 일을 떠올릴지도 모른다. 그런 시점에서는 당신이 무대에서 일어나고 있는 일을 제대로 알아차리지 못한다. 이것이 바로 명상을 배우고 있을 때 흔히 나타나는 경향이다. 스스로를 질책할 필요가 없는 일이다. 사람들 대부분은 마음이 다른 곳을 떠돌고 있음을 깨닫는 순간 다시 무대로 주의를 돌려 이야기에 집중하지 않는가!

때로는 이야기가 심하게 자극적일 수도 있다. 그럴 때는 극에 몰입하지 않기가 어려워진다. 어쩌면 당신은 무대 위의 배우 입장에서 생각하게 될지도 모른다. 위기의 순간에 지나치게 몰입해서 고함을 지르거나 뛰어 올라가 배우를 보호하고 싶은 충동에 저항하기가 어려워질 수도 있다. 또는 유쾌하고 안락한 감정을 일으키는 행복한 이야기가 전개될 수도 있다. 그런 순간에는 배우에게서 당신이 평소에 원하던 무언가를 찾으려 할지도 모른다. 혹은 헤어진 연인이 떠올라서 마음이 추억을 찾아 떠돌지도 모른다. 어쩌면 이야기에 고무되어 5년 전부터 좋아한 사람에게 데이트를 신청할 최상의 방법을 궁리하기 시작할 수도 있다.

가만히 앉아 명상하는 것은 이렇게 연극을 지켜보는 일과 비슷하다. 이미지와 목소리는 당신이 아니다. 마찬가지로 연극이나 영화도 당신이 아니다. 당신은 펼쳐지는 이야기를 다만 주시하고 관찰하고 목격할 뿐이다. 알아차린다는 것이 의미하는 바가 바로 그것이다. 당신의 삶에서 펼쳐지는 당신 자신의 스토리는 여전히 지시와 참여를 필요로 하겠지만 명상을 통해 마음을 관찰하려 앉을 때에는 객석에 앉아 지켜보는 것이 무엇과도 견줄 수 없는 최상의 방책이다.

명료함을 경험하고 의사결정의 자신감을 획득하고 변화를 일으키고 삶을 보다 충만하게 사는 것은 바로 그렇게 수동적으로 관찰하는 능력의 개발을 통해서 가능하다. 푸른 하늘 스토리를 떠올려 보라. 그 청명한 공간은 언제나 그 자리에 있다. 알아차림은 당신이 애써 창출해야 하는 무언가가 아니다. 그것은 언제나 그 자리에 있기 때문이다. 우리는 단지 그 사실을 잊지 않고 기억해야 할 뿐이다.

상 상 속 의 연 인

수련 스님으로 훈련하는 동안 나는 몇 군데의 사찰을 옮겨 다니며 머물렀다. 대부분 일반적으로 대중의 출입을 금하는 절이었지만, 그런 절에서도 가끔은 문을 열고 일반인들이 일주일 일정의 명상 수련에 참여할 수 있도록 허용했다. 그 경우 당연히 남자들은 비구 스님의 숙소에 머물렀고 여자들은 비구니 스님과 함께 지냈다. 그리고 매일 수차례 마련된 명상 세션에는 남녀 구분 없이 한군데에 모여 수련을 했다. 이런 수련은 참가자들의 마음을 흐트러뜨릴 요소를 가능한 한 최소화하기 위해 묵언 수행으로 치르는 게 원칙이었다. 어떤 이에게는 크게 도움이 되는 방침이었지만, 일주일 내내 입을 다물고 수련하는 것을 고문으로 느끼는 사람들도 있었다. 매일 오후 참가자들은 각자의 지도 스님을 찾아가 명상의 진행 상황을 보고하거나 상담을 받곤 했다. 오랜 세월 그 일을 치르면서 스님들은 매번 되풀이되는 것으로 보이는 행동 방식을 하나 알아차리게 되었다. 남자와 여자가 한자리에 모이면 으레 두리번거리기 마련이고, 그런 과정에서 역시 두리번거리는 다른 눈과 마주치기도 한다는 것이다.

이런 일은 보통 수련회 초반에 발생한다. 눈이 서로 마주친 남녀는 그러한 짧은 눈 맞춤의 심각성을 당시에는 깨닫지 못한다. 남자는 자기 방으로 돌아가 다시 명상에 들어간다. 그리고 몇 초도 지나지 않아 그 여자를 떠올리며 속으로 말한다. '그 여자는 틀림없이 나를 보고 있었어. 내가 눈에 뜨인 거겠지. 흠, 완벽해. 그 여자가 명상에 관심이 있다는 것은 우리가 공통점이 많다는 의미지. 좋아. 묵언 수행이 끝나는 대로 데이트를 신청하자.' 그 남자는 벌써 다음번의 눈 맞춤을 학수고대한다.

한편 건너편의 비구니 스님 숙소로 돌아간 여자는 이렇게 생각한다. '그 남자가 나를 보고 있었던 건가? 나를 좋아하는 건가? 자신의 마음을 보살필 정도로 감성적인 남자와 사귀면 멋지지 않을까?' 10분도 지나지 않았는데 마음속 대화에서 벌써 '연애'라는 단어가 튀어나온다! 이런 패턴은 일주일 내내 지속되는데, 그 남자와 여자는 틈나는 대로 서로 슬쩍슬쩍 훔쳐보고 이어서 나머지 시간 동안에는 그날의 눈 맞춤을 토대로 이야기에 살을 붙여나간다. 다들 겪어본 일 아닌가?

일주일이 끝날 즈음이면 어떤 커플은 생각이 꼬리에 꼬리를 물고 이어져 마음속으로 이미 데이트를 했을 뿐만 아니라 결혼해 신혼여행도 갔다 오고 아기도 낳고 은퇴하면 어디서 살지도 다 따져본 상태가 된다. 결코 과장이 아니다. 상상 속에서 이혼까지 해버리는 경우도 생긴다. 그들은 그렇게 상상으로 지어낸 자신만의 스토리에 고통과 고뇌까지 가미한다. 상대방과 말 한 마디 나눠보지도 않은 상태에서 말이다. 이 사례는 우리가 마음속에서 얼마나 쉽게 온갖 사소한 이야기, 드라마, 희망과 두려움에 빠져드는지를 여실히 보여준다.

가상의 이야기에 그렇게 쉽게 빠져드는 이유는 우리가 무엇이든 행하고 무엇에든 관여하는 일에 너무 익숙해서 그냥 가만히 앉아 마음을 지켜보는 일을 지루하게 느낄 수 있기 때문이다. 그저 그런 평범한 생각만 떠오를 때 특히 그러한 경향을 보인다. 우리는 상황을 재밌게 만들기 위해, 그래서 지루함에서 벗어나고자 스토리를 지어낸다. 여기서 한 가지 묻고 싶다. 그런 지루함을 있는 그대로 볼 수 있을 정도로 오래 관찰해본 적이 있는가? 지루함은 단지 이곳이 아닌 다른 곳에 있기를 원하고 이 일이 아닌 다른 일을 하기를 원하는 생각이나 느낌이 아닌가? 그렇다면 그 생각이나 느낌을 왜 명상 중에 당신이 관찰하는 다른 모든 대상과 다르게 처리하는가?

이미 알다시피 특정한 생각이 떠오른다고 해서 반드시 그에 반응하거나 그에 걸맞게 행동을 취할 필요는 없다. 생각이 떠오를 때마다 그렇게 대응한다면 우리는 실로 크나큰 곤경에 처하고 만다. 사실 우리는 생각을 너무 진지하게 받아들이지 않을 수 있는 능력을 보유한다. 우리는 제각기 이미 떠오르는 생각을 심각하게 받아들여야 하는 경우에 대한 모종의 기준을 정해놓은 상태이기 때문이다. 떠오른 생각이 너무 극단적이어서 그냥 웃어넘기거나 급히 떨쳐낸 순간을 기억해보라. 그 순간에 당신은 그 생각을 있는 그대로 본 것이다. 미친 생각, 그 이상도 이하도 아니라고 말이다. 이렇듯 우리 내부에는 그런 능력이 있다. 단지 보다 정기적으로 관찰자가 되어 모든 대상을 객관적으로 지켜보는 느낌에 익숙해지느냐 아니냐의 문제일 뿐이다.

영국에 있는 불교 사찰을 찾은 한 남자에 관한 재미난 이야기다. 그는 명상을 한번 해보려는 마음에 절을 찾은 것이었는데 마침 그날 스님들의 명상 세션 중 하나에 참여할 수 있다는 말을 들었다. 그래서 몇 가지 질문을 한 후 선방으로 안내되었다. 들어가보니 스님들은 방의 앞쪽에 앉아 있었고 일반인은 모두 스님들 뒤에 앉아 있었다. 맨 뒤에 앉기가 싫었던 남자는 방의 중앙 쪽으로 조금 더 걸음을 옮겨 자리를 잡았다. 곧바로 커다란 징이 울렸다. 주변 사람들을 둘러보고 판단하건대 명상의 시작을 알리는 소리 같았다. 그는 조금 더 편한 자세를 취하려고 몸을 뒤척이다가(그는 바닥에 앉는 데 익숙하지 않았다) 마침내 눈을 감고 명상에 들어갔다. 그는 호흡에 집중해야 한다는 것을 알고 있었고 마음을 텅 비워야 한다고 생각했다. 하지만 어떻게 해야 마음을 비울 수 있는지는 알지 못했다. 사실 이것은 명상을 처음 시작하던 무렵의 나와 비슷했다.

처음에 그는 꼼짝도 않고 앉아 부지런히 호흡을 따라가려고 애썼다. 하지만 아무리 애를 써도 그의 마음은 여기저기를 떠나넜고, 그래서 그는 점차 불안하고 초조하고 불만스러워졌다. 잠시 후 그는 그런 생각에 골몰해서 호흡에 집중해야 한다는 것을 까맣게 잊어버렸다. 그러면서 훨씬 더 많은 생각을 떠올리며 절망감을 부채질했다. '이 명상은 전혀 효과가 없어. 끔찍하군. 방에 들어올 때는 기분이 괜찮았는데 지금은 끔찍해. 이러는 게 무슨 의미가 있는지 모르겠군. 내가 명상에 영 소질이 없나보군. 늘 그렇지, 뭐. 모든 일에 소질이 없으니까. 내 삶에서 뭐 하나 제대로 흘러간 게 있나? 고작 1시간 동안 앉아서 침묵을 즐기는 것조차 잘 못하잖아. 근데 언제까지 이러고 있어야 하는 건가? 벌써 꽤 오랫동안 이렇게 앉아 있은 거 같은데. 딱 1시간 동안만 하는 거라고 들은 거 같은데…. 2시간도 넘은 것 같아!'

이런 생각이 이어지다 보니 좌절감은 커졌고 그 자리에 앉아 있는 일이 점점 더 견딜 수 없게 되었다.

결국 그 남자는 한계점에 이르렀다. 그는 더 이상 객석과 무대를 구별하지 못했다. 이제 그는 (비유적으로 말하자면) 자리를 박차고 일어나 무대로 뛰어 올라가 사방을 헤집으며 무대를 아수라장으로 만들었다. 극도의 절망감에 빠진 그는 단 한 순간도 자제할 수 없었다. 스스로 무슨 짓을 하는지 의식하지도 못한 채 조용한 선방의 중앙에서 벌떡 일어나 목청이 터지게 절규했다. "이 염병할 짓거리를 더 이상은 못하겠어."

아이러니하고 잔인하게도 바로 그 순간 징이 울렸다. 1시간의 명상이 끝났음을 알리는 징소리였다.

이 이야기에는 몇 가지 귀중한 교훈이 담겨 있다. 그리고 각각의 교훈은 그 중요성에 차이가 없다. 첫째, 새로운 기술을 배우려고 할 때는 올바른 지침이 필요하다. '그냥 가만히 앉아 마음을 지켜보는 일이 어려우면 얼마나 어렵겠어?' 등과 같은 생각은 아무 소용이 없다.

사례의 주인공이 보여주었듯 마음을 지켜보는 올바른 방법을 모른다면 그 일은 실제로 매우 어려울 수 있다.

둘째, 명상하는 법을 배우려고 한다면 처음부터 무리해서는 안 된다. 우선 10분 정도만 할애해도 전혀 문제될 것이 없다. 명상을 한 번도 한 적이 없는 사람이라면 사실 10분도 결코 짧은 시간이 아니다. 마라톤을 하려면 반드시 몸을 단련해야 하듯이 보다 오래 앉아 있으려면 마음을 단련해야 한다.

셋째, 사례에서 여실히 보여주듯이 명상이 끝나기를 기다리는 행태는 위험하다. 사실 이것은 사람들이 흔히 경험하는 일이다. 그저 자리에 앉아 움직이지만 않으면 명상을 하는 것이라고 생각하는 사람이 많다. 마음으로 무엇을 하는지는 개의치 않는 셈이다. 무언가를 기다리는 것, 즉 기대의 기저에는 현재에 머무는 게 아니라 미래를 바라보는 마음이 존재한다. 생각해보라. 마음이 미래의 시간과 공간에 서둘러 다다르려고 한다면 어떻게 지금 이 순간에 편안하게 머문다고 느낄 수 있겠는가?

10분 명상: 소개

지금까지 명상에 접근하는 최상의 방법과 흔히 저지르는 실수를 피하는 방법을 살펴보았다. 이제 명상 기법 자체를 알아보기에 적절한 시점에 이른 것으로 보인다. 지금부터 소개하는 10분 명상의 일부 요소는 친숙하게 느껴질 것이다. 앞서 연습한 바 있는 2분 명상과 비슷하기 때문이다. 빨리 시작하고픈 마음이 들더라도 10분 명상을 실행하기 전에 이 섹션을 끝까지 다 읽어볼 것을 권한다. 요약 부분에 명상에 필요한 정보가 모두 담겨 있는 것처럼 보여도 제목 그대로 개요일 뿐이다. 기억해야 할 요점을 정리한 리스트라는 의미다. 10분 명상의 실행 초기에는 순서가 헷갈릴 때를 대비해서 이 리스트를 가까이 두는 것이 좋겠다. 또한 헤드스페이스 앱을 다운로드하거나 헤드스페이스닷컴(headspace.com)을 방문해 가이드 버전을 이용할 수도 있다는 점을 기억하기 바란다.

요약에 이어 네 단계를 더욱 자세하게 설명한다. 1단계에서는 명상의 현실적인 측면을 해결하고 명상에 들어갈 준비를 한다. 2단계는 야생마 길들이기와 관계가 있다. 요동치는 마음을 자연스럽고 편안하게 머물 장소로 데려오는 것이다. 이어지는 짧은 3단계에서는 가만히 앉아 침묵을 향유하는 가운데 호흡의 들고남에 집중하면서 마음을 완전히 풀어놓는다. 마지막 4단계에서는 현재에 존재하고 알아차리는 느낌을 일상생활과 주변 사람들과의 관계에 적용하려고 의식적인 노력을 기울인다.

10분 명상 : 요약

준비

① 등을 펴고 편하게 앉을 장소를 찾아라.

② 명상하는 동안 집중에 방해될 수 있는 것은 모두 치워라(휴대전화는 꺼 두어라).

③ 타이머를 10분에 맞춰 두어라.

들어가기

① 코로 들이쉬고 입으로 내쉬는 방법으로 심호흡을 5회 실시하며 눈을 살며시 감아라.

② 의자에 앉은 몸과 바닥을 딛고 있는 발의 감각에 집중하라.

③ 몸 전체를 마음속으로 훑으면서 어느 부위가 편안하고 이완되어 있는지 어느 부위가 불편하고 경직되어 있는지를 감지하라.

④ 어떤 느낌이 드는지 알아차려라. 지금 이 순간 기분이 어떠한가?

집중

① 몸의 어느 부위에서 들숨과 날숨이 가장 강하게 느껴지는지 알아차려라.

② 숨을 쉴 때마다 각각의 호흡이 어떻게 느껴지는지, 그 리듬

을 알아차려라. 호흡이 긴가, 짧은가? 깊은가, 얕은가? 거친
가, 부드러운가?

③ 들숨과 날숨에 집중하면서 조용히 호흡을 세어라. 들이쉴
때 하나, 내쉴 때 둘, 다시 들이쉴 때 셋, 내쉴 때 넷…, 이런
식으로 열까지 세어라.

④ 3번을 5회에서 10회 정도, 또는 시간이 허락되는 범위에서
여러 차례 반복하라.

마무리

① 초점을 맞춘 대상을 모두 내려놓아라. 마음이 분주하면 분
주한 대로, 차분하면 차분한 대로 20초 정도 그대로 두어라.

② 의자에 앉은 몸과 바닥을 딛고 있는 발의 감각에 다시 주의
를 돌려라.

③ 가만히 눈을 뜬 다음, 일어서도 괜찮겠다고 느껴지면 일어
서라.

준비

올바른 방식으로 명상을 시작할 수 있도록 준비하는 단계다. 이런저런 일을 처리하며 정신없이 돌아다니다가 갑자기 자리 잡고 앉아 눈을 감고 마음이 고요해지기를 기다리는 사람이 얼마나 많은지 실로 놀라울 정도다. 그런 식으로 어떻게 효과를 얻겠는가? 명상을 시작하기 전에 마음이 분주하면 명상에 들어가 마음을 가라앉히는 데 그만큼 시간이 더 오래 걸리기 마련이다.

가능하다면 명상에 들기 5분이나 10분 전부터 몸과 마음이 움직이는 속도를 낮추도록 하라. 그래야 바람직한 마음 상태에서 명상을 시작할 수 있다. 타이머가 있으면 반드시 타이머로 10분을 맞춰 놓고 앞으로 그 10분 동안 주의 집중을 방해할 여지가 있는 모든 것을 치워 놓는다. 의자에 똑바로 앉아서 행하는 명상을 배우는 것이 가장 좋기는 하지만 누워서 하는 명상을 선호하는 사람도 있다. 후자에 더 구미가 당길지 모르겠지만, 누워서 명상할 때에는 집중과 이완의 적절한 균형을 찾기가 훨씬 어려울뿐더러

자기도 모르게 잠이 들어버릴 수도 있다. 그래도 누워서 명상하기로 했다면 반드시 딱딱한 바닥에 누워 두 팔과 두 다리를 곧게 펴야 한다. 이때 무릎 밑을 베개로 받쳐서 등 하단부와 허리에 가해지는 압력을 줄일 수도 있다.

들어가기

몸과 마음을 일치시키는 단계다. 몸은 이 일을 하고 있는데 마음은 여기서 떠나 다른 일을 하고 있을 때가 얼마나 많은지 생각해보라. 몸은 길을 걸어가고 있지만 마음은 벌써 집에 도착해 저녁 식사를 준비할 수도 있고 TV로 어떤 프로그램을 시청할지 궁리할 수도 있다. 사실 몸과 마음이 동시에 한 장소에 함께 있는 경우가 매우 드물다. 따라서 10분 명상은 당신이 주변 환경에 젖어 들어 자신이 무엇을 하고 있으며 자신이 어디에 있는지를 의식적으로 알아차릴 수 있는 기회라 하겠다.

처음에는 들어가기 단계에 5분 정도를 들이는 것이 이상적이다. 이 과정에 보다 익숙해지고 능숙해지면 그렇게 오래 걸리지 않는다. 중요한 것은 서두르지 말아야 한다는 것이다. 들어가기 단계가 단지 선택 사항일 뿐 실제의 명상과는 별개라고 여기는 사람들이 있다. 그들은 이렇게 생각한다. '좋아, 여기서 시간 끌 필요가 뭐 있어. 바로 본론으로 들어가서 호흡에 집중하면 이 시끄러운 마음을 진정시킬 수 있을 거야.' 하지만 마음은 그렇게 작동하지 않는다. 야생마 길들이기 스토리를 떠올려보라. 말을 붙잡는 즉시 한곳에 꼼짝 못하게 잡아두려고 애쓰면 어떻게 되는가? 처음에는 그 말이 필요로 하는 공간을 모두 내줘야 한다. 들어가기 단계에서는 단지 야생마를 편안하게 머물 수 있는 장소로 데려오기만 하면 된다.

눈을 뜬 채 시작하라. 특정한 대상을 응시하지 말고 무심한 시선으로 앞을 바라보면서 주변 시야도 자각하라. 시선을 그렇게 정면에 둔 채 위와 아래, 오른쪽과 왼쪽도 알아차리고 있으라는 뜻이다. 그런 다음에 코로 들이쉬고 입으로 내쉬는 심호흡을 5회 실시하라. 숨을 들이쉴 때는 폐가 공기로 가득 차 가슴이 부풀어 오르는 느낌이 생기도록 하라. 숨을 내쉴 때는 그냥 흘러나가게 하라. 억지로 내뱉을 필요가 없다는 뜻이다. 그렇게 저절로 흘러나가게 놔두는 가운데 당신이 지니고 있을지도 모를 긴장이나 스트레스를 모두 내려놓는다고 상상하라. 5회째 숨을 내쉴 때 천천히 눈을 감으면 된다. 그런 후 호흡을 원래의 자연스러운 리듬으로 돌리고 코로 들어와 코로 나가게 한다.

눈을 감자마자 신체 감각을 보다 알아차리도록 하라. 특히 앉아 있는 자세를 자각하라. 어깨가 수그러지지는 않았는가? 손이 무릎 위에 자연스럽게 놓였는가? 이 과정은 너무 멀리 가기 전에 자세를 조정할 좋은 기회다. 그다음에는 앉아 있는 의자의 느낌과 의자를 내리누르고 있는 몸의 무게에 주의를 기울여라. 몸과 의자가 맞닿아 있는 느낌을 감지하라는 뜻이다. 몸의 중심에서 아래로 힘이 골고루 분산되고 있는가? 아니면 어느 한쪽으로 치중되고 있는가? 이제 발로 주의를 옮겨서 이 과정을 되풀이한다. 바닥과 발이 맞닿은 느낌을 감지하라. 바닥과 가장 세게 접촉하고 있는 부위는 어디인가? 발꿈치인가, 발가락인가, 발의 안쪽인가, 바깥쪽인가? 충분한 시간을 갖고 그 느낌을 명확하게 자각하라. 마지막으로 손과 팔로 옮겨가서 역시 똑같은 과정을 반복하라. 중력을 감지하고 무릎을 누르고 있는 팔의 무게를 느껴라. 손과 무릎이 맞닿아 있는 느낌을 명확하게 자각하라. 이런 느낌에 어떤 식으로든 반응할 필요는 없다. 각각의 느낌을 있는 그대로 자각하는 것으로 충분하다. 신체의 각 감각에 차례로 주의를 기울이는 가운데 부드러운 호기심을 적용해야 한다는 것을 기억하라.

이렇게 몸의 느낌에 초점을 맞추는 동안에도 분명 온갖 생각이 불쑥불쑥 떠오를 것이다. 지극히 정상이다. 그러니 그것을 바꾸려고 어떤 것이든 시도할 필요가 없다. 생각은 그저 생각일 뿐이다. 도로 옆 스토리를 기억하라. 떠오르는 생각을 멈춰 세우려 하지 말고 그저 한 걸음 물러나 완전한 알아차림을 유지한 채 생각들이 오가게 놔두어라. 게다가 지금은 생각이나 감정이 아니라 신체 감각에 주의를 기울이는 시간이다. 생각이 오가는 것에 신경 쓸 필요가 없다.

잠시 소리에 집중해보자. 소리가 바로 옆에서 들릴 수도 있고 다른 방이나 건물 밖에서 들릴지도 모른다. 자동차가 지나가는 소리일 수도 있고, 사람들이 말하는 소리, 에어컨이 돌아가는 소리일 수도 있다. 어떤 소리인지는 중요하지 않다. 그저 소리가 오가는 것을 관찰하라. 때로 당신은 한 가지 소리에 관여할 수도 있다. 사람들의 대화에 귀를 기울이는 것과 같이 말이다. 이 역시 지극히 정상이다. 그리고 사실 자신이 특정한 소리에 열중하고 있음을 알아차리는 순간 다시 그 밖의 잡다한 소리들도 알아차리기 시작할 것이다.

대도시에 살고 있다면 집 밖에서 들려오는 소리가 명상을 방해한다고, 그것이 고요한 마음에 이르는 길을 가로막는다고 느껴질 때가 많다. 하지만 꼭 그렇게 여길 필요가 없다. 처음에는 당연히 조용한 방에서 명상하는 것이 바람직하겠지만, 소리에 저항하지 않고 인정하려는 의식적인 노력을 기울이다 보면 아주 흥미로운 일이 일어난다. 당신의 다른 감각을 이용해서 이 과정을 되풀이해도 좋다. 강한 냄새를 잠시 자각하거나 입안에서 느껴지는 맛을 자각하는 식으로 말이다. 이런 방법을 통해 마음은 신체 감각에 완전히 몰두할 수 있다.

　그다음에 할 일은 몸이 전반적으로 어떻게 느끼는지 그림을 그려보는 것이다. 긴장하거나 이완한 모든 신체 부위에 대한 전체적인 느낌을 자각하라. 그런 느낌의 어느 것도 바꾸려 하지 말고 그저 전체적인 그림을 그려보라. 이렇게 처음 훑어보는 일은 10초 정도 투자하면 된다. 집 밖에 서서 집을 관찰하는 상황과 비슷하다. 그러나 밖에서 그렇게 잠시 훑어본 뒤에는 안으로 들어가 집의 상태를 조금 더 자세히 관찰해야 한다. 이렇게 몸을 조금 더 자세히 들여다보는 데에는 30초 정도를 써라. 머리끝부터 발끝까지 몸 전체를 훑으면서 각 신체 부위가 어떻게 느껴지는지 알아차려라.

　어느 부위가 편안하고 어느 부위가 불편한가? 긴장한 부위는 어디이며 이완한 부위는 어디인가? 이를 행하다 보면 긴장한 부위에 관심을 쏟으며 그곳에만 집중하고 싶어진다. 실제로 때로는 몸 전체가 바짝 긴장하고 있는 것처럼 느껴질 때도 있다. 그러나 가능한 한 체계적으로 머리끝부터 발끝까지 전체를 훑어 내려가며 편안한 부위와 불편한 부위를 모두 알아내라. 손가락과 발가락, 두 귀의 느낌도 빼놓지 마라.

몸을 훑으며 신체 감각에 초점을 맞추고 있을 때는 생각과 감정에 특별히 집중하지 않아도, 그에 대한 알아차림의 정도는 높아진다. 그런 생각과 감정이 배경에서 오가게 놔두어라. 주의가 흐트러져 마음이 어수선하다는 느낌이 들면, 즉시 다시 부드럽게 주의를 돌려 신체 부위에 집중하라. 이러한 주의 산만은 지극히 정상이며 앞으로도 수없이 경험할 테니 전혀 걱정할 필요가 없다. 유난히 강렬한 감정이 솟아오르는 것을 알아차린다면 그 감정을 그대로 인정하는 것이 도움이 될 수도 있다.

우리는 대개 이런저런 생각에 지나치게 사로잡히고 여러 가지 일상적 활동으로 너무 바빠서 자신이 어떤 감정을 느끼고 있는지 알아차리지 못할 때가 많다. 이를 대수롭지 않게 여길지도 모른다. 하지만 감정을 알아차리면 그에 이성적으로 대응할 수 있지만, 감정을 알아차리지 못하면 그날의 어느 시점에서든 충동적으로 대응할 가능성이 아주 높다. 모두 그런 경우를 목격한 경험이 있을 것이다. 점잖은 사업가나 온순한 가정주부가 마트에서 얌전히 줄 서 있다가 별안간 폭발해버리는 행태 같은 거 말이다. 카트에 부딪혔을 수도 있고 계산대에서 카드 결제가 거부되었을 수도 있다. 다른 날이면 그냥 넘겨버릴 사소한 사안인데도 마음 기저에서 감정이 부글부글 끓고 있다가 결국 폭발의 형태로 표출되고 마는 것이다.

사람들은 종종 자신이 어떤 감정을 느끼는지 도통 모르겠지만 그래도 문제될 건 없다고 말한다. 자신의 감정을 도통 모르겠다는 사실을 알아차리는 것 역시 알아차리고 있는 것이다. 들어가기 단계를 자주 실행한다면 마음의 표면 아래에 자리한 감정이나 기분을 점점 더 많이 알아차리게 된다. 이 명상 기법에서는 감정을 신체 감각과 똑같이 다룬다. 당신이 자각하는 감정이 유쾌한지 불쾌한지 편안한지 불편한지는 중요하지 않다. 이 기법의 목표에 이르기 위해서 어떤 감정이든 분석하거나 판단할 필요도 없다. 단지 그 감정을 주시하고 인정하고 알고 있으면 충분하다.

끝으로 절대적으로 필요한 과정은 아니지만 당신이 요즘 경험하고 있는 특별한 감정 가운데 어떤 것이든 잠깐 인정하는 시간(5초에서 10초 정도)을 갖는 것은 도움이 될 수 있다. 다가오는 행사에 대한 들뜬 느낌일 수도 있고 조금 전에 끝난 회의에 대한 불안한 느낌일 수도 있다. 누군가와 나눈 대화로 인해 화가 난 느낌일 수도 있고 누군가에게 들은 칭찬으로 인해 흡족한 느낌일 수도 있다. 어떤 감정이든 그것을 인정하고 그런 감정이 있음을 알아차려라. 그 감정이 요즘 당신 마음의 상당 부분을 차지하고 있다면 명상을 하는 어느 시점에서든 튀어나올 것이 거의 확실하다. 이 점을 처음부터 확실히 알고 있어야 한다. 그래야 그 감정에 다시 휩쓸리는 일 없이 그것이 솟구쳤다가 다시 가라앉을 수 있는 환경을 조성할 수 있다.

앞서 언급했듯이 처음에는 이 들어가기 단계에 5분 정도 할애하는 것이 바람직하다. 낼 수 있는 시간이 단지 5분밖에 없다면 명상의 이 두 번째 단계만 실행하라. 들어가기 단계가 그만큼 중요하다는 뜻이다. 이 단계를 처음부터 끝까지 철저하게 수행하지 않으면 세 번째 단계로 넘어가 호흡에 집중해봐야 별다른 효과를 얻을 수 없다. 그러니 반드시 시간을 내어 이 단계를 실행하라. 들어가기 단계는 10분 명상의 일부이지만 다른 많은 상황에서도 활용할 수 있다. 지하철이나 버스 좌석에 앉아 있을 때, 책상 앞에 있을 때, 심지어 줄 서서 기다릴 때도 이 단계를 실행할 수 있다. 그런 상황에서는 너무 드러나지 않게 심호흡을 하고 서 있는 경우라면 눈을 감지 않은 채 하면 된다. 어쨌든 어떤 상황에서든 기본 방식을 적용해 이 단계를 실행하면 편안해지는 마음을 체험할 수 있을 것이다.

집중

자, 우리는 이렇게 야생마를 편안하고 자연스럽게 쉴 수 있는 곳으로 데려왔다. 하지만 말은 여전히 꼼지락거리거나 지루해할

지도 모른다. 따라서 말이 집중할 수 있는 대상을 제공해야 한다. 앞서 말했듯이 호흡은 가장 쉽고 유연하게 활용할 수 있는 대상 가운데 하나이므로 이 10분 명상의 목적을 이루기 위해 우선적으로 호흡에 초점을 맞추기로 하자.

먼저 약 30초 동안 호흡을 관찰하라. 특히 숨이 들어오고 나갈 때 몸이 부풀고 꺼지는 느낌에 주목하라. 처음에는 그 느낌을 가장 확실하게 감지하는 부위가 어디인지 자각하라. 배일 수도 있고 횡격막 주변이나 가슴 혹은 심지어 어깨일 수도 있다. 어느 부위에서 그 느낌을 가장 확실하게 감지하든 잠시 호흡에 따라 몸이 부풀고 꺼지는 신체 감각을 알아차려라.

호흡이 아주 얕아서 알아채기 어려울 때는 한 손을 배꼽 바로 밑에 가볍게 올려놓으면 도움이 된다. 숨을 들이쉬고 내쉴 때마다 배에 올려놓은 손도 올라가고 내려갈 테니 호흡을 쉽게 알아차릴 수 있다. 그런 다음 손을 원래대로 다시 무릎에 올려놓고 이 단계를 계속 실행에 옮겨라.

호흡은 마음과 아주 밀접하게 연결되어 있기 때문에 호흡이 가장 강하게 느껴지는 부위를 발견하면 다소 불만스러울 수도 있다. 이 말을 의아하게 여기는 사람도 있겠지만 사실 매우 흔한 현상이다. 사람들은 종종 자신이 올바르게 호흡하지 못한다고, 고작 가슴에서만 그것을 느낄 수 있다고 불평한다. 명상 서적이나 요가 수업에서 복식호흡으로 깊이 숨을 쉬어야 한다고 배웠다면서 말이다.

일견 타당한 우려일 수 있다. 우리는 소파에 기대 앉아 졸거나 뜨거운 물을 채운 욕조에 누워 있을 때의 느긋하고 늘어지는 느낌을 외관상 배에서 나오는 것으로 보이는 길고 느린 호흡과 자연스럽게 연관시킨다. 마찬가지로 불안이나 걱정에 사로잡힌 순간은 외관상 가슴 언저리에서 나오는 것으로 보이는 짧고 얕은 호흡과 연관시킨다. 따라서 조용히 앉아 있는데도 불안한 유형의 짧고 얕은 호흡을 경험한다면 자신이 무엇인가 잘못하고 있다는 생각이 들지 않을 수 없는 것이다.

하지만 당신이 잘못하고 있는 것은 하나도 없다. 잊지 마라. 알아차리는 것과 알아차리지 못하는 것, 마음이 흐트러지는 것과 흐트러지지 않는 것만 있을 뿐이다. 이 10분 명상의 맥락에서는 잘못된 호흡이나 나쁜 호흡 따위는 없다. 물론 다른 전통을 지닌 명상이나 요가의 일부로서 특정한 호흡 기법이 있기는 하다. 하지만 그것은 이 10분 명상으로 이루고자 하는 바와 거리가 멀다.

오늘까지 삶을 이어와서 이 책을 손에 들고 있는 사람이라면 누구든 지금까지 완벽하게 숨을 쉬어왔을 것으로 가정해도 무방할 것이다. 사실 명상을 위해 긴장을 푸는 연습이나 요가 같은 것을 해본 적이 없는 사람은 대부분의 시간 동안 자신이 어떻게 호흡하는지 알아차리지도 못하고 살고 있을 것이다. 호흡은 자발적인 기능이기 때문에 우리의 의식적인 노력을 필요로 하지 않는다. 저절로 숨을 쉴 뿐 아니라 대체로 꽤 편안하게 숨을 쉰다. 따라서 숨을 통제하려 애쓰지 말고 몸이 알아서 하게 놔두어라. 몸은 제 나름의 속도와 방식으로 호흡을 조절할 것이다.

호흡을 지켜보면 때로 그것이 한 부위에서 더욱 확실하게 느껴지다가 다른 부위로 옮겨가기도 할 것이다. 어떤 때는 내내 한 부위에서 아주 편안하게 들고 나기도 할 것이다. 그 부위는 가슴일 수도 있고 배일 수도 있으며 가슴과 배의 중간쯤일 수도 있다. 몸이 자발적으로 하는 일을 그저 주시하고 관찰하고 알아차려라. 당신이 해야 할 일은 그것뿐이다.

따라서 호흡을 하는 신체 부위를 바꾸려 하지 말고 그 신체적 느낌, 즉 부풀고 꺼지는 느낌에만 주의를 기울여라. 그렇게 하다 보면 당신은 호흡의 리듬을 서서히 알아차리기 시작할 수 있다. 몸에서 호흡이 어떻게 느껴지는가? 빠른가, 느린가? 잠시 지켜보고 나서 대답하라. 호흡이 깊은가, 얕은가? 당신은 또한 호흡이 거친지 부드러운지, 갑갑한지 시원한지, 따스한지 서늘한지도 알아차릴 수 있다. 내가 이상한 질문을 하고 있다고 생각할지도 모르겠다. 하지만 명상에 부드러운 호기심을 적용한다는 개념에 기초

해서 던지는 질문이다. 이 과정에는 30초 정도만 할애하면 된다.

몸에서 호흡이 어떻게 느껴지는지 알아차렸다면 이제 들이쉬고 내쉬는 각각의 호흡에 초점을 맞추어라. 그렇게 하는 가장 쉬운 방법은 숨이 들고날 때 호흡을 세는 것이다. 말없이 속으로 말이다. 숨을 들이쉬어 몸이 부푸는 느낌을 '하나'로 세고 숨을 내쉬어 몸이 꺼지는 느낌을 '둘'로 세어라. 이런 방법으로 열까지 세어라. 열까지 다 세고 나면 다시 '하나'로 돌아가서 같은 과정을 되풀이하라. 아주 쉬워 보인다. 이 과정을 처음 시도했을 때의 나와 비슷한 사람이라면 호흡 세는 것을 서너 번밖에 되풀이 안 했는데 벌써 마음이 더 재미난 일을 찾아 다른 곳을 떠돌고 있을 것이다. 또는 자기도 모르게 예순둘, 예순셋, 예순넷…, 열심히 세고 있다가 열에서 멈춰야 했음을 퍼뜩 깨달을 수도 있다. 두 경우 모두 아주 흔하며 명상을 배우는 과정의 일부다.

주의가 흐트러지고 마음이 떠돌고 있음을 깨달았다면 더 이상 주의가 흐트러진 게 아니다. 그러니 다시 가만히 호흡의 신체 감각에 주의를 돌려 호흡 세는 것을 계속하면 된다. 어디까지 세었는지 기억이 나면 그 수에서 다시 시작하라. 기억나지 않으면 하나부터 다시 세어라. (좀 미안한 말이지만) 잊지 않고 열까지 세었다고 해서 누가 상을 주는 것은 아니다. 따라서 하나에서 다시 시작하든 중간에서 재개하든 그것은 그다지 중요하지 않다. 호흡을 매번 열까지 세는 일이 생각보다 어려운 탓에 웃음이 터질 수도 있다. 웃고 싶으면 얼마든지 웃어도 좋다. 어떤 이유에서인지 명상은 대단히 진지한 것으로 여겨지고, 그래서 진지하게 접근해야 마땅할 것 같은 느낌이 든다. 하지만 유머를 곁들이고 놀이하듯 가볍게 여길수록 명상은 훨씬 더 쉽고 즐거워진다.

타이머가 울려서 명상 세션이 끝났음을 알려줄 때까지 계속 호흡을 세어라. 그리고 세션이 끝났다고 즉시 의자에서 벌떡 일어나지 마라. 거쳐야 할 매우 중요한 단계가 하나 더 남았으니까 말이다.

마무리

이 단계는 자주 간과되지만 10분 명상에서 어느 것 못지않게 중요하다는 사실을 잊어서는 안 된다. 세션이 끝나면 마음을 완전히 풀어주어라. 마음을 어떤 식으로든 통제하려 하지 마라. 호흡에 집중하지도 말고 호흡을 세는 일에도 집중하지 말고 다른 어떤 것에도 집중하지 말라는 얘기다. 마음이 분주해진다면 분주하게 두어라. 떠오르는 생각이 하나도 없어 마음이 고요하다면 계속 고요하게 두어라. 노력할 필요도 없고, 통제할 필요도, 검열할 필요도 없다. 그저 마음을 완전히 풀어놓아라. 이 제안이 반가울지 두려울지 모르겠다. 어느 경우든 당신의 마음을 10초나 20초 동안 완전히 놓아주어라. 그런 다음에 명상을 끝내야 한다.

이렇게 마음을 놓아주면 호흡에 집중할 때보다 생각이 더 적어졌음을 깨닫기도 한다. 당신은 당연히 이렇게 물을 것이다. "어떻게 그럴 수 있지요?"

아직 길들이지 않은 야생마를 다시 떠올려보라. 넓은 공간에서 어디든 마음껏 돌아다닐 수 있을 때 야생마는 더욱 편안하고 느긋하다. 하지만 너무 좁은 공간에 묶여 있다면 발버둥칠 게 분명하다. 호흡에 집중하는 10분 명상의 마무리 단계에서 당신의 마음을 조금 더 넓은 공간에 풀어놓을 수 있다면 명상으로 훨씬 더 많은 이득을 얻을 것이다.

그렇게 잠시 마음이 자유로이 돌아다닐 수 있게 풀어놓은 후천천히 주의를 돌려 몸의 느낌에 초점을 맞추어라. 풀어놓은 마음을 신체 감각으로 데려가라는 의미다. 몸과 의자가 맞닿은 느낌, 발바닥과 방바닥이 맞닿은 느낌, 손과 무릎이 맞닿은 느낌을 다시 한 번 알아차려라. 모든 소리와 모든 냄새와 모든 맛도 다시한 번 자각하라.

이렇게 신체 감각과 알아차림을 통해 천천히 당신 자신을 실감하라. 그렇게 하면 당신은 자신이 앉아 있는 환경으로 완전히 돌아올 수 있다. 먼저 가만히 눈을 뜨면서 당신을 둘러싼 공간에 다시 적응하고 다시 집중하고 다시 인식하라. 그런 후 명상을 끝 낸 다음에 해야 할 일에 당신의 존재와 자각을 돌려놓으며 천천히 일어나라. 명상을 끝내고 어디로 갈지 어떤 일을 할지 분명히 인 식해야 한다. 그래야 계속 알아차림을 유지할 수 있기 때문이다. 부엌으로 가서 차를 끓일 수도 있고 사무실로 돌아가 컴퓨터 앞에 앉을 수도 있다. 그 일이 무엇인지는 중요하지 않다. 중요한 것은 마음으로 분명히 인식해야 완전한 알아차림으로 매 순간을 계속 경험할 수 있다는 사실이다.

연구조사 결과

1. 명상은 뇌의 구조를 바꾼다.

몬트리얼 대학의 연구진은 통증을 경험할 때 명상을 하는 사 람과 하지 않는 사람의 뇌 반응에서 어떤 차이가 생기는지 조사했 다. 그 결과 명상하는 사람은 그렇지 않은 사람에 비해 통증과 감 정을 조절하는 뇌 부위가 상당히 두껍다는 사실을 발견했다. 이 사실은 중요하다. 그 부위가 두꺼울수록 고통을 덜 느끼기 때문 이다. 뇌의 기능과 구조가 변하는 성질을 뇌의 신경가소성이라

한다. 뇌의 신경가소성은 우리가 명상을 하면 관점이 바뀔 뿐만 아니라 뇌의 물리적 구도도 바뀔 수 있음을 시사한다.

2. 마음챙김은 삶의 질을 높여준다.

연구원들은 무작위 대조 실험을 통해 우울증의 재발 방지에 마음챙김 명상이 약물 치료보다 더욱 효과적임을 발견했다. 명상이 필요한 상황이 있다는 것은 누구도 부인할 수 없는 사실이지만 이 연구는 실로 흥미로운 결과를 제시한다. 알아차림 명상을 실천한 피험자들의 75퍼센트가 6개월 만에 항우울제를 완전히 끊었다. 연구진에 의하면 그들은 우울증의 재발 가능성도 현저히 낮아졌다. 그뿐만이 아니라 약물 치료에만 의존하는 피험자에 비해 삶의 질도 더욱 향상되었다.

3. 명상을 하면 피부가 좋아진다.

매사추세츠 의과대학의 한 교수는 명상이 건선 치료에 효과적인지 알아보는 연구를 수행했다. 건선은 정신적 스트레스와 밀접한 관계가 있는 치료 가능한 피부 병변이다. 연구 결과, 명상하는 사람의 피부는 명상하지 않는 사람에 비해 4배 정도 더 좋았다. 이 결과는 건선 외의 스트레스성 피부 질환에도 명상이 효과적일 수 있음을 암시한다.

4. 마음챙김은 불안과 우울을 줄여준다.

보스턴 대학의 연구진은 39개 연구에 대한 종합분석을 통해 마음챙김 명상이 여타의 질환으로 고통받는 환자들의 우울과 불안 치료에 얼마나 효과가 있는지 조사했다. 그들이 내린 결론은 명상이 다양한 증상에 상당한 효과가 있다는 것이었다. 명상하는 사람은 대체로 곤경에 보다 잘 대처하게 되고, 따라서 스트레스를 덜 느끼게 되기 때문이다. 그 효과가 매우 광범위하다는 의미다.

5. 명상은 임신 가능성을 높인다.

최근에 옥스퍼드 대학의 한 연구팀이 18세에서 40세 사이의 건강한 여성 274명을 대상으로 스트레스의 영향을 조사한 결과, 스트레스가 여성의 임신 가능성을 감소시킬 수 있음이 드러났다. 연구팀의 책임자는 명상과 같은 기법이 이런 가임성의 저하를 막는 데 효과적이라고 밝혔다.

마음이 흐트러진다면 명상이 아니다.

마음이 흐트러지지 않아야 비로소 명상이 된다.

좋은 명상이나 나쁜 명상 같은 것은 없다.

마음을 알아차리느냐 자각하지 않느냐만 있을 뿐이다.

<3장>

일상에 통합하기

The Headspace Guide to

Meditation and Mindfulness

마음챙김의 실행

과거에 나는 '명상이란 두 눈을 감고 가만히 앉아서 하는 것'이라고 믿었다. 그래서 처음 들어간 절에서 다양한 유형의 가부좌명상은 물론이고 걸으면서 하는 명상, 서서 하는 명상, 심지어 누워서 하는 명상도 있다는 말을 들었을 때 말 그대로 충격을 받지않을 수 없었다. 당시의 나와 비슷한 사람이라면 '오, 예. 누워서하는 명상? 나한테 딱 좋은데?!"라고 생각할지도 모른다.

하지만 유감스럽게도 그 방법만 배우는 것은 그다지 바람직하다고 할 수 없다. 누워서 명상을 해도 혜택을 입을 수는 있지만, 의자에 똑바로 앉아 명상하는 법을 배워야 명상으로 훨씬 더 강력한 효과를 얻을 수 있기에 하는 말이다.

좌식 명상, 걷기 명상, 입식 명상, 와식 명상, 이 네 가지 유형의 명상은 각자의 선호에 따라 고르라고 나온 게 아니다. 모두 마음챙김에 이르는 하나의 방편이라고 생각해야 한다. 앞서 설명했듯 마음챙김은 '정신을 집중해서 지금 이 순간에 존재하는 것'을 의미한다. 이런지런 생각에 빠져들거나 감정에 휩쓸리는 것과 상반되는 마음 상태다. 앉기, 걷기, 서기, 눕기, 이 네 가지 자세로 명상하는 법을 모두 배우면 우리는 어떤 자세를 취하든 언제나 마음챙기는 법을 배울 수 있다.

생각해보라. 한 자세에서 다른 자세로 바꾸는 도중이 아니라면 우리는 언제나 그 네 가지 자세 중 하나를 취하고 있지 않은가!

이렇게 말하면 또 '흠, 그렇다면 좌식 명상을 해야 진정한 마법을 체험할 수 있겠군.'라는 생각이 들지도 모른다.

명상의 전반적인 훈련에서 다른 자세들도 얼마나 중요하게 여겨지는지 이해하기 쉽게 내가 지낸 적 있는 특정한 절의 일과를 알아보기로 하자.

우리는 새벽 2시 45분에 일어나서 3시에 명상에 든다. 오전 5시에 아침 식사를 하고 11시에 점심을 먹고 오후에 한차례 잠시 쉬면서 차를 마신다(그 절의 전통에 따라 정오 이후에는 음식을 먹지 않기 때문에 저녁 식사 시간은 없다. 사실 다른 절도 대부분 그러하다). 그리고 잠자리에 드는 것은 밤 11시경이다. 어쩌면 당신은 벌써 계산을 끝냈을지도 모른다. 이 일정에 따르면 매일 정식으로 명상하는 시간은 모두 합해 18시간 정도다. 이 18시간 중에서 절반 동안은 걷기 명상과 입식 명상에, 나머지 절반은 좌식 명상에 할애되었다. 걷기 명상과 입식 명상, 좌식 명상을 번갈아 시행하는 방식이었다. 걷기 명상과 입식 명상이 어느 정도로 중시되는지 짐작이 가지 않는가?

와식 명상은 순전히 잠을 잘 자도록 가르치는 기법이었다(또는 건강상의 문제로 똑바로 앉아서 명상할 수 없을 때 쓰는 기법이었다). 명상을 하며 잠을 잔다는 개념은 올바른 자세로 누워 올바른 마음가짐을 유지하면 잠을 자는 동안에도 일정 정도의 알아차림을 유지할 수 있음을 시사한다.

스님들은 실제로 이 와식 명상을 대단히 중시해서 매일 아침 스승이 나에게 "오늘 아침에 깼을 때 숨을 들이쉬고 있었느냐 내쉬고 있었느냐?" 하고 질문할 정도였다. 처음에 나는 내가 아침에 눈을 떴을 때 숨을 들이쉬었는지 내쉬었는지 알 수가 없었던 터라 그저 어깨를 으쓱할 수밖에 없었다. 한번 시도해보라. 말처럼 그렇게 쉽지 않을 것이다. 하지만 명상을 조금 하다 보면 그런 세세한 사항까지도 금방 알아차릴 수 있다는 사실에 놀랄 것이다.

이렇게 마음챙김을 통해 나의 몸을 알아차린다는 것이 어떤 의미인지를 처음으로 완전히 깨달은 순간이 생생하게 기억난다. 명상의 세계에서 자주 있는 일이지만 그 깨달음의 순간은 정식 명상을 하는 도중이 아니라 길을 걸어가고 있을 때 찾아왔다. 그때까지 나는 마음챙김의 개념을 이해하기는 했지만 그것의 잠재력까지 완전히 인식하는 수준은 아니었다.

그날 나는 다른 사람들과 유사한 걸음걸이로 길을 따라 걸으면서 걷기 명상의 지침을 적용했다(이 지침은 뒷부분에서 소개할 것이다). 그러다가 그 걷는 과정과 내가 온전히 함께하고 있음을, 오로지 그 신체 감각 자체와만 존재하며 단 한 가지 생각도 하지 않고 있음을 문득 깨달았다. 어느 하나와 온전히 머물고 있다면 그와 동시에 또 다른 것과 머물 수는 없다. 떠오르는 생각을 애써 무시하거나 그것에 저항하지 않은 채 나의 마음을 다른 곳에 집중하자 생각은 저절로 자연스럽게 줄어들었다.

얼핏 듣기에 이 깨달음은 그리 비범해 보이지 않을지도 모른다. 사실 당연한 말처럼 들리기도 한다. 하지만 그게 그렇게 당연하다면 우리는 언제나 마음을 특정한 한곳에 잡아둘 수 있어야 한다. 수많은 생각에 사로잡히는 바람에 스트레스가 생기기 때문이다. 따라서 마음이 한 번에 오직 한곳에만 머물 수 있다는 것은 커다란 깨달음이었다.

물론 마음이 한곳에서 다른 곳으로 순식간에 옮겨가서 한 번에 여러 곳에 존재한다는 느낌이 들 때도 있다. 하지만 그 느낌은 착각일 뿐이다. 당시의 상황에 대해 다시 설명하면 내가 걸으면서 신체 감각에 100퍼센트 주의를 기울이자 실제로 나의 마음은 더는 생각에 빠져들지 않았다. 그것을 깨닫자 나는 이제부터는 언제나 이 순간에 존재하고 잡다한 생각이 주의를 흐트러뜨리지 않는 정말로 환상적인 새로운 삶을 살 수 있을 거라는 기대에 한껏 부풀어 올랐다.

하지만 그런 상상에 너무 흥분한 나머지 2~3분도 지나지 않아 마음챙김을 모두 놓쳐버렸고 다시 생각에 사로잡히고 말았다. 앞서 말했듯이 통찰은 찰나적인 깨달음이 아니라 점진적인 과정, 즉 삶을 일시에 변혁하는 거대한 벼락 같은 게 아니라 양동이를 조금씩 채워가는 물방울 같은 것이라고 생각하는 게 최상이다.

여타의 명상 기법과 마찬가지로 마음을 챙기려면 꾸준한 노력이 필요하지만 이 노력은 사실 힘이 전혀 들지 않는 유형이다. 그 노력이란 것이 생각이나 감정에 사로잡혀 있을 때 그것을 알아차려야 한다는 점을 기억하고, 그렇게 알아차린 순간 특정한 집중 지점으로 주의를 되돌리는 정도이기 때문이다. 그 집중 지점이 먹고 있는 음식의 맛인지, 문을 여닫는 팔의 움직임인지, 의자를 누르고 있는 몸의 무게인지, 샤워 중에 피부에 닿는 물의 느낌인지, 운동하고 있을 때 뛰는 심장의 소리인지, 안고 있는 아기의 느낌인지, 양치 중에 풍기는 치약의 냄새인지 물을 마시는 단순한 행위인지는 중요하지 않다. 알아차림은 당신이 행하는 크고 작은 모든 일에 적용할 수 있다. 예외란 없다. 수동적인 활동 중이든 역동적인 활동 중이든 실내에서든 야외에서든 업무 중이든 놀이 중이든 홀로 있을 때든 타인과 함께 있을 때든 언제든지 마음챙김으로 알아차림을 구현할 수 있다.

마음챙김이라는 말을 처음 듣는다면, 잘 이해가 안 가고 혼란스러울 수 있다. 그것이 길을 걸을 때에도 눈을 감고 호흡을 지켜보아야 한다는 뜻이냐고 묻는 사람도 종종 있다. 첫째, 그런 일은 절대 금물이다. 차도로 들어가면 어쩌려고 그러는가.

둘째, 지금 우리는 특정한 명상 기법이 아니라 일반적인 의미의 마음챙김에 관해 이야기하고 있다. 따라서 눈을 감을 필요도 호흡에 집중할 필요도 없다. 다시 말하지만 마음챙김은 지금 이 순간에 존재하며 자신이 지금 어디서 무엇을 하고 있는지 알아차리는 것을 의미한다. 어떤 일이든 평소에 하던 방식을 바꿀 필요가 전혀 없다. 당신이 해야 할 일은 오직 알아차리는 것뿐이다. 그리고 그렇게 알아차리는 가장 쉬운 방법은 집중 지점, 즉 초점의 대상을 갖는 것이다. 마음이 엉뚱한 곳을 헤매고 있음을 깨달을 때마다 그 마음을 원래 초점을 맞추고 있던 대상으로 다시 데려오기만 하면 된다.

내가 가장 선호하는 대상은 양치질이다. 양치질은 익숙한 활동이고 집중 지점이 명확하며 길어야 3분 정도 지속되기 때문에 처음부터 끝까지 내내 알아차림을 유지하기가 쉽다. 물론 이렇게 자각을 유지하며 이를 닦는 방법은 사람들 대부분의 평소 양치질 행태와 다르다. 사람들은 최대한 빨리 이를 닦으면서 이후에 해야 할 일을 생각한다. 두 방법의 차이를 확실히 이해해야 한다. 마음을 챙기면서 양치질을 해보고 어떤 느낌이 드는지 알아보라. 자신이 어떤 신체 감각을 가장 쉽게 알아차리는지 확인하고, 그것을 초점의 대상으로 삼으면 좋다. 칫솔로 이를 닦는 소리일 수도 있고 팔이 좌우로 움직이는 느낌일 수도 있고, 치약의 맛이나 냄새일 수도 있다. 이 대상 가운데 한 번에 단 하나에만 초점을 맞추면 마음이 조금 더 고요해진다는 것을 알 수 있다. 그리고 마음이 그렇게 고요해지면 자신이 어느새 생각에 빠져들거나 서둘러 다음 일을 하려 한다는 것을 알아차릴 가능성이 높아진다.

또는 칫솔질을 너무 열심히 한다거나 너무 건성으로 한다는 것을 알아차릴 수도 있다. 자신이 지루해한다는 것을 자각할지도 모른다. 이렇게 관찰한 것은 모두 그 나름대로 쓸모가 있다. 당신의 마음을 있는 그대로 보여주는 것이기 때문이다. 이렇게 알아차리느냐 그러지 않느냐에 따라 마음은 고요하게 안정되어 집중될 수도 있고 통제할 수 없이 산만해질 수도 있다. 물을 한 컵 마시는 경우를 예로 들어보자. 가능한 한 빨리 그저 목구멍으로 넘기는 대신 시간을 갖고 그 경험을 자각해보라. 실제로 한 컵의 물을 음미하며 마신 적이 언제였는가?

컵을 집어들 때 그 컵의 온도와 질감을 알아차릴 수도 있다. 입 근처로 올라가는 손의 움직임을 자각할 수도 있다. 입으로 들어가는 물의 맛과 질감을 자각할 수도 있다. 몸의 소리에 진정으로 귀를 기울이면 물이 식도를 타고 위장으로 내려가는 소리를 따라갈 수도 있다. 이 과정의 어느 시점에서든 마음이 다른 곳을 떠돌고 있음을 알아차리면 그저 가만히 주의를 돌려 물 마시는 과정에 다시 초점을 맞추면 된다.

어떤 상황에든 이 접근방식을 적용하기 시작하면 당신은 마음이 매우 고요해진다는 것을 깨닫게 될 것이다. 당신이 행하는 모든 것을 바로 그 순간에 존재하며 경험할 뿐만 아니라(문자 그대로 삶을 온전히 경험하며) 마음이 참으로 고요하다는 느낌이 든다. 그리고 고요함과 함께 명료함이 찾아온다. 당신이 특정한 방식으로 느끼고 사고하는 방식과 그 이유를 깨닫게 된다. 마음의 성향과 패턴도 자각하기 시작한다. 그리고 그런 깨달음을 통해 당신은 삶을 살아가는 방식을 다시 선택할 수 있게 된다. 해롭거나 비생산적인 생각과 감정에 휩쓸리는 대신 당신이 실제로 원하는 방식으로 대응할 수 있게 된다.

다른 사람이 옆에 있을 때는 어떻게 하느냐는 질문도 자주 나온다. "다른 사람과 함께 있으면서 그런 것에 집중하는 것은 결례가 아닌가요?"

나는 이 질문에 매번 웃음을 터뜨린다. 우리가 다른 사람과 함께 있을 때는 늘 그들의 말과 감정에 몰입해서 다른 것에는 결코 집중할 수 없다는 말처럼 들리기 때문이다. 말할 필요도 없이 이는 실제와 거리가 멀다. 우리는 자신이 생각에만 골몰하느라 다른 사람이 하는 말을 듣고 있지 않는 경우가 많다.

친구와 이야기하며 길을 걷는다고 하자. 걷기는 비교적 자율적인 동작이지만 일정량의 알아차림은 적용하고 있어야 다른 사람과 부딪치거나 달리는 차에 치이는 일을 피할 수 있다. 그러한 알아차림의 사이사이에 당신은 쉽사리 주의를 돌려 친구의 말에 귀를 기울이고 친구와 교감할 수 있다. 이 말은 당신이 친구에게 평소보다 덜 주의를 기울인다는 뜻이 아니다. 그저 단순히 당신의 주의력은 그것을 필요로 하는 어느 한 가지에서 또 다른 한 가지로, 이 경우에는 주변의 물리적 환경에 대한 알아차림에서 친구와의 대화에 대한 알아차림으로 옮겨 다닌다는 의미일 뿐이다. 오가는 생각과 감정에 대한 알아차림은 조용히 앉아 명상할 때 경험하는 알아차림만큼 그렇게 정제되지는 않는다. 적어도 처음에는 그렇다. 중요한 것은 알아차리려는 의도를 적용하는 것이다.

알아차림은 자주 실천하면 할수록 더욱 쉬워지고 정제된다. 마음챙김으로 매 순간을 알아차리면 당신은 상대방과 함께 둘만의 공간에 머무는 것으로 느끼게 된다. 우리의 명상 클리닉에 다니던 한 여성은 자신의 아기와 함께하는 순간에 마음챙김을 적용했다. 그녀는 이제 진짜로 아기와 함께 있는 느낌이 든다고 말했다. 전에는 몸은 아기와 함께 있어도 마음은 항상 다른 곳에 있었다고 했다. 그러나 아기와 함께 있는 시간에 마음챙김을 적용하자 점차 실제로 바로 그 순간에 존재하면서 그 시간을 온전히 경험하는 느낌이 들었다고 했다. 우리의 모든 인간관계에 이것이 시사하는 바는 실로 엄청나다. 누군가가 당신에게 매 순간 완전히 집중한다면 어떤 느낌일지 상상해보라. 그것에 똑같이 보답하면 또 어떻게 될지 상상해보라.

───────── **알아차릴 시간이 없는 스님** ⚬───────

마음챙김의 좋은 점은 이렇듯 그것을 실천하기 위해 따로 시간을 낼 필요가 없다는 것이다. 그저 당신이 하는 행위에 매 순간 집중하도록, 그러면서 다른 생각에 빠지지 않도록 마음을 훈련하기만 하면 된다. 이것은 마음을 수행할 시간이 없다고 주장하는 사람들에게 해주고 싶은 말이다. 오래전에 태국에서 스님으로 수행한 미국인 명상가의 이야기를 들은 적이 있다. 그는 1960년대나 1970년대 무렵 아시아 여행에 나선 히피 무리에 끼어 태국에 왔다. 여행을 하다 명상에 관심이 생긴 그는 정식으로 배워보기로 결심했다. 그는 태국에서 제일 유명한 명상의 대가가 있다는 절에 찾아가 그곳에 머물며 명상 수행을 시작했고 결국 스님이 되었다. 수행 일과는 모든 면에서 대단히 엄격한 가운데 정규적인 명상과 노동을 번갈아 하는 것으로 구성되었다. 그들의 일과에서 명상 시간은 모두 합쳐 8시간이었다.

절이나 선원에서 지내본 적이 없는 사람은 8시간을 무척 길다고 여길 것이다. 하지만 수행의 맥락에서 볼 때 8시간은 꽤 짧은 편이다. 물론 그 절에서도 나머지 시간 역시 마음을 수행하는 데 소요되었지만, 대부분 일상의 잡일에 마음챙김으로 알아차림을 적용하는 방식의 훈련이었다. 당시에도 아시아 전역에 여행 루트가 잘 개발되어 있었던 터라 그가 수행하는 절에도 찾아오는 서양인이 많았다. 그들은 2주 정도 머물다 다시 여행길에 나서곤 했는데, 어느 절에서든 그곳에서 수행 중인 서양인을 만나면 대화를 나누기 마련이었다. 그 남자는 그런 여행객들과 대화를 나누다 이웃 미얀마의 절에서는 스님들이 하루에 18시간 정도씩 명상을 하고 있다는 말을 들었다. 그 소식에 자극받은 그는 자신의 명상 수준을 보다 빨리 진척시키고 싶은 열망에 그 절로 옮겨가는 문제를 심각하게 고민했다. 하지만 자신의 스승이 워낙 유명하고 존경받는 분이어서 갈등이 심했다.

그가 그렇게 옮겨가는 문제와 씨름하는 가운데 두세 달이 흘렀다. 깨달음이 사냥감이라면 분명 미얀마의 절에서 하루 18시간씩 명상에 할애하는 경우 그것을 사로잡을 가능성이 더 커질 터였다. 지금 그에게는 청소, 화목 작업, 승복 수선 등 일상적으로 처리해야 할 잡다한 일이 산더미였다. 명상할 시간이 전혀 없다는 느낌이 들 정도였다. 실제로 마음 훈련도 잘되지 않아서 수많은 허드렛일이 명상을 방해하는 것이라고 여기지 않을 수 없었다. 결국 그는 스승을 찾아가 떠나겠다고 말했다. 그는 자신이 명상에 얼마나 헌신하고 전념하는지 스승이 알아주고 명상할 시간을 따로 더 마련해줄 테니 떠나지 말라고 잡아주기를 은근히 바랐다. 하지만 스승은 조용히 고개만 끄덕일 따름이었다.

스승의 무심한 반응에 다소 기분이 상한 그는 이렇게 투덜거렸다. "그런데 제가 왜 떠나려고 하는지는 궁금하지 않으세요?" 그의 불평에도 아랑곳없이 스승은 여전히 조용히 대답했다. "그래. 들어보자." "이곳은 명상할 시간이 없기 때문입니다. 미얀마에서는 하루에 18시간이나 명상을 한다고 합니다. 그런데 여기서는 고작 8시간만 하고 있습니다. 하루 종일 요리하고 청소하고 바느질을 하느라 정신이 없는데 어떻게 명상에 발전이 있을 수 있겠습니까? 여기서는 시간이 전혀 없습니다." 그를 응시하는 스승의 얼굴에 미소가 번졌다.

"마음을 챙길 시간이 전혀 없다는 말을 하는 것이냐? 지금 네가 알아차릴 시간이 전혀 없다는 말을 하는 거냐" 말이다." 그 남자는 자신의 생각에만 골몰한 나머지 처음에는 질문의 요점을 완전히 놓치고 이렇게 되받았다.

"맞습니다. 할 일이 너무 많아서 그 순간에 존재할 시간이 없습니다." 이제 스승은 웃음을 터트렸다. "그러니까 네 말은 마당을 쓸고 있을 때 마당을 쓰는 행위를 알아차릴 시간이 없다는 것이냐? 승복을 다릴 때 다림질하는 행위를 알아차릴 시간이 없다는 말이냐? 마음을 훈련하는 이유는 더 많이 알아차리기 위해서다. 눈을 감고 법당에 앉아 있든 눈을 뜨고 마당을 쓸고 있든 네가 알아차리는 데 쓸 수 있는 시간의 양은 똑같은 거다."

그 남자는 한 마디도 할 수 없었다. 마음 훈련에 관해 자신이 잘못 알고 있음을 깨달았기 때문이다. 많은 사람이 그러하듯 그는 꼼짝 않고 앉아 명상하는 동안에만 마음을 훈련할 수 있다고 믿었다. 나도 마찬가지였다. 하지만 마음 훈련은 훨씬 유연한 활동이다. 마음챙김을 적용하면 우리가 무엇을 하든지 똑같은 마음 상태를 유지할 수 있음을 알 수 있다. 육체적인 활동에 치중하는지, 정신적인 활동에 치중하는지는 중요하지 않다. 집에서 의자에 앉아 있든 자전거를 타고 도로를 달리든 알아차릴 수 있는 시간은 똑같은 것이다. 직업의 유형도 중요하지 않다. 우리는 예외 없이 하루 24시간을 살아간다. 따라서 알아차림을 훈련할 시간은 누구에게든 똑같이 주어진다. 신체 감각을 알아차리든, 감정이나 생각을 알아차리든, 그 생각의 내용을 알아차리든, 그 모두가 알아차림이다. 알아차릴 시간은 언제나 있다는 뜻이다.

점으로 이어지는 하루

어렸을 때 즐겨 그리던 점 잇기 그림을 기억하는가? 작은 점을 순서대로 이어나가면 특정한 모양이 완성되는 그림 말이다. 우리는 그저 촘촘히 찍은 점을 선으로 이으면서 마치 어떤 걸작을 창조하고 있는 듯 느끼면 그만이었다. 이 점 잇기 그림에 대해 언급하는 이유는 그것으로 마음챙김이 하루에 단 한 차례로 끝나는 명상 수행이 아니라 수십 차례로 이어질 수 있는 것임을 보여주기 위해서다.

백지를 한 장 준비해서 가로로 천천히 직선을 그어보라. 아무리 눈이 좋고 손재주가 좋더라도 자를 대고 긋지 않는 이상, 군데군데 구불구불 그려질 것이다. 이 직선이 아침부터 밤까지 이어지는 알아차림의 연속성을 상징한다고 하자. 알아차리면 보통 고요한 느낌이나 집중하는 느낌, 방향을 알고 있는 느낌을 갖게 된다. 그리고 기억할 점이 있다. 꼭 유쾌한 느낌을 경험하지 않더라도 당신은 여전히 감정 주변의 공간, 어느 정도 균형 잡힌 관점,

특정한 감정의 안정성을 느낄 수 있다. 그러나 백지에 그린 직선처럼, 사람들 대부분의 경우 알아차림의 연속성이 중간중간 흔들려서 불안정해 보인다.

아침에 눈을 뜬 당신이 주말이라는 생각에 날아갈 듯 즐거운 기분이 드는 경우가 있다. 하지만 곧 아직 금요일이라는 사실을 깨닫는다면? 갑자기 우울해진다. 침대에서 일어나 한 발 내딛다가 웅크린 고양이에 걸려 넘어진다. 벌컥 욕을 내뱉으며 욕실로 향한다. 아침을 먹고 기분이 조금 나아지니 그렇게 형편없는 날이 되지는 않을 거라는 생각이 든다. 집을 막 나서는데 사장에게서 문자가 날아온다. 내용을 보니 오늘 야근을 해야 한다는 것이다. 당신은 생각한다. '늘 이런 식이야. 매번 나야!' 현관을 나서며 문을 꽝 닫고 씩씩거린다. 회사에 도착해서 보니 야근 문자를 받은 사람이 당신만이 아니다. 모든 직원이 야근해야 한다는 것을 알고 나자 언짢은 마음이 조금 풀린다. 사무실 테이블 위에 커다란 케이크가 놓인 게 눈에 들어온다. 갑자기 모종의 기대감에 얼굴에 미소가 번진다. '오늘이 누구 생일인가 보네. 어서 커피 타임이 되면 좋겠어.' 그러다 케이크에 대해 조금 더 생각한다. 얼마 전부터 다이어트를 시작했고, 지금까지 아주 잘 참아 왔는데…. 케이크를 정말로 먹고 싶은가? 그런데 또 생각해보니 역시 얼마 전부터 자신을 더 사랑하고 스스로 대접하라는 말을 실천해 오고 있다. 그렇다면 케이크를 먹어줘야 하지 않겠는가?

이제 당신은 혼란스럽다. 케이크를 먹고 싶기도 하고 먹고 싶지 않기도 하다. 그렇게 하루가 흘러간다. 아침에 눈 뜨는 순간부터 밤에 잠드는 순간까지 당신 주변에서 일어나는 그 모든 좋은 일과 나쁜 일에 매번 사로잡힌 채 하루를 보낸다. 온종일 변함이 없는 유일한 것은 당신의 생각이 당신이 느끼는 방식을 결정한다는 사실뿐이다. 이렇게 제대로 알아차리지 못하면 매 순간 생각이 주도권을 잡는다.

이제 다른 방식으로 상상해보자. 이번에는 백지에 작은 점이 잔뜩 찍혀 있다고 하자. 한쪽에서 다른 쪽으로 아주 촘촘하게, 가지런히 찍혀 있다. 이제 직선이 되게 점을 연결한다. 이번에는 직선을 그리기가 훨씬 더 쉬울 것이다. 당신은 점 하나를 바로 옆에 있는 점과 차례차례 연결하는 일에만 집중하면 된다. 다른 쪽 끝부분까지 미리 고민할 필요는 없다. 단지 바로 옆의 점까지의 2밀리미터만 생각하면 된다. 직선을 그리는 일이 갑자기 쉬워진다. 여전히 그 직선이 하루의 알아차림(더불어 감정의 안정성)을 나타낸다는 비유를 이어가자면, 이것은 실로 희소식이 아닐 수 없다.

아침에 10분 명상을 하는 동안에만 마음챙김을 실행한 후 다음 날 아침 명상까지 23시간 50분 동안은 그냥 버티려고 하지 말고, 마음챙김을 온종일 적용할 수 있는 행위로 여기는 것이 바람직하다. 다시 강조하지만 마음챙김은 당신이 무엇을 하고 있든 그 순간에 그 일에만 온전히 집중하는 것을 의미한다. 그렇게 늘 마음챙김을 유지할 수 있다면 당신은 지금 있는 곳이 아닌 다른 곳, 지금 하는 일이 아닌 다른 일, 지금 벌어지는 바와는 다른 당신의 바람 등을 더는 생각하지 않게 된다. 평소에 당신에게 스트레스를 주는 유형의 생각에서 벗어난다는 의미다. 대신 당신이 지금 이 순간에 하고 있는 일과 함께 존재하게 되기 때문이다.

자, 주말인 줄 알았는데 금요일이라면? 우울한 기분에 빠져드는 대신 그 사실에 대한 자신의 반응을 알아차리고 그런 느낌이 어떻게 오가는지 관찰하라. 고양이에게 걸려 넘어진다면? 벌컥 화를 내며 고양이를 탓하는 대신 허리를 숙여 고양이가 괜찮은지 확인하고 당신의 좌절감이 아닌 고양이의 안전에 초점을 맞추어라. 이런 단순하지만 이타적인 행위로 절망감을 잊은 후 하루를 시작해야 한다. 그리고 알아차림을 그런 식으로 지속시켜야 한다. 목적, 집중, 알아차림을 의식하며 한 활동에서 다음 활동으로 넘어가라.

정신 산만한 남자

매 순간 알아차리고 깨어 있어야 한다는 개념은 참으로 흥미롭다. 우리는 아무 목적도 없이 그저 되는 대로 살면서 하루하루를 무의미하게 흘러보내기 쉽다. 예전에 한 남자가 우리의 명상 클리닉을 찾아왔다. 주치의가 권유해서 온 것도 아니었고 모종의 정신 증상으로 고통받고 있어서 온 것도 아니었다. 그는 주변 세상과의 단절감이 갈수록 커지고 업무에 관한 생각에 계속 사로잡히는데 그것을 어떻게 해결해야 좋을지 모르겠다고 했다. 그러한 단절감과 강박이 그의 감정에 영향을 미칠 뿐 아니라 이제는 주변 사람들과의 관계에까지 부정적인 영향을 미치기 시작했다는 것이었다. 그의 아내는 남편이 자신의 말을 늘 귓등으로 흘려듣는 데에(그도 사실이라고 인정했다) 지쳤고 아이들은 아빠가 같이 있어주지 않는 데에 불만이 커진 상태였다. 실제로 얼마 전에는 아이에게서 아빠가 곁에 있을 때조차도 마음은 다른 데 가 있는 것 같다는 말을 들었다. 이 말이 결정적이었다. 그 남자는 자기 자식에게서 그런 말을 듣고 마음이 무너지지 않을 수 없었다. 당연히 불안하고 두려워졌다. 이런 상황을 바꾸지 않으면 가정에 심각한 문제가 초래될 것 같았다.

처음 2주 동안 그 고객과 나는 마음챙김을 위한 든든한 기반을 마련하는 데 주력했다. 특히 마음을 가라앉힐 수 있도록 매일 10분을 할애해 명상하는 요소에 초점을 맞췄다. 처음에 그는 이 제안에 반박했다. "지금 가족을 위한 시간도 내기가 어려운 판에 어떻게 저를 위한 시간을 그렇게 더 내라는 거죠? 너무 이기적인 거 아닌가요?"

이렇게 생각하는 사람이 의외로 많다. 하지만 곰곰이 따져보면 그것이 사실과 다름을 알 수 있다. 내가 설명했다. "당신이 이제 해야 할 일은 마음을 훈련하는 거예요. 가족과 함께하는 시간에 실제로 거기에 있기 위해서죠. 항상 당신의 생각에만 사로잡혀 있다면 어떻게 가족과 유대감이 쌓이고 행복해질 수 있겠어요? 마음 훈련은 가족에게서 무언가를 빼앗는 게 아니라 오히려 가족에게 무언가를 선물하는 겁니다. 가족에게 더 좋은 남편, 더 좋은 아빠, 실제로 곁에 있어 주는 사람을 선물하는 거란 말이에요." 고작 일주일 정도 만에 그 고객은 가족과 친밀한 유대감을 직접 체험했다. 다음 상담 시간에 들어선 그는 함박웃음을 머금은 채 이렇게 외쳤다. "일주일 내내 아이들에게 소리 한 번 안 질렀어요."

셋째 주에 접어들 무렵, 나는 그에게 걷기 명상을 가르쳐주었다. 한 걸음 한 걸음 느릿느릿 걸으면서 하는 정식 명상이 아니라 밖에서 평소와 같은 속도로 돌아다니는 동안 마음을 챙기도록 도와주는 기법이었다. 이 시점에 이르면 사람들은 대체로 마음챙김에 대한 오해에서 벗어난다. 마음 훈련이 눈을 감고 행하는 좌선에 국한되지 않는다는 것을 이해하기 시작한다는 뜻이다. 클리닉 건물 주변을 두세 번 함께 걸으며 걷기 명상에 대해 설명한 후 나는 그 고객이 혼자서 잠시 걷기 명상을 해보게 했다. 명상의 전반부는 매우 조용한 거리에서 했는데, 당연히 집중하기가 더 쉬웠다. 후반부에는 차와 보행자가 수없이 오가는 번잡한 거리에서 했다. 10분 정도 걸어 다닌 후 그는 클리닉으로 돌아왔다.

"요 근방에서 15년을 살았어요." 그가 말했다. "그 거리를 거의 매일 걸어 다녔지요. 하지만 오늘에서야 비로소 그 거리를 진짜로 보았어요. 처음이에요, 정말 처음입니다. 말도 안 되는 소리처럼 들리겠지만 사실이에요. 오늘 처음 건물의 색깔도 보고 도로 위의 차들도 보고 꽃향기도 맡고 새들이 지저귀는 소리도 들었어요." 하지만 진정한 회한의 말은 그다음에 나왔다. "도대체 나는 지금까지 어디서 살았던 걸까요?"

이런 식으로 살아가는 사람이 얼마나 많은가? 과거의 기억에 사로잡히고 미래의 계획에 골몰하느라 바로 지금 자신의 주변에서 펼쳐지는 삶은 알아차리지 못한 채 살아가는 사람들 말이다. 현재의 순간은 늘 그저 평범하게 느껴지는 탓에 우리는 그것을 당연시한다. 하지만 그렇게 우리가 현재의 순간을 좀처럼 있는 그대로 경험하지 못한다는 사실에서 바로 그 순간이 평범하지 않음을 알 수 있다. 그리고 삶의 다른 것과는 달리 우리는 그 순간을 다른 곳에서 구할 필요도, 잠줄하기 위해 누언가를 해야 할 필요도 없다. 당신이 무엇을 하든 '그 순간'은 바로 '그곳'에 있기 때문이다. 샌드위치 먹기, 차 마시기, 설거지하기 등 평범하고 일상적인 행위 안에 존재한다. 이것이 바로 마음을 챙긴다는 것, 지금 이 순간에 존재한다는 것, 알아차린다는 것의 의미다.

저글링하는 스님

스님이 되고 나니 해서는 안 되는 일이 많았다. 그렇다. 당신이 생각하는 그것은 당연히 금지되었고, 그 외에도 해서는 안 될 게 더 있었다. 어쨌든 그래도 절에서 생활할 때에는 별 문제가 없다. 매일의 일과가 명상이든, 모종의 노동이든, 어느 하나에는 언제나 열심히 참여하지 않을 수 없게 짜여 있어서 금지된 일까지 할 겨를이 없기 때문이다.

물론 조용히 좌선하면서 스님이 되지 않았더라면 무엇을 하고 있을까 상상하지도 않는다. 그리고 주변 사람들이 모두 똑같은 일을 하고 있기 때문에 서로 삶을 비교할 부분도 별로 없다. 그러나 스님이 절 밖에서 생활할 때는 그런 체계가 사라지고 삶이 조금 더 복잡해진다. 뭐랄까, 스님답게 건전한 활동에 참여하는 것이 실제로 훨씬 더 중요해진다.

당시에 내가 살던 모스크바의 아파트는 소비에트연방 시절에 지어진 건물이어서 아주 허름했다. 러시아에서 처음 맞은 겨울에는 신문과 셀로판 포장지로 창 안쪽에 덧대는 기술을 익히기 전까지 유리창마다 성에가 두텁게 끼었다. 벽은 고작 서너 군데에만 벽지가 너덜너덜 붙어 있었고 콘크리트 천장은 여기저기 철근이 튀어나와 있었다. 하지만 아파트의 위치가 그 모든 것을 보상하고도 남았다. 모스크바 북서쪽의 커다란 호수에 면한 지역이라 깨끗한 공기와 모래사장으로 유명했다.

스님이 맨살을 드러내놓고 일광욕을 하는 것은 적절하지 않았다. 그래서 나는 뜨거운 여름철이면 자주 호숫가 공원으로 내려가 저글링을 했다. '뭘 했다고요?' 이렇게 말하는 독자들의 목소리가 들리는 듯하다. '스님이 일광욕하는 건 적절하지 않다면서 어릿광대처럼 저글링하는 건 괜찮다는 거요?' 그렇기도 하고 그렇지 않기도 하다. 정규적인 명상 외에 휴식을 취할 즐거운 방법을 찾는 것은 확실히 적절했는데, 그 방법이 나에게는 저글링이었다. 아파트에서 매일 온종일 앉아 명상을 할 수도 있었지만 때때로 몸을 활발하게 움직이고 싶은 욕구가 놀랄 만큼 강렬히 솟구쳤다. 그래서 나가서 저글링을 하곤 했는데, 한 번에 몇 시간씩 하는 경우가 많았다. 나는 저글링 행위가 나의 명상을 완벽하게 반영한다고 생각했다. 그것이 나의 내면에서 일어나는 있는 바를 외적으로 반영했다는 의미다. 마음이 너무 경직되어 있고 지나치게 집중할 때는 저글링 공의 흐름이 유연하지 않았다.

반면에 마음이 지나치게 이완되어 있고 충분히 집중하지 못할 때는 아예 공을 떨어뜨리곤 했다. 집중과 이완의 완벽한 균형 상태에서 행하는 저글링에는 특별한 무언가가 있었는데, 그것은 명상을 통해 개발된 내면의 균형을 반영했다. 나는 그 무언가를 사람들이 흔히 '무아지경'으로 표현하는 상태라고 생각한다. 당신도 분명 무아지경을 경험한 적이 있을 것이다. 운동을 하거나 그림을 그리거나 요리를 하는 등의 활동을 하면서 말이다.

어느 날, 나는 공 다섯 개로 저글링을 하고 있었다. 저글링을 해본 사람은 알겠지만 공을 하나씩 더할 때마다 그것에 통달하기까지 시간이 조금씩 더 걸린다. 예를 들어 공 세 개로 저글링하는 법을 일주일 만에 익혔다면 네 개로 저글링하는 데에는 꼬박 한 달이 걸리고 다섯 개로 하는 법을 배우는 데는 여섯 달이 걸릴 수도 있다. 그 당시 나는 공 다섯 개로 저글링하는 법을 배운 지 두어 달 된 상태였고 전반적인 실력은 공 다섯 개를 언제든 동시에 공중에 띄워놓을 수 있는 수준이었다. 하지만 그리 아름답지는 않았다. 나는 여전히 조급해하며 공 각각의 오르내림을 수정하고 또 과잉 수정하며 미친 듯이 노력하고 있었다. 각각의 공이 같은 속도로 부드럽게 오르내리게 하려면 실로 진정한 의미의 이완과 여유가 필요했다. 그런데 그 날은 불현 듯 노력하는 것 자체를 잊었다. 이상하게 들리겠지만 실제로 그냥 잊었다. 다른 것을 잠시 골똘히 생각하다가 저글링을 시작하고는 평소와 달리 노력하지도 않았고 어떤 일이 일어날지 기대하거나 예상하지도 않았다. 나는 그냥 공을 던져 올리고 저글링하기 시작했다. 그 결과는 참으로 비범하고도 신기했다. 실제로 영화 〈매트릭스〉에 나오는 한 장면과도 같았다. 내 앞에서 완전한 시간 왜곡이 펼쳐졌다. 물론 나는 수없이 명상을 하면서 50분을 5분처럼 느끼는 경험을 수차례 했고 5분을 50분처럼 느끼는 경험은 더욱 많이 했다. 하지만 이렇게 일상적인 활동을 하면서(저글링을 일상 활동이라고 치자면) 그렇게 명료하게 시간 왜곡을 경험한 적은 한 번도 없었다.

그 순간에 나는 세상에 존재하는 시간을 전부 갖고 있는 것 같았다. 저글링 공 다섯 개가 그냥 공중에 매달려 있는 것 같았다. 나는 충분한 시간을 갖고 공중에서 돌아가는 공을 쳐다보며 어떻게 이 공을 조금 더 왼쪽으로 보내고 저 공을 오른쪽으로 조금 더 보낼지 생각했다. 누군가가 슬로우 모션 버튼을 누른 것 같았다. 실로 놀라운 순간이 아닐 수 없었다. 분주한 마음을 잠재우는 동시에 공을 번갈아 던져 올리려는 노력과 사소한 모든 것을 통제하려는 노력을 멈추자 설명할 수 없이 많은 양의 시간과 공간이 생겨났다. 이것은 그냥 가벼이 넘겨버릴 사안이 결코 아니다. 오늘날 우리가 얼마나 바쁘게 살고 있는지를 고려하면 너욱 그렇다. 무언가를 빠르게 하고 있으면서도 얼마든지 마음을 챙길 수 있음을 알 수 있지 않은가! 이 사례는 빠른 속도로 몸을 움직이는 것과 마음이 분주한 것은 전혀 다른 별개의 문제라는 사실을 보여준다.

──────── 참 을 성 있 는 요 가 수 행 자 ────────

절에서 스승에게 들은 스토리를 하나 더 소개하면서 이 섹션을 마무리하는 게 좋겠다. 언뜻 보기에는 일상생활과 관계가 없는 것 같지만 사실은 마음챙김의 정신이 무엇이며 우리가 그것을 어떻게 이용할 수 있는지, 그리고 마음챙김의 핵심을 얼마나 쉽게 놓칠 수 있는지를 일깨우는 스토리다. 주인공은 티베트인 요가 수행자다. 워낙 참을성이 없었던 그는 참을성을 기르는 것에 기초한 특별한 명상 기법을 실천하고 있었다. 요가 수행자를 요기라고 하는데, 요기가 참을성이 없다니? 말이 되는가?

그렇다. 참을성 부족은 보편적인 특성이다. 밤낮 가리지 않고 보채는 갓난아기와 씨름하는 엄마나 아빠든, 전철을 기다리는 직장인이든, 산꼭대기에 앉아 부단히 깨달음을 추구하는 요기이든, 사람이라면 누구나 참지 못하고 폭발하는 때가 있기 마련이다.

자신이 갈수록 참을성이 부족해진다는 것을 알아차린 요기는 스승을 찾아가 참을성을 길러준다는 그 특별한 명상 기법을 배웠다. 그리고 산으로 올라가 그 기법을 실행하며 지낼 수 있는 동굴을 하나 찾아냈다. 깊은 산속에서 요기 혼자 어떻게 생존할지 궁금해할까 봐 소개하면, 티베트에는 실제로 요가 수행 지원 시스템이 잘 갖춰져 있어서 마을 사람들이 기본적인 생필품을 정기적으로 산속에 가져다준다. 그 덕에 요기나 요기니(여자 요가 수행자)는 속세의 유혹에서 멀리 떨어진 곳에서 생존의 걱정 없이 수행에 열중할 수 있다. 아무튼 이 요기는 딱 알맞은 동굴을 찾아내고는 즉시 명상에 들었다. 그의 내면에 타고난 참을성이 존재한다는 스승의 가르침에 따라 그것을 찾는 일을 시작한 것이다. 그렇게 수개월이 흘렀는데도 요기는 여전히 명상을 멈추지 않았고 마을 사람들은 실로 큰 감명을 받았다.

얼마 후, 한 순례 영성 지도자가 그 마을에 들렀다. 그는 많은 존경을 받는 유명한 지도자였던 터라 마을 사람들은 그를 보자마자 산속 동굴에서 부지런히 명상에 임하고 있는 마을의 자랑거리에 대해 들려주었다. 그 지도자는 흥미가 동해서 요기를 찾아가 봐도 괜찮을지 물었다. 처음에 마을 사람들은 그래서는 안 된다고, 그는 세속으로부터 격리된 채 엄격한 수행에 임하고 있다고 말했다. 하지만 그토록 존경하는 영성 지도자가 끈질기게 간청하자 결국에는 동굴로 가는 길을 가르쳐주었다. 마침내 농굴에 도착한 지도자는 숨을 고르고 나서 짙은 어둠을 들여다보며 요기의 모습을 찾았다. 요기는 똑바로 앉아 명상을 하고 있었다. 지도자는 자신이 왔음을 알리려고 살짝 헛기침을 했다. 요기는 미동도 하지 않았다. 지도자는 조금 더 크게 기침을 했다. 이번에는 요기가 누가 왔는지 보려는 듯 한쪽 눈을 떴지만 지도자를 알아보지 못하고 한마디도 없이 다시 눈을 감았다. 영성 지도자는 어떻게 해야 좋을지 알 수가 없었다. 요기를 방해하고 싶지는 않았지만 그가 배웠다는 참을성 명상에 관해 좀 더 자세히 알고 싶은 마음이 가시질 않았다.

그래서 이번에는 훨씬 더 큰소리로 기침을 한 후 이렇게 말했다. "방해해서 미안합니다만, 잠깐만 시간 좀 내주시면 안 되겠습니까?" 요기는 한마디도 하지 않았지만 느닷없는 침범에 다소 짜증이 난 듯 보였다. 지도자는 다시 부탁했다. 그러자 요기는 눈을 번쩍 뜨더니 마침내 입을 열었다. "지금 제가 명상하고 있는 게 안 보입니까? 아주 중요한 참을성 명상을 완성하려 하고 있소이다." 지도자가 말했다. "압니다. 바로 그 명상에 관해 얘기를 좀 들어보고 싶습니다." 요기는 거칠게 숨을 들이마시더니 크게 한숨을 쉬었다. "부탁이니 나를 그냥 좀 내버려 두시오. 당신과 대화하고 싶지 않소이다." 요기는 다시 눈을 감고 명상에 들어갔다. 하지만 지도자는 굴하지 않고 끈질기게 대화를 청했다. "하지만 그 명상에 대해 함께 얘기를 좀 나눠보고 싶습니다. 그 명상으로 당신의 수행이 참으로 깊어졌다고 들었는데, 그 경험을 좀 들려주시면 안 되겠습니까?" 이제 요기는 분통이 터질 것 같았다. 세상과 떨어져 조용히 명상하려고 이 높은 산까지 올라왔는데 난데없는 방해꾼을 상대해야 하다니…. 요기는 단호한 어조로 그에게 당장 물러가라고, 어서 내려가라고 말했다.

그 지도자는 동굴 밖에서 몇 분을 망설이다가 마지막으로 한 번만 더 청하기로 마음먹었다. 그는 전보다 더 목청을 높여 말했다. "말씀해주시오. 당신은 그 명상을 통해 참을성에 대해 무엇을 배우셨습니까?" 요기는 더는 참지 못하고 벌떡 일어나 바닥에 흩어져 있는 돌멩이를 집어 들고는 동굴 입구에 서 있는 남자를 향해 내던지기 시작했다. 그는 이미 고래고래 소리를 질러대고 있었다. "당신이 거기서 계속 방해하는데 내가 어떻게 참을성 명상을 할 수 있냐고?" 화가 머리끝까지 치민 요기는 연거푸 돌멩이를 던져 그 지도자를 쫓아냈다. 돌멩이가 다 떨어졌는지 요기가 돌팔매질을 마치자 영성 지도자는 뒤를 돌아보며 활짝 웃는 얼굴로 마지막 한마디를 던졌다.

"참을성 명상이 아주 잘되고 있군요."

명상은 이십학 여지없이 마음챙김 연습에 필수적인 초석이다. 하루에 고작 10분도 명상에 할애하지 않으면서 일상에서 마음챙김을 행하려는 것은 모래밭에 집을 지으려는 것과 비슷하다. 그래도 집의 모양새는 나오겠지만 단단한 대지에 세우는 집만큼 안정적이지는 않을 것이다. 그리고 그 반대의 경우도 마찬가지다. 일상에서 행동하고 느끼는 방식을 바꿔주지 않는다면 명상이 무슨 소용이 있겠는가?

기억하라. 보다 많은 헤드스페이스를 얻으려는 이유는 당신 자신과 주변 사람들의 삶을 더욱 편안하게 만들기 위해서다. 명상으로 고요함을 얻는다 해도 명상이 끝난 후 처음 만난 사람에게 화를 낸다면 그 모든 게 무슨 소용이 있겠는가? 명상을 다음 24시간을 살아가는 토대로 생각하라. 명상으로 얻은 고요함을 바탕으로 알아차림을 유지할 수 있다면 당신은 어떤 상황에서든 현명하게 대응할 수 있다. 그러나 자신만의 스토리에 사로잡혀 알아차림을 잃어버린다면 위의 요기처럼 충동적으로 대응하게 될 것이다.

일상생활을 위한 마음챙김 명상

매일 10분 정도 좌선을 하는 것으로도 기분이 아주 좋아지지만 마음챙김이 실로 진가를 발휘하는 것은 그것을 일상생활에 적용할 때다. 따라서 일상생활에 적용할 수 있는 마음챙김 기법을 몇 가지 소개하고자 한다. 마음챙김으로 먹기, 마음챙김으로 걷기, 마음챙김으로 운동하기, 마음챙김으로 잠자기 등이 그것이다. 설명은 다 건너뛰고 곧장 명상 기법으로 넘어가고 싶겠지만, 마음챙김을 일상에 적용하는 법은 단순한 지침 목록으로 끝나지 않는다. 여기에 소개한 각각의 활동을 위한 설명과 스토리를 통해 해당 기법의 풍미를 맛보고 그 완전한 잠재력까지 이해하길 바란다.

당신은 음식을 먹을 때 얼마나 자주 실제로 맛을 느끼는가? 대부분의 사람들은 자신이 먹으려고 한 음식이 맞는지 확인하는 차원에서 처음 두세 입은 맛을 음미하지만 그다음부터는 반무의식 상태에 들어가 음식을 먹는다. 여기서 반무의식 상태는 반혼수 상태라는 의미가 아니라 생각 등 다른 활동에 몰두한 상태를 의미한다. 접시 위에서 포크를 움직이거나 손에 든 샌드위치를 입에 넣는 동작은 특별히 복잡할 게 없어서 우리는 굳이 의식하지 않아도 그 과제를 얼마든지 수행할 수 있다. 걸음을 걸을 때와 마찬가지로 말이다.

멀티 태스킹에 열광하는 사람들에게는 이것이 꿈의 실현처럼 들릴지도 모른다. 우리는 자리에 앉아 음식을 먹으며 신문을 보거나 컴퓨터 작업을 하거나 전화 통화를 하거나 그날 저녁 또는 주말에 할 일을 머릿속으로 미리 계획할 수 있다. 퇴근한 저녁 시간에도 마찬가지다. 일을 끝내고 피곤한 폼으로 집에 들어와서는 벌써 다음 날 아침에 일찍 일어나야 하는 것이나 아이들을 재우는 것에 대해 생각한다. 그런 탓에 최대한 빨리 장을 보고 최대한 빨리 요리해서 최대한 빨리 먹는다. 그것도 퇴근길에 패스트푸드를 사서 현관에 들어서기도 전에 먹어 치우지 않은 경우에나 그렇다는 얘기다. 나는 이런 행태가 잘못이라는 말을 하는 것이 아니다. 이 책의 목적은 당신에게 무엇을, 어디에서, 어떻게, 먹어야 하는지를 알려주는 것이 아니다. 그것은 당신이 결정할 문제다. 다만 나는 음식을 먹는 간단한 행위에 마음챙김과 명상을 적용해서 커다란 이득을 얻는 방법을 알려주고 싶을 뿐이다.

별 다섯 개 절

우리 대부분의 서두르는 식사 시간과 달리 절에서는 예외의 경우가 없는 것은 아니지만 대체로 조용하고 진지하고 엄숙하게 발우공양을 치른다. 주의를 기울일 다른 대상이 별로 없을 때에는 음식 먹는 일이 대단히 중요해진다. 차를 마시거나 따뜻한 물로 샤워하는 것과 같은 여타의 단순한 일도 마찬가지다. 전통적인 사찰에서는 그런 식의 향유를 감각적인 즐거움으로 표현하며 일반적으로 스님들에게 그에 대한 지나친 탐닉을 경계하라고 이른다. 그런 것을 탐닉할 만한 호사라기보다 마음챙김을 훈련하기 위한 부차적인 활동으로 보는 것이다. 하지만 말할 필요도 없이 그런 생활방식은 엄격한 사찰의 스님들에게만 국한된 것이다. 따라서 독자들은 절대로 삶의 그런 일상적인 즐거움을 거부해야만 명상의 혜택을 십분 누릴 수 있는 것으로 오해하지 말기를 당부한다.

전에 서양에 있는 한 절에서 지낸 적이 있었는데(역시 담장이 아주 높은 곳이다), 그 절은 모든 대상에 그곳 특유의 접근방식을 적용했다. 음식에 대해서도 마찬가지였다. 거기에 도착한 첫날, 나는 제일 좋아하는 음식과 음료를 모두 적어 제출하라는 말을 들었다. 나는 생각했다. '와우, 놀라운데. 여긴 별 다섯 개짜리 절인가 보군.' 또한 좋아하지 않는 음식과 음료까지 빠짐없이 적으라고 했다. 다시 생각했다. '와우, 참으로 배려가 깊은 절이로군.'

게다가 그곳 스님들은 하루 세 끼를 모두 챙겨서 저녁 식사도 할 수 있었다. 사찰계의 하얏트 호텔에 들어선 느낌이었다. 그러니 저녁에 내가 싫어한다고 써낸 음식 위주로 나온 발우를 보았을 때 얼마나 실망했을지는 짐작하고도 남을 것이다. 실제로 더 자세히 들여다보니 거의 모든 음식이 싫어하는 리스트에서 일부러 골라낸 것 같았다. 리스트가 바뀌었나? 모종의 실수가 있었던 걸까? 아무래도 내가 좋아하는 음식과 싫어하는 음식을 바꿔 써낸 모양이었다.

짐작했겠지만 어디에도 실수는 없었다. 그렇게 음식 리스트를 작성하라고 한 이유는 그저 우리가 좋아하는 음식에 탐닉하지 않도록 만들기 위해서였다. 또한 싫어하는 대상을 접하는 경험을 관찰할 기회를 주려는 의도도 있었다. 음식만으로는 나쁜 게 부족하다는 듯이 나중에는 커피까지 나왔다. 나의 경험에 의하면 커피는 호불호가 극명하게 갈리는 기호 식품이다. 나는 커피를 끔찍이도 싫어했다. 향은 근사했지만 맛이 끔찍했고, 마신 후에 생기는 초조한 느낌도 극도로 싫었다. 그런데 잠들기 고작 2시간 전에 담당 스님이 커다란 머그잔에 가득 담긴 커피를 나에게 갖다주는 게 아닌가!

커피를 마시는 동안의 그 메스꺼운 느낌은 차치하고 나는 밤새 한숨도 못 자고 꼬박 날을 새고 말았다. 그리고 내가 곧바로 눈치챈 것은 그것이 한 번으로 끝나지 않고 그 절에 머무는 동안 규칙적으로 반복된다는 사실이었다. 그렇게 두세 달 정도 지내면 그 절의 담장 높이를 제대로 가늠해보게 될 것 같았다. 하지만 그 일에는 재미난 면도 있었다. 참선 외에는 아무 일도 하지 않으면서 하루 세 끼를 꼬박꼬박 먹다가 고래처럼 뚱뚱해지는 것은 절대로 원치 않았기에 나는 좋아하지 않는 음식 리스트에 초콜릿, 비스킷, 케이크 따위를 적어 냈던 터였다. 그렇게 하면 그곳에서 건강한 식생활을 누릴 것으로 판단했던 것이다. 그 리스트가 '앤디가 반드시 먹어야 할 음식 리스트'가 되리라는 것을 내가 어찌 알 수 있었겠는가! 그런 연유로 저녁마다 식사가 끝나면 나는 다른 스님들의 부러움과 질시 속에서 초콜릿과 케이크를 받아서 먹었다.

음식에 이런 방식으로 접근하는 것이 극단적으로 보일 수도 있지만 그때까지 나는 내가 특정 음식을 좋아하거나 싫어하는 이유에 대해 진지하게 생각해본 적이 없었다. 언제나 '난 그래.' 정도로 추정했다. 그 이유를 보다 정확히 알아차릴 기회를 잡은 것은 참으로 유익했고, 놀랍게도 얼마 지나지 않아 나는 전혀 좋아하지 않았던 음식을 실제로 거의 전부 먹기 시작했다. 싫어하는 음식을 둘러싼 초반의 저항과 불만을 이겨내자 해당 음식에 대한 직접적인 경험이 그에 대한 나의 생각과 상당히 다르다는 것을 깨달았다. 한때 좋아하던 음식도 마찬가지였다. 내가 좋아한다고 생각했지만 그다지 유익하지는 않았을 음식에 덜 집착하게 되었다.

일단 집착이 사라지자 그런 음식이 나에게 어떤 감정을 유발하는지에 실제로 더욱 주의를 기울이게 됐다. 그리고 어느 순간부터인지 그것이 그렇게 구미를 당기는 것으로 보이지 않았다. 적어도 먹는 양의 측면에서는 이전과 확연히 달라졌다.

마음챙김으로 먹기가 새롭고 경이로운 식사법으로 권장되고 있는 현실은 어찌 보면 당연하다. 마음챙김이 음식을 대하는 당신의 태도를(음식의 선택과 먹는 양, 먹는 방식을 포함해서) 근본적으로 바꿀 수 있다는 사실은 의심의 여지가 없다. 하지만 마음챙김으로 먹기를 순전히 새로운 다이어트 방법의 측면에서 생각하는 것은 결코 그에 대한 올바른 자세가 아니다. 굳이 이 말을 하는 이유는 행복에 이르는 한 가지 방법인 '마음챙김'을 행복에 이르는 또 다른 방법인 체중 감량과 혼동할 위험이 있기 때문이다.

그 둘은 완전히 다른 별개의 것으로서 후자는 지속적인 충족감이나 헤드스페이스를 결코 선사하지 못한다. 하지만 음식과 건강한 관계를 맺는 것은 바람직하며 마음챙김으로 먹기를 통해 과도한 체중까지 어느 정도 줄일 수 있다면 그 역시 아주 좋은 일이다. 결국 이 모든 것 역시 더욱 객관적인 시각을 얻음으로써 충동적으로 행동하는 대신 현명하게 대응하는 데 필요한 여유를 얻으라는 가르침에서 벗어나지 않는다.

나는 음식 앞에서 정말로 편안해하는 사람, 먹는 거에 대해 아무런 고민을 갖지 않는 사람을 별로 보지 못했다. 거의 모든 사람이 자신의 식습관에 종종 죄책감을 느끼며 먹고 싶은 음식과 먹어야 한다고 생각하는 음식 사이에 언제나 괴리가 있다고 말한다. 사실 예전의 나도 그러했다. 스님이 되기 전에 나는 음식에 대해 광적인 태도를 취했다. 체조 선수로 뛰던 시절이라 매일 체육관에서 훈련하며 몸을 만드는 일에 집착하지 않을 수 없었다. 1온스(약 28.35그램) 단위까지 계산해서 일주일치 식단을 짜고 그 양을 한 치도 틀리지 않게 맞추려고 매 끼니에 음식을 저울에 달았다. 대다수 사람들이 조금이라도 맛있다고 여길 만한 음식은 무엇이든 멀리 했다. 밖에서 음식을 사먹을 때도 마찬가지였다. 단것을 먹고 싶은 욕구가 일면 이유 불문하고 무조건 억눌렀다. 그런 일에 어찌나 집착했던지 식당에 전화를 걸어서 내가 먹어야 할 특별한 음식을 미리 주문하기까지 했다(달걀 흰자 오믈렛을 준비해 달라는 식으로 말이다). 이러한 삶에는 마음챙김이 존재하기 어렵다. 이런 방식은 극단적이었는데 어느 쪽이든 극단적인 방식이 건강한 생활방식이 되는 경우는 드물지 않은가.

그래서 절에서 수행하는 동안 나는 내가 식습관에 정서적으로 얼마나 집착하고 있는지에 대해 많은 것을 깨달아야 했다. 이에 관한 예화는 많지만, 음식에 대한 우리의 정서적 태도를 여실히 느낄 수 있는 대표적인 경험으로 하나만 소개하겠다. 바로 아이스크림 이야기다.

미얀마 사찰에서 식사 시간은 조용하고 엄숙한 일과였다. 정확히 말하자면 그곳은 묵언 수행을 하는 절이어서 대화를 나누고 자시고 할 것도 거의 없었다. 게다가 식사 시간은 정식 먹기 명상 시간으로 간주되었다. 우리는 공양실에 커다란 원형 밥상을 정렬해 놓고 식사를 했는데, 통상 밥상 하나에 여섯 명의 스님이 둘러앉았다. 그 절은 규모가 커서 기거하는 스님이 여든 명이 넘었기 때문에 공양실도 꽤 널찍했다. 비구니 스님도 있었지만 그들은 공양실을 가로질러 세운 육중한 목재 가림판을 경계로 비구 스님과 따로 떨어져 앉았기에 보이지는 않았다. 비구니 스님들이 앉는 공간은 벽으로 둘러싸여 있었지만 우리 비구 스님들이 앉는 자리는 밖으로 탁 트여 있어서 아름다운 정원이 훤히 보였다. 앉으면 기분이 좋아지는 공간이었다.

아침식사인지 점심인지는 중요하지 않았다. 음식은 언제나 똑같이 커리라이스였다. 커리는 되직하고 기름졌으나(그래서 소화에는 썩 좋지 않았으나) 맛은 늘 훌륭했다. 방에 들어서면 밥상 위에 밥그릇과 수저가 미리 놓여 있었고 두 스님이 방 안을 돌며 밥과 커리를 나눠주었다. 불경을 한두 구절 외고 나서 징이 울리면 우리에게 주어진 1시간의 식사 시간이 개시되었다. 여기서 1시간은 말 그대로 더 짧지도 더 길지도 않은 딱 1시간이었다. 이 절에서는 모든 것을 아주 천천히, 정말로 아주 천천히 행했다. 수저로 밥을 떠서 입에 가져가기까지 20초가 걸릴 정도였다. 그렇게 넣은 밥을 씹는 데 걸리는 시간은 굳이 거론할 필요도 없을 것이다. 이렇게 하는 데는 물론 그럴 만한 이유가 있었다. 그렇게 천천히 행하면서 마음이 작동하는 방식을 매우 자세히 관찰하라는 의도였다. 하지만 느려도 너무 느렸다. 아침 식사 시간이면 나는 정말로 배가 고파서 음식에 관해 제대로 음미하지도 않고 허겁지겁 먹어 치우곤 했다. 그러면 손 하나가 내 어깨 위에 놓이는 느낌이 들었다. 지도 스님의 손이었다. 그의 임무는 모든 스님이 수행에 유익한 방식으로, 스님답게 처신하고 있는지 확인하고 가르치는 것이었다. 그 절에 머무는 동안 나는 그 지도 스님을 아주 잘 알게 되었다.

미얀마에는 지역 주민들에게 직장을 하루 쉬고 절에 와서 명상하는 날이 연간 몇 차례씩 주어졌다. 그들이 실제로 명상을 그렇게 좋아하는 건지 아니면 단지 일을 하루 쉰다는 것이 좋은 건지 몰랐지만, 그런 날이면 절을 찾아오는 이가 많았다. 그리고 오는 길에 음식을 가져와서 공양간에 보시하곤 했는데, 대개는 쌀한 자루나 각종 채소였지만 때로는 고기와 생선을 갖고 오는 경우도 있었다. 어느 날, 한 남자가 크고 반짝이는 원통을 서너 개 들고 절을 찾았다. 흡사 석유 드럼통 같았다. 그 안에 무엇이 들어 있는지는 몰랐지만 일반인이 식사 시간에 공양실로 들어오는 일은 특이한 경우였다.

그날따라 다른 일은 또 있었다. 평소에 상 위에 미리 놓여서 우리를 기다리던 밥그릇과 수저가 보이질 않았다. 음식을 나눠주는 두 스님이 우리 비구 스님 자리로 걸어오는 것이 보였는데 그들의 손에 밥과 카레를 담은 냄비가 들려 있지 않았다. 대신 그들은 노란색의 뭔가가 들어 있는 아주 작은 그릇을 나눠주고 있었다. 바쁜 레스토랑의 웨이터처럼 그들은 그 작은 그릇을 옮기느라 공양간과 공양실을 서둘러 왕복했다. 공양실 중앙에 놓인 가림판의 비좁은 틈으로 엿보니 비구니 스님들 자리에서도 똑같은 일이 벌어지고 있었다.

갑자기 나는 그것이 무엇인지 깨달았다. 두 스님이 나눠주고 있는 것은 바로 아이스크림이었다! 자, 진도가 더 나가기 전에 여기서 잠깐 쉬면서 한번 생각해보자. 날마다 아침 점심으로 커리라이스만 먹을 뿐 다른 음식은 그 무엇도 먹은 적이 없다면 어떨 것 같은가? 그러면 이제 다시 상상해보자. 그런 당신 앞에 누군가가 아이스크림이 담긴 그릇을 내려놓는다면 어떨 것 같은가? 몹시 흥분할 수밖에 없지 않겠는가? 나는 흥분했다.

터무니없이 들릴지도 모르지만 나는 진짜로 흥분감이 휘몰아치는 것을 느꼈다. 생일 파티에서 촛불을 컨 케이크를 마주한 어린 아이가 된 느낌이었다. 모든 스님 앞에 아이스크림이 한 그릇씩 놓여졌다. 나는 아이스크림을 주시했다. 여름철이었고, 기온이 40도가 넘었다. 시간은 흐르고 있었다. 하지만 당연히 징이 울리기 전에는 누구도 거기에 손을 댈 수 없었다. 나는 조바심이 나기 시작했다. 아이스크림의 만수무강을 염려하는 나의 애타는 마음은 누구라도 크림과 설탕을 뭉쳐서 얼려놓은 덩어리를 향해 느끼기에 적절한 수준을 훨씬 넘어섰다.

물론 나의 반응에는 아무 잘못도, 딱히 유별난 것도 없었다. 하지만 공정하게 말하자면 그 시점에 나의 욕구와 갈망은 한계점에 다다르고 있었다.

대체 왜 이렇게 지체되는 걸까? 나는 그 이유를 알게 되었다. 아이스크림을 나눠준 두 스님이 이제 방 안을 돌며 수저와 밥그릇을 내려놓고 있었다. 나는 속으로 말하기 시작했다. '괜찮아. 빈 그릇이니까 오래 걸리지 않을 거야. 아이스크림은 버텨줄 거야.' 두 스님이 드디어 우리의 밥상으로 다가왔다. 그런데 그들은 우리 앞에 놓인 아이스크림 그릇을 모두 원탁의 중앙으로 밀어 놓고 그 자리에 빈 그릇과 수저를 놓는 게 아닌가! 그들 뒤로 다른 스님 둘이 밥과 커리 냄비를 들고 돌아다니며 빈 그릇을 채워주고 있었다. 그제야 나는 일이 어떻게 돌아가고 있는지 깨달았다. 아이스크림을 먹기 전에 커리부터 먹어야 하는 상황이었던 것이다. 내 집에 나 혼자 있고 속도 제한이 없다면 나에게 승산이 있었을 것이다. 하지만 여기서는 아니었다. 절에서는 그럴 수 없었다. 커리라이스를 먹는 데 꼬박 1시간이 걸릴 터였고, 지도 스님이 그 일을 조금도 어긋나지 않게 감독하리라는 것을 나는 익히 알고 있었다.

분노가 치밀었다. 이어 분노에 물든 생각이 수없이 떠올랐다. '진짜 말도 안 돼! 고문이야 뭐야! 멀쩡한 음식을 이렇게 버리다니! 불교의 핵심은 자비라면서 이게 자비로운 짓이야? 일부러 자기 돈 들여 아이스크림을 사온 저 멋진 남자는 어쩌라고! 저 남자 기분이 어떨지는 생각도 안 하나?' 그 가운데 몇 가지 생각은 가실 기미가 없이 마음을 뒤흔들었다. 나는 그런 생각에 휩싸인 채 느릿느릿 기계적으로 손을 움직여 숟가락을 움직이며 녹고 있는 아이스크림을 안타까운 눈으로 바라보았다. 내게는 헤드스페이스도 알아차림도 없었다. 마음챙김은 고사하고 자신의 생각만 계속해서 파고들었다. 그렇게 생각에 지나치게 골몰한 나머지 분노의 진짜 원인은 '원하는 것을 얻지 못한 나 자신'이라는 사실을 알아챌 수 없었다. 어쩌면 애착인지도 몰랐다. 간절히 원하던 것을 얻지 못하면 우리는 저항하고 싸운다. 그렇다. 나는 싸우고 있었다. 부인할 수 없는 사실이었다.

재미있게도 사람들은 이 이야기를 들려주면 종종 나를 대신해서 화를 낸다. 하지만 기억할 것이 있다. 나는 내 자유의지로 절에 머물고 있었으며 언제든 일어나서 떠날 수 있었다. 그런 환경에 내 발로 걸어 들어왔고 그런 경험에서 배울 것이 있다고 느꼈다. 다만 이렇게 때로는 내 생각과 감정에 사로잡혀 그 간단한 사실을 잠시 잊을 때가 있었을 뿐이다. 다시 한 번 말하지만 이런 방식은 스님들의 수행에만 국한된 것이니 독자들은 명상의 효과를 최대한 얻는답시고 공연히 아이스크림을 녹게 놔두며 스스로를 고문하지 않기를 바란다. 그럴 필요가 전혀 없다. 살다 보면 어차피 알아차림의 안정성을 시험하는 여타의 상황이 숱하게 전개될 것이다.

　잠시 그렇게 생각하자 분노의 동력이 차차 빠지며 그 자리가 슬픔과 죄책감으로 대체되었다. 분노에 물든 그 모든 생각에 골몰했다는 것이 슬펐고, 분노에 차서 특정한 대상들에 비난을 퍼부은 것이 죄스러웠다. 이런 느낌은 조금 더 오래 머물렀고 뒤이어 그 흘러가는 감정을 반영한 생각들이 떠올랐다. 마침내 정오의 열기를 견디지 못한 아이스크림은 백기를 들고 따뜻하고 찐득찐득한 노란색 액체만 남겼다. 아이스크림의 잔해를 보자 왜 그것 때문에 그렇게까지 화가 났는지 상상하기가 힘들었다. 왜 그렇게 흥분했는지도 알 수 없었다. 아이스크림은 이제 조금도 맛있어 보이지 않았다. 그런 생각과 더불어 나는 그 상황을 있는 그대로 받아들였고 그러자 기분이 완전히 바뀌었다.

　아이스크림에 대한 정서적 애착이(그 대상이 마침 음식이었다는 사실은 부수적인 것이었다) 너무 강해서 나는 아무것도 알아차리지 못했다. 그렇게 알아차림을 상실함으로써 무익하고 소모적인 불만이 끊임없이 생겨났을 뿐 아니라 도저히 벗어날 수 없는 감정적 롤러코스터에 올라 정신없이 내둘리는 느낌까지 경험했다.

　이 사례는 극단적으로 보일 수도 있지만 음식과 관련하여 우리가 흔히 겪는 경험을 여실히 보여준다. 강렬한 감정이나 끝없이 이어지는 생각에 완전히 사로잡혀서 더 이상 스스로 결정과 행동을 통제하지 못한다고 느끼는 경우가 있다. 초콜릿 바나 과자 한 봉지를 열심히 먹다가 내가 대체 왜 이걸 먹고 있는 거지, 하고 생각한 적이 없는가? 배가 고프지 않다는 사실은 망각한 채 분별없이 충동에 따른 경험이 없는가? 너무도 빈번하게 여러 가지 일이 동시에 우리의 주의를 흐트러뜨린다는 사실은 도움이 되지 않는다. 오히려 그 때문에 우리가 사고의 세계에 더 오래 빠져 있을 가능성만 커진다. 진부한 얘기처럼 들릴 수 있다는 것을 안다. 하지만 당신은 식탁에 제대로 앉아 밥을 먹은 때가 언제였는가? 소파를 식탁으로 쓰는 사람들이 그렇게 많다. 과거에 우리는 음식을 앞에 놓고 잠시 멈추는 시간을 가졌다. 식사 예절이든 기도하기 위해서든 그렇게 멈춘 시간은 이제부터 먹으려는 것에 감사하고 우리 앞에 놓인 음식의 진가를 인정하는 시간이었다.

이를 염두에 두고 지금부터 소개하는 명상은 식탁에 앉아서
하기를 권한다. 처음 두세 번은 혼자 음식을 먹을 때 시도하는 것
이 좋다. 그래야 집중하기가 더 수월하기 때문이다. 처음에는 대
화도 하지 않고 소음도 없는 가운데 행하는 것이 가장 좋다. 따라
서 TV나 음악을 끄고, 휴대전화까지 꺼두면 더 쉬워진다. 또한
눈앞에 읽을거리가 없어야 더욱 효과적이다. 그러므로 노트북도
끄고 책과 잡지도 덮어라. 이렇게 하고 나면 오직 당신과 당신이
먹을 음식만 남는다. 먹기 명상을 처음 시도할 때 외롭거나 지루
한 느낌이 든다고 말하는 사람이 많다(우리가 이런 식으로 방해받지
않는 일이 얼마나 드문지를 암시하는 말이다). 하지만 명상에 몰두하
는 순간 그 두 감정 모두 빠르게 사라진다. 이 명상을 하는 동안
에는 평소보다 천천히(미얀마의 절에서처럼 그렇게까지 느리게는 아
니더라도) 음식을 먹으면 지침을 더욱 쉽게 적용할 수 있다. 언제
어디서나 이 방법(또는 이 속도)에 따라 음식을 먹으라는 말은 아
니다. 하지만 정식 명상으로는 이렇게 하는 것이 최상임을 잊지
마라. 그것이 바로 앞서 설명한 명상과 마음챙김의 차이점이다.
명상은 당신이 아무리 바쁘고 아무리 많은 사람과 함께 있더라도
일상생활에서 마음챙김을 더 잘할 수 있도록 도울 뿐이다. 따라
서 마음챙김으로 음식을 먹는다는 것이 어떤 의미인지 익숙해지

고 나면 식사할 때마다 그것을 적용할 수 있다 친구들과 수다를
떨며 식사하거나 서둘러 음식을 먹고 있을 때에도 얼마든지 적용
할 수 있다.

명상 연습 7 :
먹기 명상

이 명상도 헤드스페이스 앱이나 헤드스페이스닷컴(headspace. com)에서 가이드 버전을 이용할 수 있다는 점을 참고하기 바란다.

식탁에 앉아라. 혼자라면 더욱 좋다. 집중을 방해할 수도 있는 외부 자극은 모두 치워라. 당신이 통제할 수 없는 외부 소음에 대해서는 걱정하지 마라. 10분 명상을 할 때와 다를 바 없다.

음식을 떠서 먹기 전에 코로 들이쉬고 입으로 내쉬는 방법으로 두어 차례 심호흡을 하라. 몸과 마음을 조금 진정시키기 위해서다. 그다음 잠시 시간을 갖고 음식의 진가를 인정하라. 이 음식은 어디에서 왔는가? 어느 나라에서 왔는가? 재배된 것인가, 제조된 것인가? 그 음식의 재료로 쓰인 곡물이나 동물이 어떤 환경에서 자랐을지, 어떤 사람이 돌보았을지 상상해보라.

세월이 흐르면서 우리는 우리가 먹는 음식의 원산지와 완전히 단절되었다. 이 사실은 별로 중요한 사항이 아닌 것으로 들릴지 모르지만, 음식과 관련된 마음챙김의 보다 폭넓은 관점에서는 이 점을 염두에 두면 실로 큰 도움을 얻을 수 있다. 이런 과정에서 마음이 급해지지는 않는지 어서 손을 뻗어 음식을 먹고 싶지는 않은지 알아차려라. '얼른 시작해야 할' 여타의 일이 떠오를지도 모르겠다. 그런 반응은 단지 조건 행동, 즉 일종의 습관일 가능성이 크다. 하지만 알다시피 그런 습관은 놀라울 정도로 강하다.

자, 어떤 죄의식 여행에 들어가지 말고 그저 잠깐 멈추고 당신의 접시에 실제로 음식이 놓여 있다는 사실에 감사하라. 세상에는 이러한 혜택을 결코 누릴 수 없는 사람이 여전히 많다는 사실을 우리는 자주 잊는다. 별로 생각하고 싶지 않은 부분일 수도 있겠지만, 진가를 인정하고 감사하는 마음을 갖는 것은 정말로 중요하다. 그것이 안정적인 마음챙김 명상의 핵심이기에 하는 말이다. 앞서 말한 바와 같이 다음 단계는 평소보다 조금 천천히 하는 것이 좋다. 하지만 어떤 속도로 하든 자연스럽게 행하고 그에 대해 너무 신경 쓰지는 마라.

손으로 먹어야 하는 음식이라면 그 음식을 집을 때 손에 느껴지는 질감과 온도와 색깔을 알아차려라. 그릇에 담긴 음식이라면 수저나 포크를 들고 음식으로 손을 뻗을 때 그 도구의 질감과 온도를 알아차려라. 아울러 잠깐 멈춰서 그릇에 담긴 음식의 색깔도 자각하라. 음식을 입으로 가져갈 때는 집중의 대상을 눈과 코와 입으로 옮겨라. 어떤 냄새가 나는가? 가까이 가져오니 어떻게 보이는가? 입에 넣을 때 맛과 질감과 온도는 어떠한가? 어떤 것도 바꾸거나 조치를 취할 필요는 없다. 그저 각기 다른 신체 감각이 느끼는 바를 관찰하라.

신체 감각에 더해 마음은 그 음식에 어떻게 반응하는지 알아차려라. 예를 들어, 음식을 보니 즐거워지는가 불쾌해지는가? 음식을 있는 그대로 받아들이는가, 아니면 음식의 특정한 면에 약간의 거부감이 생기는가? 음식이 너무 차거나 달거나 시거나 뜨거울 수도 있다. 마음이 음식을 얼마나 서둘러 판단하는지, 이전에 먹은 음식과 얼마나 서둘러 비교하는지 알아차려라.

이런 방식으로 두세 입 먹고 나면 당신의 마음은 먹기 명상에 벌써 지루해하며 다른 일을 떠올릴지도 모른다. 10분 명상을 할 때 그랬듯이 이런 반응은 지극히 정상이니 걱정할 필요 없다. 앞에서와 마찬가지로 마음이 다른 곳을 떠돌고 있음을 깨달으면 그저 가만히 다시 기존의 대상으로 초점을 데려오라. 먹는 과정, 서로 다른 맛과 냄새, 질감, 모양, 먹는 소리에 다시 주의를 기울여라.

계속 이렇게 음식을 먹다 보면 더 빨리 먹어 치우려는 얼른 끝내고 후식을 먹으려는 습관적인 강렬한 충동이 일지는 않는지도 알아차릴 수 있다. 또는 먹고 있는 음식에 대해 불안해할 수도 있다. 몸매를 의식하는 사람이라면 특히 그러하다. 이렇게 마음에 떠오르는 여러 생각을 자각하고 가능하다면 호흡도 알아차려라. 음식을 먹고 있을 때 당신이 이렇게 호흡하는지 알아차리라는 뜻이다. 호흡은 먹기 명상에 당신이 얼마나 편안해하는지 또는 얼마나 불편해 하는지를 어느 정도 알려준다.

식사가 끝나갈 즈음에는 음식이 얼마 남지 않아서 아쉬운지 아니면 거의 다 먹어서 안도가 되는지 알아차려라. 마지막 한 입은 조금 더 시간을 들여서 음미하라. 자리에서 일어나거나 후식을 먹기 전에 한두 번 심호흡을 하라. 음식이 가득 담겨 있던 그릇을 떠올리고 음식을 다 먹어서 지금은 비어 있는 그릇은 어떠해 보이는지 알아차려라.

식탁에 앉기 전에 위장이 비어 있던 느낌을 떠올리고 지금은 배불리 먹어서 위장이 가득 찬 느낌을 자각하라. 이렇게 달라진 것을 자각하면, 모든 것이 언제나 변하고 시작과 끝이 있음을 알아차리면, 마음이 차차 더욱 편안해진다.

마음챙김으로 걷기

거리를 걷다 몇 분 후 그 거리의 끝에 이르렀는데 자신이 그 지점까지 어떻게 왔는지 아무 기억도 나지 않은 적이 있는가? 흔히 경험하는 일이지만 한 가지 질문을 야기한다. 길을 걸을 때 '그 길에' 존재하지 않았다면 당신은 어디에 있었던 것일까? 십중팔구 당신은 머릿속 생각에 사로잡혀 있었을 것이다. 물론 마음이 이리저리 떠돌게 내버려두는 것이 좋을 때도 있다. 바로 그런 순간에 창의성이 샘솟는다고 말하는 사람들도 많다. 그런 잡다한 생각 중에서 생산적이고 유익한 생각이 실제로 얼마나 되는지 진정으로 알고 있는 사람은 오직 당신뿐이다. 길을 걸으며 생각에 열중하는 것은 대개의 경우 그리 심각한 결과를 초래하지는 않는다. 하지만 그와 똑같이 생각에 골몰한 채 운전한 적이 있는가? 익숙한 길을 아무것도 자각하지 못한 채 3, 4킬로미터를 달렸다는 사실을 문득 깨달은 적이 있는가? 웃기면서도 두려운 일이다. 우리가 그렇게 완전히 정신이 나갈 수도 있다는 것이 웃기고, 그에 담긴 함의가 두려운 것이다. 하지만 우리가 이런 일을 겪는 데는 타당한 이유가 있다. 그리고 그 이유는 당신이 생각하는 것보다 명확하다.

걷기는 집중할 필요가 거의 없는 확고하게 굳은 습관적인 행위다. 그래서 걷기는 거의 자율적인 행위가 되었고, 따라서 우리는 걸으면서 반무의식 상태에 빠지기 쉽다. 두 다리는 번갈아 움직이지만 마음은 완전히 다른 것을 생각하는 상태 말이다. 얼마 전부터 머릿속에 존재하던 문제(크고 작은 모든 문제)에 몰두할 수도 있고 거리의 사람이나 사물이 촉발한 새로운 생각에 빠질 수도 있다. 수많은 행위가 일어나는 혼잡한 상소에 있거나 바쁜 도시에 사는 경우에는 더욱더 그러하다.

외부의 자극이나 행위를 알아차리는 것은 좋다. 실제로 마음챙김의 관점에서 보면 그렇게 자각하는 것을 훌륭하다고까지 말할 수 있다. 그것은 곧 당신이 사고의 영역에서 잠시 벗어나 있음을 의미하기 때문이다. 문제는 당신의 주의를 사로잡은 특정 대상에 빠져들어 계속 그것에 관해 생각하고 그것을 중심으로 이야기를 지어내기 시작할 때 일어난다. 자동차가 시끄러운 소음을 내며 지나가는 순간에 당신은 이렇게 혼잡한 곳에서는 살기 싫다는 생각을 하며 자신이 살고 싶은 곳을 상상할지도 모른다. 또는 상점의 진열장에서 어떤 물건이 눈에 띄었을 때 그것을 가질 수 있으면 얼마나 좋을까 생각하다가 자신의 재정 상태로 생각을 옮겨갈 수도 있다. 무엇이 당신의 주의를 사로잡든 그것에 몰두하는 순간, 당신은 지금 이 순간에서 멀어지며 삶을 직접 경험하지 못하게 된다. 우리는 때로 삶을 기억하고 계획하고 분석하느라 바쁜 나머지 삶을 경험하는 것, 즉 삶이 어떠해야 한다고 생각하는 게 아니라 삶을 있는 그대로 경험하는 것을 잊는 듯하다.

이 책에서 소개하는 명상 기법이 대부분 그렇듯이 걸음을 걷는 동안 마음이 현재에 머물도록 훈련하는 기법에도 두 가지가 있다. 첫 번째는 정식 기법으로 나는 그것을 걷기 명상이라고 부르는데 보다 천천히 행하는 게 요점이다. 두 번째는 일반적인 기법으로 마음챙김 명상을 일상에서의 걷는 행위에 적용하는 방식이다. 두 가지 기법을 모두 할 필요는 없다. 많은 사람이 정식 기법은 건너뛰고 일반적인 기법을 적용하고자 한다. 그것이 하루 일정에서 따로 시간을 내야 할 필요가 없는 기법이기 때문이다. 당신은 이런저런 이유로 이미 많이 걷고 있을 것이다. 따라서 지금까지의 방식 그대로 걸으면서 단지 마음을 다른 방식으로 이끌기만 하면 된다. 지금부터 내가 소개할 마음챙김 걷기는 이 두 기법을 결합한 명상법이다. 시간이 허락한다면 처음 한두 번은 아주 천천히 걸어서 이 명상법에 대한 이해를 높이는 게 좋다. 또한 혼잡한 도심보다는 공원이나 조용한 거리에서 시도하는 것이 좋다. 수영을 처음 배울 때 파도가 일렁이는 바다가 아닌 잔잔한 수영장에서 시작하는 것과 비슷한 이치다.

좀비

호주에서 지낼 때 나는 운이 좋게도 블루마운틴에 있는 선원에서 한동안 일할 기회를 잡았다. 참으로 아름다운 시골에 자리한, 선원으로 크기는 작지만 인구는 꽤 되는 마을에 면해 있었다. 그 선원에는 비구와 비구니 스님, 일반 신도 등 온갖 유형의 사람들이 드나들었다. 호주는 불교 국가가 아니어서 그 선원은 주로 호주에 진출한 스리랑카인과 미얀마인 공동체의 기부금과 봉사로 운영되었다. 그들은 종종 신선한 재료로 갓 요리한 맛있는 음식을 가져와 선원에서 수행하는 모든 사람에게 대접하기도 했다. 그곳에 머물던 한 남자에게 선원이 어떠냐고 묻자 그는 이렇게 대답했다. "식사 시간 사이사이에 낀 시간은 꽤 힘들지만 나머지는 정말 환상적이에요." 그 선원은 미얀마 사찰의 전통을 따르고 있었기에 정식 기법으로 행하는 걷기 명상을 무엇보다 중시했다. 사람들은 보통 선원 내부에서 걷기 명상을 하는 법을 배웠지만 마당이 무척 넓고 아름다워서 종종 건물 밖으로 나가 걷기 명상을 행하기도 했다.

사람들이 정식 걷기 명상을 하는 모습을 본 적이 있는가? 그것을 정확히 알려면 직접 눈으로 봐야 되겠지만 일단 그저 정신병원에서 볼 수 있는 모습과 별반 다르지 않다는 점만 기억해두자. 어디로 눈을 돌리든지 그곳에는 명상 기법을 배운 대로 충실히 적용하며 한 걸음 한 걸음 천천히, 아주 천천히 걷는 사람들이 있었다. 게다가 그들은 어느 누구와도 눈을 맞추지 말고 한 마디

말도 하지 말고 똑바로 앞만 보며 걸으라고 배웠기 때문에 그 모습이 더욱 기이해 보였다.

명상 수행에 참여한 사람들은 걷기 명상을 정말로 좋아했다. 명상 교실에서 결가부좌로 다리를 꼬고 앉아 힘들게 또 1시간을 버티지 않아도 된다는 의미였기 때문이다. 더욱이 아름다운 마당으로 나가 햇볕도 즐길 수 있었다. 그러나 많은 사람이 걷기 명상을 유난히 좋아했는데, 그 이유는 좌선보다 훨씬 더 편안하고 여유로운 느낌을 얻는 것 같다는 단순한 사실 때문이었다. 그렇게 느끼는 데에는 타당한 이유가 있었다. 명상을 처음 배울 때 사람들은 적절한 노력을 기울이는 일이 상당히 어렵다는 것을 깨닫는다. 너무 열심히 노력하면 명상이 불편하게 느껴지고 너무 대충 노력하면 잠에 빠져들고 만다. 앞서 말했듯이 집중과 이완의 완벽한 균형이 중요한 것이다. 걷기 명상은 대체로 그 여유로운 느낌을 더욱 자연스럽게 불러일으킨다. 그래서 사람들이 명상을 배우는 초기에 걷기 명상을 훨씬 더 편안하게 느끼는 것이다. 그렇다고 해서 걷기 명상이 참선을 대체할 수 있다고 여겨서는 안 된다. 두 가지 기법 모두 나름의 역할이 있지만 참선은 그 자체로 특별한 중요성을 지닌다.

명상 수행자는 걷기 명상을 반드시 선원 경내에서만 해야 한다는 엄격한 지침을 하달받았다. 하지만 알다시피 우리 인간은 언제나 지시에 그렇게 고분고분 따르는 종이 아니다. 어느 날 점심시간이 되자 서너 명의 수행자가 이제 시야를 넓혀야 할 시간이 되었음을 선포하고 바깥세상으로 유람을 떠났다. 자, 이제 낭신이 산으로 둘러싸인 조용하고 아름다운 작은 마을에 살고 있다고 치자. 이웃끼리 서로 속속들이 알고 지내는 그 마을에서 어느 날 당신은 창밖을 보며 아름다운 경관에 감탄하고 있다. 그때 돌연 길 건너편에서 한 남자가 눈에 들어온다. 평상복을 입은 그 남자는 당신이 창문 앞에 서 있는 것을 모른 채 줄곧 정면을 응시하며 슬로우 모션처럼 걷고 있다. 또 한 사람이 눈에 띈다. 이번에는 여자다. 첫 번째 남자와 그다지 멀리 떨어지지 않은 곳에서 역시 느릿느릿 걷고 있다. 사실 그 두 사람은 누가 더 느리게 걷나 내기하고 있는 듯 보인다. 그리고 또 한 사람이 나타나고 이어서 또 한 명이 등장한다. 아무리 봐도 모르는 사람들이다. 그런데 다들 하는 짓이 똑같다. 마치 최면에라도 걸린 듯 더 이상은 느릴 수 없이 천천히, 아주 천천히 걷고 있다. 영락없이 팔 하나 들어올릴 힘도 없는 좀비들 같았다.

한 명도 아니고 여럿이 좀비처럼 어슬렁거리는 장면을 보았으니 당신은 당연히 다소 걱정이 될 것이다. 불안증이 있는 사람이라면 완전히 이성을 잃을지도 모른다. 그렇기에 어느 날 마을 아주머니가 바로 이 장면을 목격하고 경찰에 신고했을 때 우리는 아무도 놀라지 않았다. 그 아주머니는 우리 선원에서 모종의 기법으로 사람들을 세뇌시키고 있는 탓에 그들이 반혼수 상태로 길거리를 헤매고 다니게 된 게 틀림없다고 믿었다. 이제 그 지역의 경찰서는 호주의 어떤 경찰서보다 걷기 명상을 잘 이해하는 경지에 이르렀을 것이다.

이 경험으로 나는 한 가지 중요한 점을 깨달았다. 걷기 명상은 정식 기법에 따라 체계적으로 행할 때도 로봇처럼 기계적으로 걸어서는 안 된다는 점이다. 걷기 명상은 느린 속도로, 자연스럽게 행해야 한다. 사찰이나 선원에서 행할 때는 최대한 느리게 걸어도 좋다. 하지만 아무리 느리게 걸어도 걷기는 여전히 많은 사고를 필요로 하지 않는 '자율적인' 동작이다. 당신은 걷는 법을 알고 있으며 그에 대해 굳이 생각할 필요가 없다. 하지만 어떤 이유에서인지(참선하는 동안 호흡에 대해 지나치게 많이 생각하는 사람이 있듯이) 걷는 동작을 단순히 알아차리지 않고 그 과정을 곰곰이 생각하려는 충동을 느끼는 사람들이 있다. 걷는 동작을 그렇게 숙고하는 순간부터 당신의 걸음걸이는 다소 이상해 보이기 시작한다. 따라서 특정한 방식으로 걸으려고 애쓰지 마라. 걷기 명상은 그냥 걷는 것이다. 평소의 속도대로 걸으면서 상황에 따라 동행과 대화도 나누면서 걷기 명상을 할 계획이라면 자연스러운 스타일을 유지해야 한다. 그러므로 아래의 걷기 명상 기법에 익숙해지자마자 일상생활에서 마음챙김으로 걷는 일에 노력을 기울일 것을 권한다.

    고혈압, 불면증, 중독, 우울증 때문이든 그외 다른 문제 때문이든 명상 클리닉에 들어서는 사람은 예외 없이 명상의 특성과 마음챙김의 원리를 걷는 행위에 적용하는 법을 배운다. 명상의 효과를 하루 종일 누리길 원하는 사람은 걷기 명상을 반드시 익혀야 한다. 마음챙김으로 걷기가 얼마나 중요한지는 아무리 강조해도 지나치지 않다. 이 명상을 처음 시도할 때 거의 모든 사람이 하나같이 초현실적인 느낌이 든다고 말했다. 대개 삶의 일부가 아니라 삶 자체를 온전히 사는 느낌이었다고 한다. 그리고 역설적이게도 그와 동시에 주변 세상과 더욱 가까워진 느낌이었다고 한다. 세상과 서로 연결되어 있음을 더욱 확실하게 알아차린 것이다. 또 어떤 사람들은 모든 것이 너무도 생생해 보이며 그 기법 덕분에 자신이 정말 살아있는 느낌이 든다고 했다. 잡다한 생각에서 빠져나와 우리를 둘러싼 삶의 풍요로움을 충분히 오래 자각하면 그 모든 것이 우리가 생각에 사로잡혀 멍하니 바라볼 때에 비해 확실히 생생하게 느껴질 것이다.

명상 연습 8 :
걷기 명상

이 명상도 헤드스페이스 앱이나 헤드스페이스닷컴(headspace. com)에서 가이드 버전을 이용할 수 있다는 점을 참고하기 바란다.

걸음을 걷기 시작할 때 몸이 어떤 느낌인지 자각하라. 가벼운가, 무거운가? 뻣뻣한가, 유연한가? 질문에 서둘러 답하지 마라. 2, 3초 정도 시간을 할애해 당신의 자세와 몸을 움직이는 방식을 알아차려라. 걷는 방식을 바꾸려 하지 말고 그것이 어떻게 느껴지는지 단순히 관찰하라. 호흡과 상당 부분 유사하게 걷는 동작은 자율적이고 습관적이어서 당신은 그에 관해 생각할 필요가 없다. 따라서 잠시 시간을 갖고 걷는 동작을 그냥 관찰하고 자각하라. 그렇게 자신의 걸음을 관찰할 때 남의 시선을 의식해서 어색한 느낌이 드는 경우가 많다. 그러나 그 느낌은 대개 금방 지나간다.

걷는 과정을 일일이 숙고할 필요는 없지만 주변에서 벌어지는 일은 알아차려야 한다. 이 명상을 하는 동안 보행자, 신호등,

차량 등을 자각하고 조심하라는 뜻이다. 우선 당신 주변에서 눈에 들어오는 것부터 자각하라. 지나가는 사람들, 진열장에 전시된 물건들, 자동차들, 광고물 등 당신이 번잡한 도시에서 보리라고 예상한 모든 것이 눈에 들어올 것이다. 시골에 살고 있다면 그 대신 들판과 나무와 동물 등이 보일 것이다. 그것의 색깔과 모양, 움직이는 동작과 정지한 모습까지 자각하라. 당신이 보고 있는 대상에 관해 실제로 생각할 필요는 없다. 단순히 그것을 보고 인정하는 정도로 충분하다. 이 과정에 30초 정도 할애하라.

다음에는 주의를 돌려 소리에 집중하라. 무슨 소리가 들리는가? 보도를 내딛는 당신의 발걸음 소리, 차들이 지나가는 소리, 나무에서 새가 지저귀는 소리, 사람들이 대화하는 소리가 들릴 것이다. 그런 소리의 주체에 대해 곰곰이 생각하지 말고 단순히 그것을 자각하라. 그 소리가 당신의 알아차림 영역에 들어왔다가 나가는 것을 그냥 지켜보듯이 자각하라. 이 과정에도 역시 30초 정도 할애하라.

이어서 다시 냄새에 30초 정도 주의를 기울여라. 기분 좋은 냄새도 있고 지독하게 불쾌한 냄새도 있을 것이다. 향수나 화장품, 매연, 석유, 음식, 술, 또는 막 깎은 잔디나 식물의 냄새 등이 날 것이다. 냄새를 중심으로 스토리를 지어내려는 마음의 습관적 경향을 알아차려라. 그런 냄새로 어떤 장소가 떠오르는지 어떤 물건, 어떤 사람이 떠오르는지 알아차려라.

끝으로 신체 감각이나 느낌을 모두 알아차려라. 따스한 햇볕, 시원한 비, 싸늘한 바람 등이 느껴질 것이다. 걸음을 옮길 때마다 발바닥이 땅에 닿는 느낌, 앞뒤로 움직이는 팔의 무게, 뻐근한 어깨, 시큰거리는 무릎 등을 알아차려라. 그런 느낌에 관해 생각하지 말고 단지 그것을 30여 초 동안 단순히 자각하라. 걷기를 계속하며 이런 것들이 당신의 알아차림 영역으로 들어오는 것을 막으려 애쓰지 마라. 그것들이 오가면서 하나가 다른 것으로, 또 다른 것으로 끊임없이 대체되는 과정을 단순히 자각하라. 도로 옆 비유를 떠올려라. 각양각색의 차가 도로를 오가며 당신을 지나친다. 당신이 지금 앉아 있지 않고 걷고 있다는 점만 다를 뿐이다.

그렇게 1, 2분 정도 지나면, 몸이 움직이는 느낌으로 부드럽게 주의를 돌려라. 체중이 오른쪽에서 왼쪽으로, 다시 오른쪽으로 옮겨가는 느낌을 자각하라. 대개는 꾸준히 반복되는 리듬이 느껴질 것이다. (공원이나 자신의 집처럼 조용한 곳이 아닌 한) 걷는 속도를 인위적으로 조정하거나 특정한 속도로 걸으려고 애쓰지 마라. 당신에게 익숙한 방식으로 걸으며 리듬을 관찰하라. 이 명상을 하고 나면 아마도 당신은 앞으로는 좀 더 천천히 걷기로 마음먹을 것이다. 걷는 리듬, 즉 발바닥이 규칙적으로 땅에 닿는 느낌을 알아차림의 토대로 사용하라. 마음이 다른 곳을 헤매고 있음을 깨닫는 경우, 다시 그 리듬에 초점을 맞추는 식으로 마음을 데려오라는 의미다. 그 리듬의 느낌은 참선을 하고 있을 때 들숨과 날숨이 규칙적으로 드나드는 느낌과 성격상 같은 것이다.

당신의 주변에 있는 것을 모두 배제할 정도로 지나치게 집중할 필요는 없다. 주변에서 일어나는 모든 것은 오히려 열린 마음으로 받아들여야 한다. 마음이 이리저리 떠돌고 있음을 깨닫는 순간, 그저 가만히 주의를 돌려 몸의 움직임과 발바닥이 땅에 닿는 느낌에 다시 초점을 맞추어라.

이제 당신은 이 순간에 더욱 확실히 존재하며 더욱 명료하게 자각할 수 있다. 그로 인해 당신 마음의 습관(평소의 사고방식) 또한 더욱 명확하게 드러날 것이다. 우리는 대개 생각 그 자체에 골몰해서 이 모든 대상에 자신이 어떻게 반응하는지 알아차리지 못한다. 예를 들어 건널목의 적색 신호등 때문에 걷는 리듬이 깨지고 어쩔 수 없이 그 자리에 서서 기다려야 할 때 당신은 어떤 느낌이 드는가? 어서 빨리 걷고 싶어 안달이 나는가? 다른 사람과 자리다툼을 벌이는가? 혹은 잠시라도 쉴 기회가 생겨서 안도하는가?

이 명상 기법은 구간별로 나눠서 행하면 보다 수월해진다. 예를 들어 A 지점에서 B 지점까지 걸어가야 하고 도착하는 데 10분에서 15분 정도가 걸린다면 블록 단위로 나눠서 걷기 명상을 하는 것이 가장 좋다. 각각의 블록이 시작되는 지점에서 주의를 집중하고 걸어야 한다는 점을 상기시키고 블록의 끝에 도달할 때까지 그런 초점을 유지하라. 주의가 흐트러졌음을 깨달으면 즉시 주의를 모아 발바닥이 땅에 닿는 느낌과 리듬에 다시 집중하라. 횡단보도를 건너 새로운 블록에 들어서면 처음부터 다시 시작하라. 블록과 거리가 바뀔 때마다 걷기 명상을 새로 시작하듯이 처음부터 하라. 이 방법을 이용하면 훨씬 더 수월하다는 느낌이 든다.

공원 근처나 바닷가, 강변 등 경관이 좋은 곳에 사는 행운아들은 당연히 그곳에서 걷기 명상을 하면 좋다. 그런 환경에는 주의 집중을 방해하는 외부 자극이 훨씬 적은 덕분에 걷기 명상이 느껴지는 방식도 달라질 수 있다. 그런 상반되는 환경에서 마음이 얼마나 다르게 작동하는지 아는 것도 유용하다.

명상으로 운동하기

운동할 때 당신은 얼마나 자주 최고의 기량을 발휘하는가? 건강을 위해 헬스클럽에서 운동하거나 친구들과 축구를 하거나 공원에서 달리기를 하거나 스키를 타거나 요가나 수영을 하거나 자전거를 타거나 특별한 무예를 익힐 때 당신은 운동을 마치며 얼마나 자주 '와우, 오늘 끝내줬어!'라고 느끼는가? 스스로 높은 기준을 적용하는 사람들도 많지만, 그런 사람조차 자신이 진정 최고의 기량을 발휘한 순간은 알고 있다. 무아지경에 빠진 느낌, 이 순간에 온전히 존재하는 느낌이 있다. 마치 필요한 모든 조건이 바로 이 순간에 완벽하게 갖춰져서 자신이 최고의 기량을 발휘할 수 있게 돕는 것 같은 느낌 말이다. 이 경우 모든 게 순조로운 느낌과 자신감, 몰입감을 느낀다. 그리고 신기한 것은 육체적으로는 정말 고달프고 힘들다 해도 애써 노력하지 않아도 될 것 같은 느낌이 든다는 점이다. 이런 특성이 거의 모두 명상의 특성이라는 사실은 결코 우연의 일치가 아니다.

최고의 기량을 발휘하는 프로선수를 지켜보면 그들이 무아지경에 빠지는 시간이 많다는 것을 알 수 있다. 다소의 기복을 보이는 순간이 있기는 하지만 정말로 최고의 실력을 보여주고 있을 때는 그 무엇도 그들의 집중을 방해하지 못하는 것 같다. 그런 집중은 주변의 소리와 광경을 모두 차단하고 오직 내면으로만 향하는 집중이 아니다. 자신의 육체적 능력 및 움직임에 대한 자각과 변화하는 주변 환경에 대한 자각이 완벽하게 균형을 이루는 집중이다. 집중의 수준만 그렇게 완벽한 균형을 이루는 것도 아니다. 그들이 투입하는 노력의 수준 역시 완벽한 균형을 이룬다. 그들이 최대치의 노력을 쏟아붓지는 않는다는 뜻이 아니다. 완벽하게 균형 잡힌 노력이란 전혀 힘들이지 않고 우아하게 움직이는 듯 보이는, 일관된 자연스러움이 담긴 노력을 의미한다. 그래서 다른 선수보다 훨씬 적은 노력을 투여하는데도 훨씬 더 탁월한 능력을 발휘하는 것처럼 보이는 것이다.

이들 뛰어난 프로 운동선수들은 애초에 탁월한 재능을 타고 났을지도 모른다. 실제로 그 부분은 대부분의 경우 의심할 여지가 없다. 그리고 당신은 윔블던 테니스에서 주목받고 싶은 게 아니라 동네 헬스클럽에서 러닝머신 위를 달리는 데 이 명상 기법을 적용하는 것에 관심이 있을지도 모른다. 하지만 프로선수를 지켜보면 스포츠에서 명상이 하는 역할과 둘의 관련성에 대해 많은 것을 배울 수 있다. 노력이라는 측면에 관련해서 특히 그러하다.

그 점을 가장 잘 보여주는 장면이 있다. TV에서 일류 선수가 참가한 100미터 달리기를 슬로우 모션으로 다시 보여주는 장면으로, 전력 질주하는 선수의 육체를 구석구석까지 극도로 자세히 관찰할 수 있다. 맨 앞에서 달리는 선수는 대체로 아주 침착하며 긴장이 풀린 표정이다. 그들의 뺨은 위아래와 양옆으로 마구 흔들리지만, 그 순간에 그들은 집중과 이완의 완벽한 정신적 균형을 체현한다. 하지만 열심히 뒤를 쫓으며 우승이 멀어지고 있음을 인식한 선수들은 하나같이 잔뜩 찡그린 얼굴이다. 그런 찡그림은 인식에 대한 반응인 동시에 따라잡으려고 더 많은 노력을 쏟는 발버둥에서 나오는 것이다. 일상생활에 마음챙김을 적용하려 한다면 이 점에 대해 숙고해봐야 한다. 당신은 어느 정도의 노력을 기울이고 있는가? 100미터 달리기가 아니라 문을 여닫거나 걸레로 책상을 닦거나 운전대를 잡거나 수도꼭지를 잠그거나 양치질을 하는 것과 같은 사소하고 간단한 일을 하고 있을 때 얼마나 노력하는가? 하루를 시작할 때 당신이 그런 사소한 일에 어느 정도의 노력을 투입하는지 알아차려보라. 한 가지는 확실하다. 당신이 일상에 투입하는 노력의 수준은 거의 확실하게 당신의 명상에 반영될 것이다.

몸과 마음은 분리된 게 아니다. 마음이 존재할 때 몸이 존재하고 마음이 집중할 때 몸이 집중하며 마음이 편안할 때 몸이 편안하다. 이렇게 말로 표현하면 당연한 소리로 들린다. 하지만 당신은 이 당연한 사실을 일상적인 운동에 얼마나 자주 적용하는가? 실력을 키우기 위해서든, 끈기나 공간지각 능력이나 집중력을 향상시키기 위해서든, 통증을 관리하기 위해서든, 또는 심지어 압박 상황에서의 수행력을 높이기 위해서든, 운동의 목적이 무엇이든, 모든 요인이 마음에 의지한다는 사실을 잊지 마라. 마음이 그 순간에 존재하며 깨어 있는 상태로 집중을 유지하되 편안하고 느긋하다면 당신은 틀림없이 기량의 향상을 체감하게 될 것이다.

마음이 제자리를 벗어나 어제 나눈 대화에 골몰하거나 다음 달에 있을 친구의 생일에 무엇을 선물할지 고심하고 있다면 당신의 몸이 어떻게 최고의 기량을 발휘할 수 있겠는가? 걷기 명상과 마찬가지로 이 운동 명상의 장점은 하루 일정에서 따로 별도의 시간을 마련할 필요가 없다는 것이다. 당신이 어떤 식으로든 이미 운동을 하고 있다면, 알아차림의 기술을 적용할 또 한 번의 기회를 잡은 셈이다. 명상으로 체력과 신체 기능까지 향상된다면 일거양득이 아니겠는가?

오체투지

예전에 한 특별한 절에서 지낸 적이 있는데 그곳에서는 1년 과정의 명상 수행에 들어선 처음 8주 동안 오체투지라는 특별한 명상 기법을 매일, 온종일 실행해야 했다. 온몸을 쓰는 신체 동작에 치중하는 방식인 오체투지는 서 있는 자세에서 엎드려 절을 하고 다시 서기를 반복하며 몸과 말과 마음을 동시에 합치시키는 기법이다. 보통 부드럽고 평평한 바닥에서 한다. 바닥이 평평하면 두 팔을 앞으로 뻗어 바닥에 완전히 엎드리는 자세를 취하기가 더 쉽다. 두 팔을 더 멀리 쭉 뻗기 위해 가죽이나 천으로 만든 도구를 이용하는데, 그것을 손에 착용하거나 그 위에 손바닥을 하나씩 올려놓으면 더 쉽게 미끄러진다.

이렇게 같은 동작을 반복적으로 취하면서 입으로는 상당히 긴 티베트 경전을 외야 한다. 중간중간 혀가 꼬일 정도로 발음하기 어려운 구절도 있다. 경전 전문을 외고 오체투지 1배와 딱 들어맞게 빠른 속도로 읊조려야 했다. 이 두 가지 일을 동시에 행하는 것은 한 손으로 이마를 톡톡 두드리며 다른 손으로는 배를 둥글게 문지르는 것과 다르지 않았다. 게다가 그게 전부가 아니었다.

이 명상을 하는 동안에는 상당히 복잡한 특정 이미지도 떠올려야 했다. 일종의 그림 이미지였는데, 그 안에는 서로 다른 수많은 사람이 서로 다른 옷을 입고 서로 다른 위치에 앉아 서로 다른 물건을 들고 있었다. 그 다양한 사람, 옷차림, 위치, 물건을 모조리 기억해서 그것을 그대로 빠짐없이 상상해내야 했다. 그 그림을 떠올리며 그와 동시에 몸으로는 일어섰다 엎드리기를 반복하면서 입으로는 티베트 경전을 끊임없이 외야 했다. 이렇게 하면 몸과 말과 마음이 완벽한 합치에 이르렀다. 적어도 개념상으로는 그랬다. 때때로 몸과 입은 해야 할 일을 대체로 충실하게, 거의 습관적으로 해냈지만 마음은 엉뚱하게 다른 일을 생각했다. 어떤 때는 그림은 아주 또렷하게 떠올리고 있었지만 입으로는 내가 외는 경전과 거리가 먼 헛소리를 횡설수설하고 있음을 불현듯 알아차리기도 했다. 또 어떤 때는 정신적인 측면에 기를 쓰고 집중하느라 몸동작에 제대로 주의를 기울이지 못해 그대로 엎어지기도 했다. 빠른 속도로 고꾸라지면 진짜 눈물 나게 아프다.

이 명상 기법을 수없이 행하다 보니 한 가지 패턴이 보이기 시작했다. 집중과 이완이 알맞게 균형을 이루고 있을 때는 이 고된 수행에 별로 힘이 들지 않는 느낌, 굳이 노력을 기울일 필요가 없다는 느낌이 든다는 것이었다. 몸과 말과 마음을 모두 같은 수준으로 알아차리는 것이라고 할 수도 있을 것이다. 그러나 집중과 이완의 균형이 무너지면 곧이어 몸이든, 말이든, 마음이든, 한두 가지 측면이 어긋나고 말았다. 그런 때에는 힘이 들지 않는다는 느낌은 고사하고 수렁에서 헤쳐 나오려고 안간힘을 쓰는 느낌이 들었다. 단순히 더 많은 노력을 투여하는 것은 아무 소용이 없었다. 사실 그것은 오히려 상황을 악화시켜서 훨씬 더 힘들어지는 듯했다. 그렇게 몇 주가 흐른 어느 날 나는 마음과 협력하는 최상의 방법을 깨닫기 시작했다. 언제 노력을 더 해야 하는지, 언제 힘을 빼도 되는지 그 순간을 감지할 수 있었다. 그러자 마음은 점점 더 기꺼이 나에게 협조했다. 마음은 이 새로운 집중 방식에 차차 익숙해졌고, 하루가 다르게 저항이 줄어들었다.

물론 마음이 다른 곳을 헤매고 다닐 때도 있었다. 하지만 나는 마음이 엉뚱한 곳을 떠돌면 그 순간을 더욱 쉽게 알아차렸고 다시 주의를 돌려 몸동작, 암송, 그림 떠올리기에 더 쉽게 집중할 수 있었다. 이런 변화는 내가 결과에 대한 집착을 버리고 단지 이 순간에 존재하며 각 동작에 더욱 집중하는 것과 동시에 일어났다. 좋아하는 운동을 하고 있을 때에도 이렇게 집중과 이완의 균형을 유지하며 매 순간에 존재할 수 있으면 실력이 크게 향상될 뿐만 아니라 훨씬 더 편안하고 즐겁게 운동할 수 있다.

운동하는 매 순간을 알아차리는 명상 기법으로 이제 달리기 명상을 소개할 것이다. 당신이 달리기를 별로 선호하지 않는다 해도 걱정할 필요 없다. 원칙은 똑같다. 달리기 명상의 원칙은 자전거 타기, 요가, 수영 등 어떤 스포츠에도 똑같이 적용할 수 있다. 하지만 당신은 이미 걷기 명상 기법을 배우고 익혔으므로 그 원칙을 달리기에 적용하는 것이 가장 자연스러울 것이다. 마음챙김으로 운동하는 법을 배울 때에는 동작이 되풀이되며 직접적인 경쟁은 없는 스포츠를 이용하는 것이 훨씬 쉽다. 자전거 타기, 달리기, 수영, 댄스, 골프, 스키, 요가 등이 어울린다 하겠다. 축구, 농구, 하키 등과 같은 단체경기로 시작해도 문제 될 것은 없다. 하지만 이런 스포츠에서는 자기도 모르게 예전의 습관적인 행동방식에 빠져서 정신없이 경기장을 뛰어다니며 다소 지나친 노력을 투여할 가능성이 훨씬 커진다.

사람들이 걷는 행동과 먹는 행동을 별다른 의식 없이 습관적으로 행하듯 달리기 역시 다수의 사람들에게는 거의 자율적이고 습관적인 행동에 속한다. 달리면서 쉽사리 반무의식 상태에 빠져든다는 말인데, 그런 상태에서는 몸의 움직임이 아주 익숙해져서 집중할 필요가 거의 없어진다. 그렇기에 마음이 아주 쉽게 다른 곳을 떠돌기 마련이다. 달리고 있을 때 이런저런 생각이 떠오르는 것은 지극히 정상이다. 달리기와 직접 관련된 생각이든 아무런 관련이 없는 생각이든 마음은 다른 것을 생각하기 십상이다. 하지만 최고의 실력을 발휘하려면 생각은 멀리 밀어 놓고 몸과 마음이 같은 수준의 자각을 유지하며 서로 협력할 수 있게 만들어야 한다. 이 방법만이 최고의 기량을 보장한다. '생각하지 않으려고 노력할' 필요는 없다. 하지만 달리는 과정과 그 리듬과 느낌에 주의를 기울여야 마음챙김을 실현할 수 있다. 마음이 다른 곳을 헤매고 있음을 깨달을 때는 가만히 마음을 데려와서 원래의 대상에 다시 초점을 맞춰라.

이 명상도 헤드스페이스 앱이나 헤드스페이스닷컴(headspace.com)에서 가이드 버전을 이용할 수 있다는 점을 참고하기 바란다.

밖으로 나가 달리기 전에 먼저 당신이 지금 어떤 느낌이 드는지 자각하라. 마음에서 어떤 일이 일어나고 있는가? 자신만만한가 불안한가? 혹은 그저 무심한가? 시간이 충분하고 마음이 내킨다면 2분 정도 자리에 앉아 마음을 가라앉힌 후에 달리기를 시작하라. 달리기 전에 매번 이렇게 해주면 당신이 이 명상을 더 잘할 수 있도록 돕는 모종의 패턴이 보이기 시작한다.

운동복으로 갈아입는 동안 몸이 어떻게 느끼는지 알아차려라. 지난번의 달리기로 다리가 무거운 느낌이 들거나 컴퓨터 앞에 오래 앉아 있어서 어깨가 뻐근한 느낌이 들 수도 있다. 몸이 전체적으로 가볍게 느껴질 수도 있다. 참선할 때와 마찬가지로 이렇게 몸의 느낌을 감지할 때는 분석하거나 판단하지 말아야 한다. 자신의 몸이 어떻게 느끼는지 단순히 관찰하고 자각하라.

집을 나서기 전에 몇 차례 크게 심호흡을 하라. 그렇게 하면 집중하는 데도 도움이 되고 훨씬 더 차분해진다. 물론 심호흡은 언제나 코로 숨을 들이마시고 입으로 내쉬는 방식이다. 달리기를 시작한 후에는 당신에게 가장 자연스러운 리듬으로 숨을 쉬면 된다. 밖으로 나가기 전에 적어도 너댓 번 정도는 심호흡을 하라.

일단 달리기 시작하면 당신의 주변에서 일어나고 있는 모든 일을 계속 명료하게 자각하는 동시에 몸에 주의를 기울여라. 그렇게 달리고 있을 때 몸이 어떤가? 달리는 동작에 근육은 어떻게 반응하는가? 몸이 풀리면서 호흡은 어떤 식으로 빠르게 변하는지 알아차려라. 언제나 그렇듯이 달리 해야 할 일은 없다. 이 모든 것을 단순히 자각하기만 하면 된다.

마음이 어떻게 반응하는지도 알아차려라. 즐거운가? 일이나 집에서 벗어난 느낌이 드는가? 다리를 쭉쭉 내뻗고 상쾌한 공기를 마셔서 시원한가? 아니면 달리기 후반부에 피곤하고 힘들어질 것이 예상되어 벌써 조금 불안한가? 생각은 어떠한가? 마음이 그날 겪은 일을 죄다 떠올리고 내일 해야 할 일을 미리 계획하느라 아주 분주한가? 아니면 더없이 고요하고 달리는 동작이 편안한가?

어느 정도 달려서 몸의 움직임이 자연스러워졌다면 그 안정적이고 규칙적인 리듬을 자각하라. 그 리듬이 편안한가? 몸은 어떻게 느껴지는가? 두 다리에 같은 강도의 힘이 들어가서 균형 잡힌 느낌이 드는가? 어깨는 어떠한가? 경직된 느낌이 드는 부위가 있는가? 그런 부위가 있다 해도 이제 당신은 그것을 어떻게 다루어야 될지 알고 있다. 단순히 지켜보고 관찰하고 자각하라. 그 부위의 긴장을 어떻게든 없애려는 유혹을 떨쳐 내라. 그냥 지켜보고 알아차리다 보면 그런 긴장은 어떤 식으로든 저절로 풀릴 것이다.

재미로 달리거나 단순히 건강 유지를 위해 달린다면 주변에서 일어나고 있는 일을 적극적으로 알아차리는 것이 좋다. 달리면서 지나치는 다른 사람들, 자동차, 공원, 들판, 건물 등 모든 것을 자각하라. 사람들은 날마다 똑같은 길을 달리면서도 그 길에 대해 아는 것도 별로 없고 실제로 보는 것도 별로 없는 경우가 빈번하다. 그 이유는 내면으로 주의를 돌리고 생각에 골몰하기 때문이다. 따라서 '부드러운 호기심'을 기억하라. 주변에 있는 것을 빠짐없이 알아채려고 지나치게 애쓰지 말고 당신의 주의를 끄는 것에 조용히 관심을 기울여라.

이제 당신은 지금 이 순간에 존재하며 더욱 정확하게 자각하고 있다. 그러므로 달리고 있을 때 당신이 주로 어떤 식으로 사고하는지(정신적인 습관) 또한 더욱 명확하게 알아차릴 가능성이 크다. 달리고 있을 때 당신은 대체로 자신에게 가혹한가, 다정한가? 마음은 본능적으로 어디로 향하는가? 내부로 향해 생각을 떠올리는가, 외부로 향해 몸의 느낌을 감지하는가? 자신감이 차오르는가, 남의 시선이 의식되는가? 달리기 명상 중에는 이 모든 것을 알아차릴 수 있다. 또한 달리는 동작에 몸이 반응하기 시작하는 순간 몸이 엔도르핀을 방출하는 순간, 마치 영원히 달릴 수 있을 것처럼 자신이 강인하고 튼튼하게 느껴지는 순간(달리는 중 어느 단계에서 그런 느낌이 든다고 가정할 경우) 등을 알아차릴 수 있다. 더욱 정확하게 자각하다 보면 유쾌한 느낌뿐 아니라 불쾌한 느낌도 알아차리게 된다. 이것이 정확한 자각의 문제일 수도 있지만 그 불쾌한 느낌도 제대로만 이용한다면 유익한 결과를 안겨준다. 몸의 불편한 느낌을 없애려고 애쓰지 말고 그 느낌에 주의를 기울이며 어떤 일이 일어나는지 관찰하라. 당신과 통증이 사실은 분리된 게 아닌 듯이 통증에 관심을 기울여라. 그렇게 나와 나의 통증을 각각 경험하지 말고 통증을 직접 온전히 경험하라. 당신은 그 결과에 놀랄지도 모른다.

숨이 차 밭은 호흡이든 팽팽하게 조이는 가슴이든 허벅지의 욱신거림이나 종아리의 경련이든 모든 불쾌한 느낌은 달리기 명상을 하는 동안 초점을 맞출 대상, 알아차림의 훌륭한 토대로 이용할 수 있다. 통증을 처음 알아차리면 당신은 본능적으로 그것에 저항하며 없애려고 할 것이다. 이런 반응은 일반적으로 통증을 어떻게든 이겨내거나 무시하거나 억제하려는 길고 긴 정신적 싸움을 시작하거나 아니면 달리기를 중단하거나 둘 중 하나로 나타난다. 당신은 자신의 육체적 능력을 자각하고 자신의 몸을 존중하며 필요한 경우 적절한 조치를 취해야 마땅하다. 하지만 달리기를 계속해도 특정 부위가 손상되거나 지속적인 악영향이 초래될 가능성은 없다고 판단된다면 그 불쾌한 느낌을 훨씬 더 자세히 관찰하라. 마치 직접 그 느낌으로 들어가 철저히 체험하려는 듯이 다가가라. 이 말이 처음에는 반직관적으로 들릴 수도 있겠지만 다 나름의 이유가 있어서 하는 말이다. 통증을 더욱 다가가 온전히 경험하고 심지어 더욱 부추기면 평소의 습관적인 역학에 변화가 일어나고 결과적으로 통증이 줄어든다.

보다 진지한 목적을 위해 달리기를 하거나 경주에 참여하는 사람이라면 오직 달리는 과정과 달리기의 역학에만 집중하려고 할 것이다. 이때 집중하기에 좋은 대상은 땅바닥을 딛는 발이다. 이 점은 걷기 명상과 비슷하다. 그 규칙적인 리듬은 긴장을 풀어 줄 수 있는 명확하고 안정적인 초점의 대상이다. 무엇에 초점을 맞추든지 가볍게 주시하며 느긋하게 달리려고 하라. 시간을 단축하려고 진정으로 애를 쓰고 있더라도 달리는 동작에는 추가적인 노력이 거의 필요하지 않다는 것을 기억하라. 이상하게 들리지만 더욱 많은 노력을 투여할수록 더욱 긴장하게 되어서 속도가 더 느려진다. 당신은 달리는 일에만 온통 주의를 기울이며 투입하는 노력의 양을 모니터링하고 있을지도 모른다. 그런 태도가 당신의 보폭에 어떤 영향을 미치는지 알아차려라.

재미로 달리든지 진지한 목적을 위해 달리든지 달리기 명상은 여러 구간으로 나누면 훨씬 더 잘할 수 있다. 어떤 사람은 걸음을 기준으로 나누는 방법이 최선이라고 여기지만 어떤 사람은 노선을 기준으로 나누는 것을 선호한다. 일정 킬로미터 단위로 나누는 사람도 있다. 일반적인 방법은 달리기를 10걸음이나 20걸음 또는 100걸음 단위로 나눠 하나부터 정해진 수까지 센 다음 다시 하나로 돌아가는 것이다. 이 방법은 호흡을 세는 것과 다소 비슷하며 마음이 다른 곳을 떠돌지 않게 도와준다. 틀림없는 사실은 집중해야 할 길이가 길어질수록 이 원칙을 기억하기가 어려워진다는 것이다. 따라서 처음부터 끝까지 그 순간에 존재하며 달리는지 아닌지 반드시 규칙적으로 확인하라.

더 잘 자기 위해서

밤에 잠을 자려고 눕자마자 수많은 생각이 앞다투어 떠오르는 이유를 궁금해한 적이 있는가? 사람들은 흔히 이 현상을 불면증이라고 부른다(우리는 무엇에든 이름 붙이기를 좋아한다). 하지만 그 현상이 너무 빈번하게 발생하면 '인간증'이라고 칭하는 것이 보다 적합할 것이다. 집중을 방해하는 요인이 모두 사라진 밤에 침대에 누워 있는 시간은 명상의 초반부와 다르지 않다. 돌연 당신은 당신의 생각과만 남게 된다. 당신은 온종일 다른 사람이나 다른 일로 너무 바빴기 때문에 내면의 그 모든 생각은 머릿속에서 그저 배경 소음으로 존재했다. 당신은 그 배경 소음, 즉 오가는 생각을 어렴풋이 알아차렸을지도 모르지만 대부분 제대로 자각하지도, 해결하지도 못한 채 그냥 물러가게 했을 것이다. 따라서 아무 방해도 없이 조용히 홀로 누운 그 밤에 그것들이 또렷이 되살아나는 것은 당연한 일이다. 앞에서 들려준 도로 옆 비유에서 당신이 눈가리개를 벗은 순간과 다소 유사하다. 그러면 이 문제를 해결할 방법이 있을까? 물론 틀림없이 있다. 하지만 그것을 해결할 명상 기법을 배우기 전에 먼저 마음의 역학을 이해하는 것이 바람직하다.

당신은 회사에서 정신없이 바쁜 하루를 보내고 집에 왔다. 서둘러 저녁을 먹은 후 TV를 켜고 좋아하는 프로그램을 보거나 컴퓨터 앞에서 시간을 보냈다. TV를 보는 동안 기분이 좋았고 그 내용에 완전히 몰두했는데 잠을 자려고 누우니 갑자기 너무 초조하고 불안해진다. 마음에 어떤 특별한 걱정이 있기 때문일 수도 있다. 아니면 마음이라는 것이 원래 그렇게 분주해서 생각이 꼬리에 꼬리를 물고 이어지는 것일 수도 있다. 그렇게 어수선한 마음은 당신의 생활방식, 불규칙한 수면 시간, 시차, 각성제 음용이 원인일지도 모른다. 원인이 무엇이든 마음이 이렇게 많은 동력을 축적했을 때에는 생각이 잦아들기까지 시간이 조금 걸리기 마련이다.

물론 우리는 그 생각이 즉시 잦아들기를 원하고 그것이 속히 가라앉지 않으면 실망하고 좌절하고 걱정하고 불안해하는 경향을 보인다. 연달아 떠오르는 생각을 차단하려 애쓸수록 더 많이 들이닥치는 느낌이다.

당신의 상상력이 초과 근무를 하고 있는 게 아니다. 잠이 오지 않는다는 생각에 자꾸 골몰하면 그 생각 자체가 곧바로 다른 생각을 한도 끝도 없이 불러낸다. 당연하다. 그리고 그 수많은 생각을 잠재우려는 힘겨운 노력은 생각과 함께 긴장까지 불러온다. 명상하고 있을 때와 마찬가지로 그렇게 떠오르는 생각과 그로 인한 감정에 저항할수록 긴장이 더욱 커지고, 그런 긴장은 몸에도 고스란히 반영되고 영향을 미친다. 대개 이 시점에서 내면의 대화가 끼어든다.

'오늘 밤도 편하게 잠자긴 틀렸군. 계속 뒤척이게 되겠지. 그런데 오늘 해리가 왜 그런 말을 한 거지? 무슨 다른 의도가 있었나? 돌아누워 봐야겠다. 그만 생각하자. 빨리 자야 하잖아. 오, 이런. 머리가 터질 지경이군. 나는 왜 이렇게 생각이 많지? 세상에, 벌써 시간이 이렇게 됐나? 이러다 진짜 뜬눈으로 날 새는 거 아냐? 지난번에도 이런 식이었는데? 한숨도 못 자서 다음 날 정말

끔찍했었는데…. 내일 정말 중요한 회의가 있는데. 완전히 재앙으로 끝나겠지. 몰골이 말이 아닐 텐데…. 대체 왜 이런 생각을 그냥 싹 꺼버릴 수 없는 걸까? 그래, 긴장을 풀자. 잠잊 지아 안나는 생각도 하지 말자. 하지만 멈출 수가 없어. 그냥 일어나서 책이나 보는 게 나을까? 그만 생각하자. 대체 마음이 왜 이렇게 어수선한 거지?'

    냉철한 아침 햇살 아래에서는 이런 혼잣말이 우스워 보이지만 한밤중에 이런 일을 겪는다면? 그 경험은 절대 웃기지 않다. 당신은 생각의 흐름을 통제하지 못하는 자신에게 화가 치밀고 생각이 영영 떠나지 않아 밤을 꼬박 새워야 할까 봐 두렵다. 다음 날 온종일 피곤할 것이라는 생각에 우울하고 자신에게 무슨 문제가 있는 것 같아 걱정스럽다. 이런 반응은 모두 지극히 정상이다. 생각에 사로잡혀 잠 못 드는 것은 결코 당신만 겪는 일이 아니다. 낮에 너무 바쁘고 스트레스를 많이 받을수록 밤에 이런 일을 겪을 가능성이 더 커진다. 하지만 때로 이런 경험은 일상생활과는 별개로 습관이 되기도 한다. 어느 경우든 이 경험은 생리적인 측면보다는 행동적인 측면과 관계가 있으며(실로 심각한 문제가 있었다면 틀림없이 병원에 가서 진찰을 받았을 것으로 가정하고 하는 말이다), 얼마든지 바꿀 수 있다.

    지금부터 소개하는 두 가지 방법 중 하나를 이용하면 된다. 한

가지는 생각과 감정에 저항하는 습관을 탈학습하는, 즉 과거에 학습된 방식을 지워 없애는 방법이고, 다른 하나는 생각 및 감정과 관계를 맺는 보다 긍정적인 새로운 방식을 학습하는 방법이다. 나는 과거 두 가지 방식을 모두 체험했다. 그리고 명상 기법이 더없이 귀중하다는 사실이 입증된 특별한 상황을 경험하기도 했다.

모스크바 공항에 도착했을 때 나는 이 나라에서 어떤 기대를 가져야 할지 몰랐다. 모스크바와 러시아에 관해 대충 들은 말은 많았지만 그 말을 얼마나 믿어야 할지 알 수 없었다. 내가 도착한 시기에 모스크바는 시내 곳곳의 아파트 건물이 폭탄 테러로 한밤중에 폭삭 내려앉는 일이 드물지 않았는데 어느 건물이 공격 목표로 정해질지는 아무도 몰랐다. 러시아 정부는 테러의 배후로 체첸 공화국을 비난했고 체첸 정부는 러시아가 체첸 영토를 침략할 구실을 만들어내려고 음모를 꾸민다고 비난했다. 당연히 모스크바 전역에는 몸으로 느낄 수 있을 정도의 불안감이 팽배했다. 사람들이 이웃을 바라보는 시선도 달라지기 시작했다. 러시아의 다른 지역이나 외국에서 온 사람은 더더욱 의심의 눈초리로 봤다. 모든 사람을 용의자 취급하는 정도는 아니었지만 시민 모두가 조금이라도 수상한 행동은 철저히 감시하고 경계해야 한다는 책임의식이 있었다.

소비에트연방 시절에는 아파트 건물마다 바부시카가 한 명씩 있었다. 건물 출입구에 앉아 안에서 일어나는 모든 일을 낱낱이 감시하는 할머니였다. 아파트 폭발이 빈번하자 모든 아파트에 이 전통이 되살아났다. 새 시대의 바부시카들은 한순간도 경계를 늦추지 않고 무엇이든 조금만 이상해도 곧바로 경찰에 신고했다.

내가 밤늦게 도착했기 때문에 공항에 픽업 나온 여성은 나를 아파트까지 데려다주고 다음 날 아침에 다시 와보겠다고 했다. 나는 계단을 걸어 올라가면서도 러시아 할머니 한 명이 문을 빼꼼히 열고 줄곧 훔쳐보고 있다는 것을 짐작도 하지 못했다. 아파트에 들어섰을 때 나는 완전히 녹초가 되어 있었다. 손끝도 까딱하기 어려워서 여행 가방을 열고 간단한 물건 서너 가지만 겨우 꺼내 놓았다. 어디에 도착하든 명상할 작은 공간을 맨 먼저 마련하는 일이 나에게는 일종의 의식이었다. 당시에 내가 명상을 얼마나 중요시했는지를 보여주는 습관이었다.

나는 선반을 말끔히 닦은 후 두세 가지 소품과 스승의 사진을 올려놓고 그 앞의 바닥에 명상 방석을 깔았다. 명상하려고 앉아봐야 잠에 빠져들 것이 뻔해서 나는 우선 잠부터 자고 내일 아침에 일어나 제일 먼저 명상을 하기로 마음먹었다. 그래서 나머지 물건은 여행 가방에 그대로 둔 채 침구를 정리할 새도 없이 옷만 벗고 곯아 떨어졌다.

시간이라는 것은 참으로 희한하다. 5분을 잤는지 5시간을 잤는지 모르겠다. 남자들이 마구 고함을 지르며 현관문을 쾅쾅 두드리는 바람에 나는 잠에서 깨어났다. 내가 와 있는 곳이 어디인지도 깨닫지 못하고 비몽사몽 상태로 비틀거리며 문으로 걸어갔다. 너무 피곤해서 내가 속옷만 입고 있다는 사실도 잊었다. 현관문에 뚫린 작은 감시창으로 찾아온 사람이 누군지 확인할 생각도 못했다. 그냥 문으로 걸어가서 빗장을 풀고 문을 열고 고개를 들었다. 순간 정신이 번쩍 나며 잠이 싹 달아났다. 건장한 경찰관 네 명이 서 있었다. 그들은 큼지막한 총을 들고 고래고래 소리를 지르며 아파트 안으로 밀고 들어왔다. 나는 그들이 하는 말을 한마디도 알아듣지 못했고 그들 중에는 영어를 알아듣는 사람이 없었다. 무슨 일인가로 무척 흥분한 것이 틀림없었는데 좋은 일은 아닌 것 같았다. 세 명이 이 방 저 방 돌아다니며 찬장을 열어보고 나의 여행 가방을 샅샅이 뒤지는 가운데 한 명은 내 옆에 서서 총으로 현관 쪽을 가로막고 있었다.

바부시카의 밀고와는 달리 내가 묵는 아파트 안에 폭발물이 없다는 사실에 만족했는지 경찰관들은 조금 긴장을 풀기 시작했다. 하지만 실로 약간 그랬을 뿐이었다. 그들의 목소리는 여전히 찌렁찌렁하고 위압적이었다. 나는 시계를 흘긋 보았다. 자정을 겨우 30분 넘긴 시각이었다. 결국 경찰들이 들이닥치기까지 내가 잠을 잔 시간은 고작 30분 정도였지만, 나는 훨씬 더 많이 잔 느낌이었다. 그들은 여권과 고용증명서 등 모든 서류를 요구하고는 차례로 식탁에 앉아 그것을 찬찬히 훑어보기 시작했다. 그러는 내내 나는 달랑 초록색 팬티 한 장만 걸친 채 계속 서 있었다. 그리고 속으로 생각했다. '누가 찾아와 식탁에 앉으면 어떻게 해야 할까? 음, 차라도 대접해야겠지.' 다행히 나를 위해 준비한 먹을거리가 조금 있던 터라 나는 경찰관 한 명의 감시를 받으며 부엌에 들어가 서둘러 차를 끓였다. 내가 돌아오자 한 경찰관이 조금 전에 만들어놓은 명상 공간을 살펴보고 있었다.

"가라데?" 자신의 질문을 더욱 정확하게 전달하려고 그는 일본 무술 가라데 동작까지 취했다. "아니요. 이건 총으로 무장한 경찰들이 집을 들쑤시고 다니지 않는 시간에 내가 조용히 앉아 명상하려고 마련한 공간입니다."라는 러시아 말을 몰랐기에 나는 공손하게 미소를 지으며 가만히 고개를 끄덕였다.

이 무언의 대답에 사내들은 무척 즐거워하며 웃음을 터뜨리고 서로 뭐라고 농담을 주고받았다. 그들이 나를 비웃은 건지 나와 함께 웃은 건지 잘 모르겠다. 그저 그들이 껄껄 웃는 모습을 보는 것만으로 충분했다. 이제 그들은 이것저것 손으로 가리키기 시작했다. 어떤 질문을 하나 하고 있는 것이 분명했다. 심지어 경찰관 한 명이 나의 팬티를 가리키기까지 했다. 하지만 나는 그들이 무엇을 묻고 있는지 도무지 짐작할 수 없었기에 일순 당황했다. 시간이 조금 걸리기는 했지만 마침내 나는 그들이 나의 가라데 띠가 무슨 색인지, 몇 단인지 묻고 있음을 알아차렸다. 그들의 웃음소리에 편승한 나는 장난으로 의자를 가리켰다. 검은색 의자였다. 이 대답에 그들은 진짜 흥분해서 나에게 시범을 보여 달라는 제스처를 보냈다. 나는 장난이었을 뿐이라고 열심히 설명했지만 그들은 알아듣지 못했다. 그렇게 제스처 게임이 시작되었다. 벌거벗다시피 한 몸으로 나는 손짓 발짓 다 동원해가며 '지금 피곤해 죽을 지경이다, 비행기를 아주 오래 타고 왔다'는 등의 말을 전하려고 애썼다. 결국 그들은 그 시간에 벽돌을 깨거나 문을 부수는 쇼는 없으리라는 사실을 깨닫고 돌아갔다. 드디어 혼자 남은 나는 다시 침대로 들어갔다.

'웰컴 투 러시아.' 나는 누워서 속으로 중얼거렸다. 새벽 1시가 지났지만 잠기운이 싹 가신 탓에 정신이 초롱초롱했다. 내 마음은 수많은 생각으로 어수선했고 내 몸은 여전히 아드레날린을 뿜어내고 있었다. 너무 피곤해서 잠이 필요하다는 것은 알았지만 어떻게 해야 잠을 이룰 수 있는지 알지 못했다. 경찰관과 아파트 테러, 러시아에서의 새로운 생활에 대한 생각이 마음을 가득 채우고 있었다. 앞으로 한동안 함께 일해야 할 사람을 다음 날 아침 일찍 만나 인사를 나눠야 한다는 사실도 의식하고 있었다. 다들 알다시피 첫인상은 아주 중요하다. 나는 이 모든 생각에 사로잡힌 채 그 허름한 아파트에 그냥 누워 있었다. 명상을 수행하기 전에 이런 상황에 부닥쳤다면 나는 진짜로 밤을 꼬박 새우고 말았을 것이다. 하지만 그런 상황을 다루는 한 가지 방법을 적용하자 나의 마음은 신기하리만치 빠른 속도로 고요해지기 시작했다.

생각들이 오갈 때 더 많이 지켜보고 알아차릴수록 마음이 더 빨리 고요해지는 듯했다. 마음이 고요해지자 흥분한 몸도 점차 가라앉았다. 억지로 잠을 자려고 애쓰는 것은 아무 소용이 없음을 알고 있었기에 나는 밧줄을 조금 길게 풀어 마음이 돌아다닐 수 있는 넓은 공간을 마련해주었다. 이런 상황에서는 야생마 길들이기든 푸른 하늘과 구름처럼 흘러가는 생각이든, 이 책에 소개한 비유 가운데 객관적 시각과 여유를 얻는 데 유용하다고 여겨지는 스토리를 떠올리면 도움이 된다. 나에게는 푸른 하늘 이야기가 그랬다. 하지만 오래 묵은 습관은 때때로 아주 강력한 힘을 발휘해서 내가 어느새 다시 열심히 노력을 기울이고 있음을 문득 알아차렸다. 하지만 노력이 투여되고 있다는 사실을 자각하자마자 그 역시 감쪽같이 사라지는 느낌이 일었다. 물론 조금 후에 나도 모르게 또 노력을 기울이고 있기는 했지만 전과 마찬가지로 내가 그 사실을 알아차리는 한 그것은 결코 동력을 축적하지 못하는 것 같았다. 나는 곧 졸리기 시작했고 결국 꿀맛 같은 잠에 빠져 들었다.

이제 소개하려는 명상 기법은 모든 유형의 수면 문제에 적용할 수 있다. 처음부터 잠들지 못하는 사람, 잠을 자다가 빈번하게 깨는 사람, 꼭두새벽에 깨어나선 다시 잠들지 못하는 사람, 이런 모두에게 유용하다. 여기에 해당하진 않지만 더욱 편안하게 숙면을 취하는 법이나 아침에 상쾌하고 개운하게 일어나는 법을 원하는 사람도 이 명상 기법을 적용하면 도움이 된다. 잠자기 명상은 밤에 잠들기 직전에 잠자리에서 이용하는 게 목적이다. 이 특별한 명상이 10분 명상을 대체할 수 있다고 생각하는 것은 금물이다. 정확히 말하자면, 날마다 10분 명상을 실천하면서 잠자기 명상까지 익히면 최상의 조합이 될 것이다.

10분 명상을 꾸준히 실천해서 수면의 질이 향상되는 것을 경험하는 사람이 많다. 밤에 잠자리에서 따로 특정한 명상 기법을 적용하지 않아도 그런 효과를 얻는다는 뜻이다. 과학 연구도 이 결과를 뒷받침한다. 명상과 마음챙김이 불면증에 미치는 효과를 알아보기 위한 다수의 연구에서 피험자들은 밤이 아닌 낮에 명상을 했는데도 똑같이 인상적인 효과를 보았다. 따라서 밤에만 마음을 다스리는 것보다는 24시간 내내 건강한 마음 상태를 유지하는 것이 수면 문제의 해결에 더욱 효과적이라고 생각하는 것이 바람직하다.

아래의 잠자기 명상을 행하는 데는 15분에서 20분 정도 걸린다. 명상 도중에 잠이 들든 끝까지 다 하든, 그것은 중요하지 않다. 사실 이 명상을 하다 잠드는 것은 아주 정상이며 그렇다고 이 기법의 장기적인 효과가 줄어드는 것도 아니다. 기억하라. 잠자기 명상은 당신을 억지로 재우기 위한 기법이 아니라 밤에도 당신의 마음을 더욱 알아차리고 이해하도록 돕기 위한 기법이다. 이 명상을 하는 도중에 자주 잠이 드는 것은 그저 하나의 결과일 뿐이다. 헤드스페이스닷컴에는 이 기법의 오디오 가이드도 준비되어 있으니 그런 방식을 선호하는 독자는 그것을 다운로드해서 이용하면 더욱 편하게 이 과정을 익힐 수 있을 것이다. 물론 누구든 가이드 버전 없이도 두세 차례의 연습으로 얼마든지 이 기법에 익숙해지고 충분한 자신감을 얻을 수 있다.

명상 연습 10 :
잠자기 명상

이 명상도 헤드스페이스 앱이나 헤드스페이스닷컴(headspace. com)에서 가이드 버전을 이용할 수 있다는 점을 참고하기 바란다.

잠자리에 들기 전에 화장실을 다녀오고 문단속도 하고 전화기를 꺼두는 등 당신이 평소 잠들기 전에 하는 일을 모두 끝내라. 도움이 된다면 아침에 해야 할 일을 두세 가지 미리 준비해두거나 다음 날 해야 할 일의 리스트를 작성해 놓아도 좋다.

잠잘 준비가 되었다면 등을 대고 반듯이 누워 곧바로 잠을 잘 것처럼 이불을 덮어라. 낮은 베개를 베었을 때 더 편안한 사람은 얄팍한 베개를 베고 누워라. 당신이 평소에 반듯이 누워 자는지 모로 누워 자는지는 중요하지 않다. 이 명상은 등을 대고 똑바로 누워서 행하는 것이 가장 좋다. 명상이 끝난 후에는 언제든 돌아누울 수 있다. 그렇게 누워 있으면서 잠시 시간을 갖고 침대에 파묻히는 느낌을 음미하라. 침대가 당신의 몸을 떠받치고 있는 느낌, 이제 하루의 끝에 이르러서 더는 할 일이 없다는 느낌을 음미하라.

일단 편안하게 누웠다면 심호흡을 다섯 번 하라. 코로 들이쉬고 입으로 내쉬어라. 10분 명상을 할 때와 똑같다. 숨을 들이쉬면서 폐가 공기로 가득 차고 가슴이 팽창하는 느낌을 감지하라. 숨을 내쉬면서 그날 하루의 생각과 감정이 저 멀리 사라지고 있다고, 몸의 모든 긴장이 녹아 없어지고 있다고 상상하라. 이렇게 함으로써 이 명상에 임하는 몸과 마음을 준비시킬 수 있다.

1단계는 들어가기 단계다. 몸과 마음이 어떻게 느끼고 있는지 자각하라. 서둘러 이완할 수 없듯이 서둘러 잠드는 것도 불가능하다. 따라서 이 들어가기 단계는 서두르지 말고 천천히 하라. 수많은 생각이 떠올라도 걱정할 필요가 없다. 지극히 정상이다. 지금은 그 생각이 그냥 그렇게 떠오르게 두어라. 그것에 저항하려는 유혹을 떨쳐내라. 그 생각이 아무리 불편하고 아무리 불안해도 절대로 저항하지 마라.

그다음에는 침대와 맞닿은 몸의 부위를 조금 더 자세히 알아차려라. 주의를 돌려 몸이 침대와 맞닿은 느낌, 매트리스를 누르고 있는 몸의 무게에 초점을 맞추어라. 가장 강하게 접촉하고 있는 부위는 어디인지 자각하라. 몸의 무게가 균등하게 분산되고 있는가? 그 밖의 느낌이나 이런저런 소리를 자각해도 좋다. 잠들려고 애쓸 때는 특히 소리가 큰 방해물이 될 수 있다. 처음에는 그 소리가 당신이 없애거나 줄일 수 있는 소리인지 아니면 당신의 통제권 밖에 있는 소리인지 인식하는 것만도 도움이 된다. 그런 다음에는 그 소리에 저항하지 말고 조용히 주의를 기울이며 30여 초 동안 그 소리를 자각하며 머물러라. 그런 후에 주의를 돌려 다시 몸에 집중하라.

이제 몸이 실제로 어떻게 느끼는지 그 느낌을 감지하라. 처음에는 전체적인 느낌을 알아차려라. 예를 들면 몸이 무겁게 느껴지는가 가볍게 느껴지는가? 제대로 쉬지 못하는 느낌인가 차분하게 느껴지는가? 그런 다음에 머리끝부터 발끝까지 마음속으로 온몸을 훑으며 긴장하거나 경직된 부위를 하나하나 조용히 관찰하면서 몸의 전체적인 느낌을 더욱 정확하게 감지하라. 긴장하고 있는 모든 부위에 당연히 마음이 쓰일 것이다. 하지만 당신은 이제 곧 잠을 자려고 하며 명상의 도움으로 그 부위의 긴장이 풀리리라는 것을 알고 있으니 느긋해질 수 있다. 이렇게 20초에서 30초 동안 온몸을 훑는 과정을 몇 차례 되풀이해도 좋다. 긴장하고 불편한 부위는 물론이고 편안하게 이완된 부위도 잊지 말고 알아차려라.

이 시점이면 당신은 호흡할 때 몸이 부풀고 꺼지는 느낌을 이미 알아차렸을 것이다. 만약 아직 알아차리지 못했다면 들숨과 날숨이 가장 확실하게 느껴지는 부위에 주의를 기울여라. 언제나 그렇듯이 호흡의 리듬을 어떤 식으로든 바꾸려 하지 말고 몸이 알아서 호흡하게 놔두어라. 10분 명상의 경우와 마찬가지로 이 잠자기 명상에서도 올바른 호흡이나 잘못된 호흡은 없다. 따라서 배가 아닌 가슴에서 호흡이 더 확실하게 느껴지더라도 걱정하지 마라. 호흡이 깊은지 얕은지, 긴지 짧은지, 규칙적인지 불규칙한지 알아차려라. 별다른 노력이 필요한 일이 아니다. 숨을 들이쉬고 내쉴 때의 부풀고 꺼지는 느낌을 자각하기만 하면 된다. 호흡이 매우 얕아서 포착하기 어려울 때에는 그 움직임을 가장 강하게 느끼는 부위에 손을 올려놓으면 도움이 된다. 그렇게 손을 올려놓은 후 손이 올라갔다 내려갔다 하는 움직임을 감지하라.

1, 2분 정도 호흡을 관찰하는 동안 마음이 다른 곳을 떠도는 것은 아주 정상이다. 주의가 흐트러지고 마음이 여기저기 헤매고 있음을 깨달으면 곧바로 다시 현재로 돌아오라. 조용히 주의를 돌려 들숨과 날숨, 부풀고 꺼지는 느낌에 다시 초점을 맞추어라. 이 단계를 몇 분 동안 했는지 시간을 잴 필요는 없다. 2, 3분 정도 흘렀다고 느껴지면 그냥 자연스럽게 다음 단계로 넘어가라.

2단계는 그날 하루를 처음부터 끝까지 집중적이고 체계적으로 돌아보는 단계다. 먼저 당신이 기억할 수 있는 첫 번째 순간으로 돌아가라. 아침에 눈을 뜬 직후를 떠올려라. 깨어날 때 어떤 느낌이 들었는지 기억나는가? 이제 당신의 마음이 앞으로 빨리 돌리기 버튼이 눌린 듯 그날 겪은 사건과 만남, 대화를 신속히 재생해 나가면 단순히 지켜보는 자세를 취하라. 자세히 기억할 필요는 없다. 마음에 연달아 떠오르는 스냅사진을 쳐다보며 하루를 전체적으로 훑어보는 일에 가깝다. 예를 들면, 당신이 침대에서 몸을 돌려 일어나는 장면, 알람을 끄는 장면, 욕실로 걸어가는 장면, 샤워하는 장면, 아침을 먹는 장면, 명상하는 장면, 직장으로 걸어가는 장면, 동료와 인사하는 장면 등과 같은 식으로 떠올리면 된다. 3분 정도 할애해서 오늘 하루를 처음부터 끝까지, 지금 이 시점까지 훑어보아라. 겪은 일이 너무 많아 3분으로는 모자라 보일지도 모른다. 하지만 이 단계는 그저 하루를 개략적으로 살펴보는 것이므로 3, 4분 이상은 할애하지 마라. 이틀 정도 실천한 후에는 그렇게 빨리 훑어보는 일이 틀림없이 편안해질 것이다.

마음이 하루를 되돌아보고 있을 때에는 특정 사안에 대한 생각에 골몰하려는 유혹이 불가피하게 생겨난다. 아주 만족스러운 회의 장면이 떠올라 그것이 안겨줄 이익에 대해 생각하기 시작할 수도 있고 상사와 말다툼이 떠올라 그로 인해 발생할 불이익에 대해 걱정하기 시작할 수도 있다. 처음에는 마음이 이렇게 떠도는 것이 정상이다. 하지만 이 밤에 새로운 생각에 골몰하는 것은 결코 도움이 되지 않는다. 그러므로 전과 마찬가지로 마음이 다른 곳을 떠돌고 있음을 깨닫는 순간, 조용히 주의를 돌려 당신의 마음이 재생하던 영화에 초점을 맞추고 그 다음 장면을 지켜보아라.

3단계는 지금 이 순간으로 돌아와 몸을 풀어주는 단계다. 다시 몸의 느낌에 초점을 맞춰라. 먼저 발끝으로 내려가 왼발 새끼발가락에 주의를 기울이며 오늘 밤 내내 그것에 신경을 쓰지 않는다고 상상하라. 새끼발가락에 집중하면서 '스위치를 *끄자*' 내지는 '그냥 쉬자'는 말을 속으로 되뇌어도 좋다. 근육, 관절, 뼈 등 모든 것이 내일 아침까지는 필요가 없다는 것을 알기에 지금부터 밤새 스위치를 꺼도 된다고 허락하듯이 새끼발가락에 이어 약지발가락, 중지발가락 등으로 옮아가며 차례로 똑같이 초점을 맞추고 스위치를 꺼라. 그렇게 발끝에서 시작해 오목한 장심을 거쳐 뒤꿈치, 발목, 종아리, 엉덩이와 골반 부위까지 차례차례 거슬러 올라가라. 오른발로 옮겨가 이 과정을 되풀이하기 전에 잠깐 멈춰서 스위치를 끈 다리와 그렇지 않은 다리의 느낌이 어떻게 다른지 그 차이를 자각하라.

이런 기법을 적용해서 실제로 무슨 변화가 있겠느냐는 의심이 든다면 실제로 해보고 나서 얘기하라. 자, 오른발로 옮겨가서 좀 전의 과정을 똑같이 되풀이하라. 오른발 새끼발가락부터 시작해서 순서에 맞춰 골반 부위까지 거슬러 올라가라. 이어서 허리와 가슴까지 올라가고 팔과 손, 손가락으로 차례차례 내려간 후 다시 목구멍과 목, 얼굴, 머리로 올라가며 각 부위에 휴식을 허락하라. 잠깐 멈춰서 긴장이 풀리는 느낌, 몸으로 무언가를 할 필요가 전혀 없는 느낌, 통제를 포기한 느낌을 즐겨라. 이제 당신의 마음이 원하는 대로 얼마든지 떠돌게 허락하라. 당신이 잠들 때까지 마음이 이 생각 저 생각 자유로이 떠올리고 어디로든 돌아다니게 내버려 두어라.

4단계는 추가적인 방법을 선택해서 적용하는 단계다. 잠자기 명상의 3단계까지 마치고 나면 금세 잠에 빠질 가능성이 크다. 그 경우 편안하게 숙면을 취하면 된다. 하지만 잠이 오지 않아도 걱정하지 마라. 이 명상을 잘못한 것은 아니니까 말이다. 앞서 밝혔듯이 잠자기 명상은 당신을 억지로 재우기 위한 기법이 아니라 밤에도 당신의 마음을 더욱 알아차리고 이해하도록 돕기 위한 기법이다. 그러니 아직 잠이 오지 않을 때 추가해서 시도할 만한 방법이 두 가지가 있다.

첫 번째 방법은 마음을 통제하거나 억압하지 말고 마음이 평소처럼 원하는 대로 어디로든 떠돌고 어떤 생각이든 자유로이 떠올리게 내버려두는 것이다. 이 방법은 신나고 즐거울 수 있지만 어떤 사람에게는 조금 애매하고 심지어 당혹스럽게 느껴진다는 점이 유일한 문제다. 혹시 당신도 그렇게 느낀다면 두 번째 방법이 더욱 도움이 된다. 일만(10,000)부터 영(0)까지 거꾸로 세어라. 많은 노력이 필요한 거의 불가능한 과제처럼 보일지도 모른다. 하지만 올바른 방식으로 한다면 노력을 기울일 필요가 전혀 없다. 그리고 이것은 잠을 자려고 할 때 마음을 한곳에 계속 집중시키는 매우 훌륭한 방법이다.

여러 번 말했듯이 마음이 떠도는 것은 아주 정상이다. 그러므로 주의가 흩어졌음을 깨닫는 순간, 당신이 멈춘 숫자로 가만히 돌아와서 그 숫자에서부터 다시 시작하라.

마지막으로 짚고 넘어갈 것은 영(0)까지 도달하기를 정말로 원하는 마음으로 이 명상 기법을 적용하는 것이 중요하다는 점이다. 잠들기 위한 수단으로 삼지 말고 당신의 몸과 마음이 밤 동안 진정으로 스위치를 끌 준비가 될 때까지 몰두하고 집중하기 위한 명상으로 여겨라. 어떤 생각이 떠오르든 오고 가게 내버려두어라. 잠자는 것에 대한 생각이든 아니든 마찬가지다. 당신의 목적은 오직 일만(10,000)부터 영(0)까지 거꾸로 세는 것이다. 그 일에만 초점을 맞추어라. 그렇게 하는 동안 잠에 빠져든다면 그 역시 좋은 일이다.

연 구 조 사 결 과

1. 명상과 자기통제력

마음챙김의 효과에 관한 연구에서 짧은 명상을 5일 동안 실시한 피험자들의 뇌 혈류량을 측정한 결과, 감정 및 행동 통제와 관련된 뇌 부위에서 혈류량이 증가했음을 확인했다. 11시간에 걸친 명상이 끝난 후에는 같은 뇌 부위에서 실제로 물리적 변화가 관찰되었다. 이 결과를 고려하면 다양한 예비 연구에서 마음챙김이 약물 중독, 흡연, 섭식 장애의 치료에 효과적인 것으로 드러났음은 전혀 놀라운 일이 아니다. 한 연구에서는 피험자들이 명상을 시작한 지 단 52일 만에 폭식증이 50퍼센트 이상 감소했다.

2. 마음챙김은 스트레스 상황에서 수행력을 높여준다.

펜실베이니아 대학의 신경과학자들은 마음챙김이 스트레스 상황에서 해병대원들의 정신력 저하를 막아줄 수 있는지 연구했다. 해당 연구의 선임 연구원은 이렇게 말했다. "마음챙김 명상으로 마음을 단련하는 것은 극도의 스트레스 상황에서 언제나 최고의 능력을 발휘해야 하는 사람, 즉 경찰관이나 소방관, 인명구조원, 외상 전문의에서부터 프로 운동선수와 올림픽 참가 선수 등에게 도움이 된다."

3. 명상은 잠드는 시간을 절반으로 줄여준다.

매사추세츠 의학전문대학원의 연구진은 잠드는 방법에 명상을 한 가지 요소로 통합하는 효과적인 접근 방식을 개발했다. 그들의 연구에 의하면, 명상을 수행한 불면증 환자의 58퍼센트가 잠드는 데 걸리는 시간이 크게 줄었으며 수면제를 복용하는 불면

중 환자의 98퍼센트가 약 복용량을 줄이거나 완전히 끊었다. 또한 스탠퍼드 메디컬 센터에서 시행한 별개의 연구에서 6주 동안 마음챙김 명상을 한 피험자들은 잠드는 시간이 평소의 절반으로 줄어서 평균 20분 만에 잠들 수 있었다.

4. 마음챙김은 마감 시한을 맞추는 데 도움이 된다.

마음챙김에 관한 몇 건의 연구에서 연구원들은 4일 동안 명상을 수행한 전문직 종사자들에게서 인지 능력이 크게 향상되었음을 발견했다. 그들은 지속적인 집중을 필요로 하는 신체적 정신적 과제를 특히 잘 수행했고, 시간 제한이 있어 스트레스가 심한 과제에서도 역시 우수한 역량을 발휘했다. 그 연구 중 하나에 참여한 과학자의 의견을 소개하면 다음과 같다. "명상 수행 집단은 시간 제한이 있는 인지 능력 테스트에서 특히 우수한 결과를 보여주었고 마음챙김을 단기간 훈련한 그 집단은 스트레스를 일으키는 시간이 제한된 상태에서 정보를 처리해야 하는 과제에서 통제 집단보다 훨씬 나은 수행력을 보여주었다."

5. 명상은 뇌의 노화를 늦춰준다.

미국 에모리 대학의 연구진은 명상을 하는 사람과 하지 않는 사람의 뇌와 인지 능력을 비교했다. 그 결과, 명상을 하지 않는 통제 집단의 노인 피험자들은 예상대로 반응의 정확성과 속도가 상대적으로 낮았다. 그러나 명상 집단에서는 노화와 관련된 이러한 기능 저하가 나타나지 않았다. 연구원들은 정교한 브레인 매핑 기법을 이용해 명상이 노화에 수반되는 회색질 감소를 실제로 막아준다는 사실을 발견했다.

명상을 다음 24시간을 살아가는 토대로 생각하라.

명상으로 얻은 고요함을 바탕으로

알아차림을 유지할 수 있다면 당신은

어떤 상황에서든 현명하게 대응할 수 있다.

<4장>

출발하기에 앞서

The Headspace Guide to

Meditation and Mindfulness

더 효율적인 상태를 위해서

이미 말했지만 다시 한 번 강조해야겠다. 명상은 당신이 직접 실행할 때만 효과를 발휘한다. 규칙적으로 명상할 때에만 명상의 혜택을 일부라도 누릴 수 있다. 마음챙김은 언제 어디서나 할 수 있지만 일일 10분 명상을 대체하지는 못한다. 그 10분은 지금 이 순간 깨어 있다는 느낌과 매 순간을 자각하는 느낌에 익숙해지기 위한 가장 좋은 기회와 조건을 제공한다. 또한 당신이 명상을 처음 시작할 때 일상생활에서는 얻기 어려운 고요한 느낌도 제공한다. 따라서 10분 명상을 마음을 비우기 위한 유일한 명상으로 여기든 하루 종일 마음챙김을 실행하기 위한 토대로 여기든 단순히 새로운 취미로 여기든 날마다 10분씩 앉아 명상하는 것의 중요성은 아무리 강조해도 지나치지 않다.

지금 당신의 마음이 어수선한지 고요한지 기쁜지 슬픈지 불안한지 느긋한지는 중요하지 않다. 이런 마음 모두가 명상을 시작하기에 알맞은 상태다. 중요한 것은 당신이 그 마음 상태를 편안하게 있는 그대로 알아차릴 수 있느냐다. 규칙적으로 꾸준히 명상하면 얼마든지 가능한 일이다. 그리고 바로 그 경험이 당신의 인생관을 근본적으로 바꿀 수 있다.

지금 우리는 당신의 하루 중 고작 10분에 관해 이야기하고 있다. 하루 24시간에서 10분도 틈을 낼 수 없는 사람은 거의 없다. 10분 명상은 일이 아니다. 잡무가 또 하나 늘어나는 것이 아니다 (하지만 이상하게도 사람들은 종종 그것을 또 하나의 잡무로 간주한다). 그 10분은 당신이 긴장을 푸는 시간이다. 아마 하루 24시간 중에서 당신이 알아차리는 것 말고는 절대적으로 아무것도 하지 않는 시간은 이 10분이 유일할 것이다. 그런 시간을 어떻게 잡무로 여길 수 있는가? 우리는 어떤 것이든 하는 것에 너무 익숙해서 아무것도 하지 않는 것을 처음에는 다소 어색해하고 지루해할 것이다. 명상을 자신에게 공을 들이는 행위로 간주하지 마라. 10분 명상은 단순히 하루에서 10분을 꺼내 몸과 마음의 긴장을 풀어주면서 현재에 존재하고 이 순간을 알아차리는 것에 더욱 익숙해지는 행위일 뿐이다.

명상에 필요한 현실적인 요건을 다루기 전에 짚고 넘어가야 할 두 가지 요점이 있다. 서론에서 밝혔듯이 이 책은 인생을 사는 방법을 알려주지 않는다. 당신의 인생을 어떻게 살지 결정하는 것은 당신에게 달렸다. 꾸준한 명상의 결과로 당신의 삶에서 몇 가지 긍정적인 변화를 이끌어낼 수는 있다. 하지만 그 역시 당신이 결정할 일이다. 하지만 명상과 마음챙김은 삶의 다른 영역과 동떨어진 별개의 것이 아니다. 우리가 어디를 가든지 마음은 함께 간다. 당신이 히말라야 꼭대기로 달아나더라도 마음은 여전히 그곳에서 당신과 함께한다(내가 보장할 수 있다). 따라서 명상이 우리의 일상적인 마음 상태를 반영한다면 우리가 삶을 살아가는 방식은 우리의 명상에 커다란 영향을 미칠 것이다.

그렇다면 건강과 행복을 증진하는 삶의 영역은 확장하고 죄책감, 두려움, 후회, 분노 등을 유발하는 영역은 축소하는 것이 마땅하다.

헬스클럽에서 운동하는 것에 비유하면 이해하기 쉽다. 당신은 매일 헬스클럽에 가서 운동하는데 그것이 아주 즐겁다. 그런데 트레이너가 당신한테 매일 점심으로 패밀리 세트 치킨을 먹는 일만 줄여도 훨씬 더 좋은 효과를 거둘 수 있다고 말한다. 명상도 마찬가지다. 내가 사는 삶이 나의 명상에 영향을 미친다는 사실을 나는 경험으로 알고 있다. 누군가를 기분 상하게 한 경우 조용히 앉아 명상하고 있을 때 내 마음은 기분 나쁜 생각을 유난히 많이 떠오른다. 마찬가지로 일을 마친 후 얼큰하게 취했다면 나는 명상을 하다 곯아떨어질 가능성이 크다. 이 두 가지 경우 모두 이 순간을 알아차리며 더 많은 고요와 더 많은 명료함을 경험하기에 좋은 조건을 제공하지 않는다.

또한 몸의 건강을 무시한 채 마음을 수행하는 것도 별로 소용이 없다. 규칙적으로 운동이나 신체 활동을 할 때 명상의 효과가 높아진다. 이는 거의 모든 사람이 경험하는 사실이다(이 개념에 시큰둥하던 사람들도 그것을 실감한다). 실제로 많은 사람이 먼저 일정량의 운동을 하고 나면 명상에 꼭 알맞은 수준의 노력을 투입하는 능력이 어떤 식으로든 강화된다고 말한다. 그렇다고 요가를 해야 한다는 뜻은 아니다. 할 수 있다면 요가도 좋지만 말이다. 어떤 운동이든 상관없다. 물론 당신이 좋아하는 운동이면 더욱 좋다. 마찬가지로 당신이 좋아하는 음식도 알아보라. 특정 음식이 당신에게 어떤 감정을 일으키는지 자문하라. 어떤 음식을 먹으면 활기가 넘쳐나고 기운이 샘솟지만 어떤 음식을 먹으면 짜증이 나거나 졸음이 오는지 알고 있는가? 이런 영역을 조사하라. 삶의 어떤 측면이 명상의 질을 높여주고 어떤 측면이 그것을 낮추는지 서두르지 말고 자세히 알아보라. 이제부터 규칙적이고 효과적으로 명상할 수 있도록 도와주는 현실적인 요건을 소개할 것이다. 웹사이트(www.getsomeheadspace.com)에 접속하면 유용한 조언을 보다 많이 얻을 수 있으니 참고하라.

어 디 가 좋 을 까

나만의 명상실을 갖는 호사를 누릴 수 있는 사람은 별로 없다. 하지만 다행히 당신은 어느 곳에서나 명상하는 법을 배울 수 있다. 명상을 처음 시작할 때 명심하면 좋을 것이 몇 가지 있다. 무엇보다 우선 방해받지 않고 10분 동안 앉아 있을 수 있는 장소를 찾아라. 가족이 함께 사는 집에서는 말처럼 쉬운 일이 아니다. 그러므로 명상 공간이 왜 필요한지를 가족에게 이해시키는 것이 중요하다. 어린 아이를 혼자 돌봐야 하는 사람은 아이가 잠든 후에 명상하든지 아침에 먼저 일어나 하는 방법을 택해야 할 것이다. 명상을 배우는 초기에는 가능한 한 혼자만의 공간, 혼자만의 10분을 갖는 것이 중요하다. 사람들은 종종 외부 소음에 대해 걱정하지만 이미 말했듯이 소음은 걱정할 필요가 없다. 오히려 소음을 명상의 일부로 삼을 수도 있다. 그렇기는 해도 시끄러운 환경과 조용한 환경 중에서 고를 수 있다면 당연히 조용한 곳을 선택하는 것이 바람직하다.

매일 똑같은 장소에서 명상하는 것이 좋을 수도 있다. 새로운 습관을 들일 때는 그렇게 하는 것이 도움이 된다. 또한 매일 똑같은 장소를 가는 것은 마음을 편안하게 해주는 측면도 있다. 그 공간이 비교적 깔끔하면 긴장이 더 잘 풀린다. 아주 지저분한 방이나 아주 깔끔한 방에 들어선 순간을 떠올려보라. 그때 어떤 느낌이 들었는가? 깔끔한 방이 고요한 느낌이 들었는가? 대다수 사람들이 그렇다. 당신도 그런 사람들에 속한다면 명상하는 방을 적어도 그 방의 명상 공간만이라도 언제나 깨끗하고 깔끔하게 유지하는 것이 좋다.

끝으로 실내 어디든 명상의 공간으로 삼을 수 있지만 주위에 여유 공간을 조금 두는 게 보다 편안한 느낌을 갖는 데 도움이 된다. 구석에 틀어박혀 앉거나 가구 틈에 끼어 앉으면 다소 갑갑하게 조이는 느낌이 들 수 있다. 그런 느낌은 고요한 마음에 이르는 데 도움이 될 리 없다. 어쨌든 명상은 어디에서든 행할 수 있다. 사실 내가 아는 사람 중에는 주로 화장실 변기 위에 앉아서(뚜껑은 내리고) 명상하는 이들도 있다. 그곳이 방해받지 않는 유일한 공간이기 때문이다.

명상할 때 무엇을 입느냐는 조금도 중요하지 않다. 편안한 옷이면 그만이다. 명상을 그토록 융통성 있는 마음 훈련법으로 통하게 만드는 많은 요인 중 하나가 바로 이런 점이다. 정장 차림으로 출근하는 길에 명상할 수도 있고 집에서 운동복을 입고 할 수도 있으며 심지어 잠옷 바람으로 해도 괜찮다. 하지만 명상을 위한 옷차림과 관련해 참고하면 도움이 되는 점은 있다. 가장 중요한 점은 여유 있게 호흡할 수 있는 옷차림이어야 한다는 것이다. 청바지가 너무 꼭 끼어서 배로 호흡할 수 없다면 앉아서 긴장을 풀려고 해도 소용이 없다. 이 경우 반드시 벨트를 느슨하게 풀거나 단추를 한두 개 푸는 식으로 조치를 취하고 명상에 임하라. 발이 바닥을 단단히 디디는 것도 도움이 된다. 따라서 하이힐을 신고 있다면 벗고 하는 것이 좋다. 맨발로 명상할 필요는 없지만(원한다면 맨발도 괜찮다), 발바닥이 바닥에 평평하게 닿아 있어야 더욱 안정적인 느낌이 들고, 명상의 첫 번째 단계도 보다 수월하게 진행할 수 있다. 끝으로, 넥타이나 스카프를 매고 있다면 느슨하게 풀어주는 것이 좋다. 명상하려고 앉아 있는데 조금이라도 갑갑한 느낌이 들면 짜증이 나고 거부감이 생길 수 있다. 그러므로 몸과 마음을 편안하게 하는 데 필요한 것은 무엇이든 하라.

가장 중요한 것은 몸의 자세가 아니라 마음의 자세다. 몸도 나름의 역할은 한다. 하지만 이미 말했듯이 마음이 천지 사방 떠돌고 있다면 방바닥에 완벽한 결가부좌 자세로 앉아 있는 능력은 결코 특별할 것이 없다. 명상을 직업으로 삼으려 한다면 전통적인 참선법을 배우는 것이 유익하다. 하지만 일상적인 10분 명상을 위해서는 의자를 이용해도 아무 문제가 없다. 예전에 내가 수행한 사찰 중에는 모든 명상을 의자에 앉아 하는 곳이 있었는데, 그 경험을 토대로 나는 의자에 앉아서 해도 명상의 효과는 줄어들지 않는다고 장담할 수 있다. 중요한 것은 긴장을 풀고 편안함과 느긋함을 누리는 동시에 집중하고 경계하는 느낌을 유지하는 것이다.

잠시 시간을 갖고 몸이 마음을 어떻게 드러내는지 숙고해보라. 아주 지루하거나 만사가 귀찮을 때 우리는 보통 드러눕는다. 활기차고 즐거울 때는 계속 활발하게 움직인다. 화가 나면 몸이 대체로 더욱 긴장하는 반면 여유로우면 몸도 조금씩 긴장을 푼다. 일일 명상을 할 때 몸과 마음의 이런 피드백 루프를 기억해두면 좋다. 느긋하고 편안하게 긴장을 풀되 안정감 있고 자신 있고 정신을 바짝 차린 자세로 의자에 앉아라. 당신이 도달하기를 원하는 마음 상태를 반영하는 자세를 취한다면 그런 마음에 도달하기가 훨씬 쉬워진다.

이 목적을 위해서는 어떤 의자를 사용하든 괜찮다. 하지만 식탁의자처럼 등받이가 수직으로 서 있는 의자가 명상에 더욱 적합하다. 안락의자와 소파, 무엇보다 침대는 명상용으로는 지나치게 부드럽고 푹신푹신하다. 긴장이 풀리는 느낌은 들지만 정신을 바짝 차린다는 느낌은 들지 않는다. 결론은 명상에 적절한 자세를 유지하기 위해 아주 조금만 노력하면 되는 의자가 제일 좋다는 것이다. 다음의 조언을 참고하여 앉는 자세를 취하라.

1. 등을 곧추세우는 것이 가장 좋다. 하지만 억지로 세우지는 마라.
2. 골반의 자세가 등의 자세를 결정한다. 작은 쿠션을 허리에 받치면 구부정한 등을 바로잡는 데 도움이 된다.
3. 필요하면 의자의 등받이를 지지대로 이용해도 괜찮다. 하지만 등받이에 완전히 기대지는 마라. 등을 뒤로 기대지 않고 똑바로 세운다고 생각하라.
4. 다리는 꼬지 말고 두 발을 어깨 너비만큼 벌려 바닥을 평평하게 디디는 것이 가장 좋다.
5. 한 손을 다른 손 위에 포개서 허벅지나 무릎 위에 편안하게 놓아라. 그림이나 사진에서 보았을지도 모르지만 손가락

을 특별한 모양으로 오므리거나 맞댈 필요는 없다. 그저 손가락과 두 손, 두 팔의 힘을 모두 빼고 가볍게 무릎 위에 올려놓으면 족하다.

6. 당연한 말이겠지만 머리는 목 위에 똑바로 세워 어느 쪽으로도 치우치지 않도록 균형을 이루는 것이 좋다. 치켜들지도 말고 숙여서 바닥을 보지도 마라. 그래야 더욱 편안하기도 하거니와 집중력도 높아진다.

7. 끝으로 처음에는 눈을 감는 것이 좋을 수도 있다. 주의 집중을 방해하는 요인이 적어지기 때문이다. 이 부분은 10분 명상을 소개할 때 자세히 설명한 바 있다.

최적의 시간

하루 24시간 중에서 10분을 떼어 낼 부분을 찾기 전에 참고하면 좋을 사항이 몇 가지 있다. 아침에 일어날 때마다 당신은 몸이 천근만근 무거울지도 모른다. 또는 아침마다 너무 바빠서 일어나자마자 명상을 한다는 것은 상상하기조차 어려울 수도 있다. 또한 하루가 흘러감에 따라 점점 더 피곤해져서 명상을 밤까지 미룬다면 명상하다가 결국 잠들 수밖에 없을지도 모른다. 회사에 당신이 이미 눈여겨본 조용한 공간이 있고 점심시간에 잠깐 명상할 틈을 낼 수 있을지도 모른다. 사람마다 다르다. 결국 바로 당신 자신에게 편안하고도 효과적인 시간을 찾는 것이 중요하다는 얘기다. 하지만 가급적 피해야 할 시간이 있다. 점심을 먹은 직후다. 위장이 소화에 매진하는 그 시간은 몸이 무겁고 나른해서 자칫하다가는 잠들기 십상이다. 푸짐하게 먹은 저녁 식사 직후에도 마찬가지다.

하루 중 명상하기 가장 좋은 시간을 추천해 달라는 부탁을 자주 듣는데 나의 대답은 한결같다. 아침형 인간이든 올빼미족이든 명상을 배우고 있을 때 일일 명상을 하기에 가장 좋은 시간은 아침이다. 아침에 일어나자마자 명상을 하는 것이 제일 좋다. 가장 현실적인 한 가지 이유를 들자면, 대개의 경우 아침에는 다른 식구들이 아직 잠에서 깨지 않은 비교적 고요한 시간이라서 방해받지 않고 앉아 있을 조용한 장소를 찾기가 훨씬 수월하기 때문이다. 또한 전날의 피로가 말끔히 풀려서 개운한 몸과 상쾌한 마음으로 하루를 시작할 기회를 가질 수 있는 시간이라는 것도 장점이다. 하지만 가장 중요한 이유는 아침에 명상을 해야 그것이 이미 해낸 일에 속하게 된다는 점이다.

명상을 하루의 후반부로 미루는 전략은 위험하다. 다른 할 일들이나 마감 시한 등 각양각색의 방해 요인이 줄줄이 생기기 때문이다. 그리고 퇴근 후 집에서 하려고 계획하는 경우, 명상을 해야한다는 생각 자체가 부담이 되어서 그저 소파에 파묻히고만 싶어질 가능성도 크다. 일부러 시간을 내서 명상을 해야 한다는 것에 스트레스를 받는 사람이 실제로 있다. 이 경우 해야 할 일 리스트에 늘 명상이 오르지만 매번 하지 않은 일로 끝나기 십상이다. 그렇게 스트레스를 줄이려고 시작한 일이 오히려 스트레스의 요인이 되고 만다면? 원래의 의도는 그것이 아니었지 않은가!

이른 아침에 따로 시간을 내야 한다는 것이 버거울 수도 있다. 하지만 지금 우리가 말하고 있는 시간은 딱 10분이라는 점을 잊지 마라. 이것은 당신의 나머지 23시간 50분을 즐겁고 신나게 해줄 10분이다. 10분이라도 더 자고 싶은 마음이 간절하겠지만 명상을 하며 완전한 휴식을 취하는 경험은 그 명상을 미루고 얻은 10분의 수면보다 훨씬 더 유용하고 유익하다. 게다가 당신도 그 사실을 알고 있지 않은가.

명상하기에 가장 좋은 시간을 결정하는 것은 당신이 해야 할 일이다. 현실적인 시간, 즉 당신이 하루도 빠짐없이 명상할 수 있는 가장 알맞은 시간을 골라 그 잠재력을 극대화하라.

타이머 설정은 명상과 전혀 어울리지 않는 것 같다고 말하는 사람이 많다. "정해진 시간 안에 명상을 끝내야 한다는 압박감이 있으면 어떻게 헤드스페이스를 얻을 수 있겠어요?" 하지만 타이머 설정을 이런 식으로 이해하는 것은 별로 도움이 되지 않는다. 타이머를 이용하는 데는 현실적인 이유가 있다. 명상하다가 자기도 모르게 잠을 자는 일이 드물지 않기에 하는 말이다. 결국 명상을 끝내기로 애초 계획한 시각에 당신이 깨어 있는 것이 그만큼 중요하다(제 시간에 출근해야 하는 경우 더더욱 그렇다). 또한 당신이 얼마나 오래 앉아 있었는지도 알아야 할 필요가 있다. 때로는 1분이 10분처럼, 때로는 10분이 1분처럼 느껴지기에 하는 말이다. 하지만 가장 중요한 이유는 따로 있다.

명상 경험은 그날그날이 다르다. 어느 날은 마음이 참으로 고요하지만 어느 날은 어수선하기 그지없을 수 있다. 별다른 감정을 느끼지 않는 날이 있는가 하면, 강렬한 감정이 솟구치는 날도 있다. 마음이 고요하고 한가한 날에는 한자리에 앉아 10분 동안 편안하게 명상을 할 수 있다 10분이 지났는데도 오늘은 명상이 아주 잘되고 있으니 시간을 늘려 20분 동안 명상을 하기로 할 수도 있다. 그러나 마음이 소란하고 어떤 문제로 짜증이 일고 있다면 고작 2, 3분 만에 당신은 명상을 계속해봐야 아무 소용도 없으니 이쯤에서 그만두려고 할지도 모른다.

명상의 목적은 자신의 마음을 아는 것이다. 그렇다면 이런 방식으로는 당신 마음의 행복하고 고요한 면만 알게 되고 불행하고 소란한 면은 제대로 알지 못하게 된다. '그냥 행복하고 고요한 면만 알게 되면 좋은 거 아닌가?' 한순간 이런 생각이 들 수도 있을 것이다. 하지만 한번 생각해 보라. 마음이 너무 행복하거나 너무 편안해서 문제가 생긴 적이 있었는가? 언제였는가? 따라서 우리가 가장 잘 알아야 하는 것은 불행하고 고통스러운 감정과 생각이다. 자신의 마음을 알기 위해 그리하여 새로운 시각으로 삶을 경험하기 위해서는 어떤 감정과 생각이 떠오르든지 매번 결승선을 통과하는 것, 즉 10분 동안 하고 끝내는 것이 중요하다. 기분이 아주 좋은 날도 마찬가지다. 그 즐거운 감정이 영원히 사라지지 않을 듯 더없이 기쁘고 행복한 날에도 타이머가 울리면 명상을 마치는 것이 가장 좋다. 그렇게 해야 당신의 명상이 매우 정직하고 유용해진다. 물론 그날 나중에라도 10분 명상을 또 하고 싶다면 그렇게 해도 좋다. 하지만 그때도 역시 10분은 지켜가며 명상하라.

타이머가 울리는 소리에 놀라 자기도 모르게 벌떡 일어나는 경우가 있다. 소리가 요란하지 않은 타이머를 찾으라는 의미다. 10분 명상을 하려고 쿠킹 타이머를 샀는데 그것이 울릴 때마다 심장이 벌렁거린다는 남자도 있었다. 휴내선화로 잔잔하고 아름다운 알람 소리를 울리게 할 수 있다면 그 방법을 이용하라. 대신 화면이 보이지 않게 전화기를 뒤집어놓고 무음으로 설정하고 진동 기능도 꺼두어라. 이 세 가지 일을 먼저 해두지 않으면 명상 중에 전화를 하거나 문자 메시지를 보낸 사람이 누군지 확인하려는 유혹을 물리치기 어려울지도 모른다. 또한 아침에 잠을 깨워주는 알람과는 다른 소리를 고르는 것이 좋다. 사람들은 아침잠을 깨우는 알람 소리에 특정 이미지나 생각을 떠올리고 그 소리를 지긋지긋하게 생각하기도 한다. 그런 소리를 일일 명상에 포함해서 무슨 득이 되겠는가.

그 무엇보다 반복

　명상은 하나의 기술이다. 따라서 명상을 배우고 다듬을 때는 다른 기술처럼 규칙적으로 반복해야 한다. 결코 복제할 수 없는 매일매일에 규칙적으로 앉아 명상을 하면 모종의 힘이 쌓이고 탄력이 붙기 시작한다. 새로운 운동을 시작할 때와 똑같다. 굳이 마음먹지 않아도 저절로 하게 될 정도로 일상의 일부로 만들려면,

그러기에 충분한 탄력을 축적하려면 그 운동을 규칙적으로 해야한다. 하루도 빠짐없이 같은 시각에 명상한다면 당신의 명상은 아주 당연하고 안정적인 일과로 자리 잡을 것이다.

명상과 마음챙김의 효과를 연구하는 신경과학자들 역시 반복의 중요성을 강조한다. 그들의 연구 결과에 따르면 일일 명상이라는 간단한 행위만으로도 뇌는 긍정적으로 바뀔 수 있다. 실제로 그들은 이 간단한 행위가 새로운 시냅스 관계와 신경 통로 형성에서 매우 중요한 역할을 한다고 믿는다. 이는 그 간단한 행위를 통해 새로운 행동방식과 새로운 정신 활동이 생겨날 수 있고, 그에 못지않게 중요한 것으로, 오래된 행동과 오래된 정신 활동은 사라질 수 있다는 뜻이다. 우리의 정신 활동이 대부분 습관적이라는 사실을 고려한다면 이런 변화가 삶을 바꿀 수도 있다는 의미다. 또한 그들의 연구는 명상하는 동안 부정적인 감정을 느끼든 긍정적인 감정을 느끼든 어느 경우에나 명상은 뇌에 긍정적인 변화를 촉진한다는 점도 보여준다. 따라서 명상이 잘되지 않는 것 같을 때조차도 긍정적인 무언가가 일어나고 있는 셈이다. 어느 특정한 날에 명상을 하며 어떤 느낌이 들더라도 아무 걱정하지 말고 명상을 계속하라. 그런 반복을 통해 앞으로 더욱 많은 헤드스페이스를 얻을 수 있는 토대가 깔린다.

어쩌다 한 번씩 명상을 거른다 해서 그런 이유로 일일 명상을 완전히 포기하는 우를 범하지 마라. 반대로 그런 경우를 당신의 결심을 다지고 회복력은 구현히고 변화하는 완성에 적응할 기회로 삼아라. 가끔 건너뛰더라도 여전히 명상의 효과는 누릴 수 있다. 한 고객이 최근에 이렇게 말했다. "그 효과가 무엇인지 정확히 말로 표현하기는 어려워요. 제가 아는 건 그저 명상을 한 날은 기분이 참 좋고, 하지 않은 날은 엉망이라는 거예요." 명상할 때 어떤 느낌이 드는지 알아차리고 피치 못할 사정으로 명상을 거를 수밖에 없을 때는 또 어떤 느낌이 드는지도 알아차려라.

기억해야 한다는 것을 기억하기

온종일 마음챙김을 유지하거나 10분씩 명상하는 것의 진가를 인정하면서도 그것을 행해야 한다는 것을 곧잘 잊어버리는 사람이 많다. 그들은 이런저런 일로 하루를 바삐 보내고 침대에 누워 잠을 청할 때에야 비로소 명상을 하지 않았음을 퍼뜩 깨닫는다. 그러면 그렇게 까맣게 잊은 것에 죄책감을 느끼고 자신은 구제불능이라고 단정하며 자신에게 명상이 맞지 않는다는 결론을 내리기도 한다. 그런 루트를 따르기 전에 참고하면 좋을 것을 알아보기로 하자.

명상을 배우고 있을 때는 명상을 해야 한다는 사실을 기억하는 것, 즉 지금이 명상을 위해 할애해야 할 시간이라는 사실을 알아차리는 것도 배워야 할 기술에 해당한다. 처음에는 두세 차례 잊더라도 걱정하지 마라. 지극히 정상이다. 그래서 규칙적인 명상 시간을 정해놓는 것이 중요하다고 말하는 것이다. 아침에 이를 닦고 샤워를 하거나 저녁에 밥을 먹고 가장 좋아하는 프로그램을 보는 것을 잊는 일은 별로 없다. 그렇지 않은가?

하루 일정 중에서 같은 시간대에 10분의 틈을 찾아내면 규칙적인 명상 시간을 마련할 수 있다. 하지만 온종일 마음챙김을 유지해야 한다는 것을 기억하기란 그리 쉽지 않다. 그래서 우리는 헤드스페이스 이벤트를 개최할 때마다 참가자들에게 전화와 컴퓨터, 찬장 문, 냉장고 등에 붙여놓을 수 있는 작고 동그란 스티커를 나눠주곤 한다. 마음챙김을 해야 한다는 것을 온종일 떠올려주기 위해서다. 그 스티커에는 아무런 문구도 적혀 있지 않다. 그래서 다른 사람이 보면 아무 의미도 없는 스티커지만, 하루 종일 마음챙김을 유지하려는 고객에게는 지금 이 순간에 존재해야 한다는 사실을 상기시키는 상징물 역할을 한다. 이런 방법이 도움이 될 수도 있겠다고 생각되면 비슷한 것을 이용해서 명상을 기억하라.

명상은 수치로 표현하거나 판정하기가 어렵다. 앞서 말했듯이 좋은 명상도 없고 나쁜 명상도 없다. 단지 자각과 비자각, 주의 집중과 주의 산만이 있을 뿐이다. 따라서 당신의 명상 역시 이런 사실을 토대로 판정해야 한다. 오늘의 명상을 내일의 명상과 비교해서는 안 된다. 다른 사람의 명상 경험과 비교하는 행태는 더더욱 좋지 않다. 명상은 명상일 뿐이다.

당신 자신의 경험을 전적으로 믿고 다른 사람의 견해에 의지하지 마라. 그래야만 명상이 당신의 삶에 실제로 도움이 된다. 내가 명상이 효과적이라고 말했다는 이유만으로 명상하지는 마라. 당신이 직접 명상을 해보고 그로 인해 변화가 생기는지 아닌지 직접 체험해보라. 지속적이고 정직하게 명상하고 그 때문에 조금이라도 변화가 일어나는지 판단해보라. 그렇게 해야 그것을 지속하는 데 좀 더 자신감을 갖게 되고, 어쩌면 갈수록 조금씩 더 오래하게 될지도 모른다. 명상으로 별다른 변화가 없어 보이더라도 조금 더 시간을 투자해보라. 처음 한두 번의 명상은 새로운 커피를 맛보려고 커피포트 스위치를 켜는 단계와 비슷하다. 적어도 물이 다 끓으면 그 물을 붓고 새로운 커피의 맛을 음미하는 것까지는 진도를 나가봐야 하지 않겠는가. 그런 후에야 그 커피가 당신의 입맛에 맞는지 안 맞는지 판단할 수 있지 않은가. 이런 이유로 보통 나는 포기하더라도 최소한 열흘 동안은 꾸준히 실천해보고 나서 하라고 권한다.

마음이 불안할 때 해야 할 일

난생처음 명상하려고 앉아 있을 때에는 다소 불안해서 안절부절못하게 되는 경우가 흔하다. 그런 때는 야생마 길들이기 스토리를 기억하면 도움이 된다. 다른 여러 가지 일을 정신없이 해치운 후나 수많은 생각에 시달린 후에는 마음이 즉시 고요하게 가라앉지 않기 마련이다. 그런 행위나 사고가 일정한 양의 힘을 축적한 상태이므로 그것을 없애는 데에는 시간이 필요하다. 그리고 마음의 그런 분주한 움직임을 정신적으로나 육체적으로 경험하는 것은 아주 자연스러운 일이다. 따라서 마음에 드넓은 공간을 내어주고 마음이 제 나름의 속도로 자연스럽게 휴식의 장소로 다가오게 하라.

명상 세션이 막바지에 다다르면(얼마나 오래 앉아 있든 상관없이) 몸이 조금씩 불편해지기 시작하는 경우가 있다. 어떤 날은 불편하고 어떤 날은 괜찮을 수도 있다. 이런 차이를 자각하고 육체적 통증이 마음 상태를 어떤 식으로든 반영하는지 여부를 알아차리는 것이 중요하다. 앞에서 얘기한 반심리학 이야기를 떠올려도 좋다. 그것은 실로 모든 종류의 불편을 다루는 훌륭한 방법이다. 등에 심각한 이상이 있지 않은 한 의자에 잠깐 똑바로 앉아 있다고 해서 실제로 생리학적인 문제가 발생하지는 않는다. 하지만 전혀 방해받지 않고 가만히 앉아만 있는 일은 상당히 드물어서 사람들은 거의 대부분 평소에는 알아채지 못한 사소한 통증을 감지하기 시작한다. 당신두 예외가 아닐 기능성이 높다. 그럴 때에는 그 부위의 통증이 당신이 명상하려고 앉기 전부터 존재했다는 사실을 기억하는 것이 중요하다. 명상은 이미 존재하는 것에 자각의 빛을 비추었을 뿐이며 그리하여 그것이 더욱 명확하게 보인 것이다. 처음에는 그런 상황이 나쁜 소식 같아 보이지만, 사실 알고 보면 매우 좋은 소식이다. 우리는 그런 불편을 명확하게 바라볼 필요가 있다. 그런 후에야 그것을 비로소 내려놓을 수 있기 때문이다. 그러므로 겉으로 드러나는 불편을 지켜보는 것은 그 불편이 떠나가는 모습을 지켜보는 것과 다르지 않다. 극심하거나 고질적인 통증이 느껴지면 당연히 의사의 진단을 받아야 한다. 하지만 어떤 경우에든 가벼운 육체적 통증을 구실로 명상을 중단해서는 안 된다. 그 때문에 언제쯤 헤드스페이스를 얻을지 결코 알 수 없다는 이유를 내세우며 명상을 중단하는 우를 범해서는 안 된다는 뜻이다.

공책을 이용하든 이 책의 뒤에 마련된 오프라인 명상 다이어리를 이용하든 명상을 처음 시작할 때는 그 경험을 기록하는 것이 크게 도움이 된다. 그렇게 하지 않으면 명상 경험은 금세 잊히고 명상하기 전의 감정과 뒤섞이고 만다. 이때의 기록이란 사지선다

식으로 다수의 항목 가운데에서 정답을 하나 고르는 것이 아니라 산책하러 나가서 본 것과 같은 식으로 당신이 명상 중에 알아차린 것을 적는 것이다.

명상 경험을 기록하라는 것은 날마다 집중과 명료함의 증가분을 확인하라는 의미가 아니다. 명상할 때마다 당신의 몸과 마음에서 어떤 일이 일어나고 있는지를 알아차리라는 뜻이다. 그러한 변화를 하루하루 단순히 지켜보는 것만으로도 더욱 느긋하게 대상을 바라보고 그 변화를 더욱 기꺼이 받아들이고 변화의 일부가 될 수 있다. 우리는 자신이 특정한 유형의 사람이라고 믿는 경향이 있지만 명상을 정직하게 하다 보면 자신을 결코 한 가지 유형으로 규정할 수 없음을 깨닫는다. 우리는 언제나 변하고 있다. 오늘과 내일의 자신이 다르고 지금 이 순간과 다음 순간의 자신이 다르다. 이 사실을 명료하게 깨닫고 나면 자신에 대해 고정된 시각을 유지하는 것 자체가 어려워진다. 결과적으로 우리는 더욱 자유로운 느낌, 더 이상은 습관적인 패턴을 따르거나 특정한 정체성에 집착할 필요가 없다는 느낌을 갖게 된다.

사실,

정말 내가 원하는 것과

나의 인생 가치들은

눈이나 머리가 아니라

가슴 저 깊은 곳에 늘 있었다.

그저 내가 알아주기를 기다리면서…….

<5장>

명상을 위한 10가지 제안

The Headspace Guide to
Meditation and Mindfulness

관 점

　명상을 잘할 수 있는 방법만으로 책 한 권을 가득 채울 수 있지만, 이 책에서는 내가 가장 중요하다고 여기는 10가지만 소개하겠다. 이 10가지 제안이 당신이 일상에서 마음챙김을 더 잘할 수 있도록 도움이 되기를 바란다. 이 10가지를 관통하는 주제는 자각이며, 바로 당신 자신과 타인에 대한 이해다. 자각은 조용한 호기심을 키우는 것과 관계가 있다. 자각은 당신 삶의 모든 부분에서 무슨 일이 벌어지는지, 즉 당신이 어떻게 행동하고 어떻게 말하고 어떻게 생각하는지 조용한 호기심으로 살펴보고 알아차리고 관찰한다. 다른 사람이 되려고 애쓰는 게 아닌, 현재 있는 그대로의 자신을 편안하게 받아들이는 것이다.

　명상이 효과를 발휘하는 데 자신의 삶을 어떻게 바라보는지는 중요하지 않다. 하지만 자신의 일반적인 시각을 깨닫는 것은 유용하다. 부정적인 사고방식에 빠져드는 경향을 좀 더 경계할 수 있기 때문이다. 또한 자각이 증가하면 지속적으로 변화할 수 있다.

자신의 관점이 어떻게 바뀌는지 알아차리는 것도 유용하다. 예를 들어 사람들이 꽉 찬 지하철을 탔다고 하자. 어떤 때는 지독한 혼잡함에도 아무렇지 않지만 어떤 때는 여러 부정적인 감정들이 마구 솟구친다. 이런 차이를 깨닫게 되면 우리를 힘들게 하는 것은 밖이 아닌 자신의 내면에서 일어나는 일이라는 것을 알게 되고, 바꿀 수 있다는 사실도 알게 된다. 매일, 매 순간 변하는 관점을 알아차리는 것은 일일 명상에 매우 큰 힘이 될 수 있다.

의사소통

명상을 통해 더 큰 행복을 찾고 싶은 사람은 자신의 좌절감을 다른 사람에게 털어놓아서는 안 된다. 다른 사람과 원활하고 다정다감하게 소통하는 것은 헤드스페이스에 이르는 과정에 꼭 필요하다. 그런 소통은 자제심이나 공감 혹은 객관적인 관점을, 어쩌면 이 세 가지 모두를 타인과의 관계에 적용하는 것을 의미한다. 그렇지만 당신이 선의를 가지고 있더라도 싸움을 걸어오는 사람들이 있다. 이런 상황에서 당신이 할 수 있는 일은 거의 없다. 그들에게 공감하고 당신 자신의 내면에도 그와 비슷한 감정이 있다는 것을 자각하는 것이 도움이 될 수 있지만, 누군가가 당신을 계속해서 불쾌하게 한다면 그 사람과는 거리를 두는 게 가장 좋은 방법이다. 그럴 수만 있다면 말이다.

감 사

어떤 사람들은 살면서 겪은 아주 작은 어려움은 지나칠 정도로 강조하면서 행복한 순간은 그냥 흘러버린다. 행복은 당연한 나의 몫이고 그 밖의 것은 모두 문제가 있거나 자신의 몫이 아니라고 여기기 때문이다. 감사하는 마음을 갖기 위해 따로 시간을 내라는 말이 어쩌면 조금 진부하게 느껴지겠지만 헤드스페이스를 갖기 위해서라면 감사하는 마음이 반드시 필요하다. 당신의 삶에 진심으로 감사하는 마음이 있다면 마음을 산만하게 하는 수많은 생각에 휘말리지 않는다. 그리고 당신이 가지고 있는 것에 진심으로 감사하게 생각한다면 다른 사람들이 어떤 것을 놓치고 사는지도 명확하게 보이기 시작한다.

친 절

타인에게 친절을 베풀면 기분이 좋아진다. 친절은 고도의 기술과 지식이 필요한 일이 아니다. 친절은 당신에게도 상대에게도 기분 좋은 일이다. 게다가 행복하고 평화로운 마음도 가져다준다. 그렇다면 타인에게 친절을 베푸는 동안 자신에게도 친절을 나눠주는 것은 어떨까? 특히 마음챙김으로 살아가는 법을 배우고 있다면 말이다. 요즘 세상은 기대치가 너무 높아서, 새로운 것을 배울 때조차 자신에게 너무 비판적이다.

다행히도 명상은 사람들에게 친절을 끌어내는 신기한 힘이 있다. 일상에서 친절을 실천하면 명상에도 반영된다. 친절을 베풀면 마음이 더 유연해지고, 더 온화해지며, 명상이 더욱 쉬워진다. 덜 판단하고 더 수용하는 마음가짐으로 바뀐다. 타인과의 관계에도 긍정적인 영향을 미친다.

자 비

자비는 우리가 하거나 창조할 수 있는 것이 아니라 우리에게 이미 존재하고 있다. 푸른 하늘 비유를 다시 생각해보자. 자비와 푸른 하늘은 원리가 같다. 실제로 푸른 하늘은 자각을 의미하면서 자비를 뜻하기도 한다. 구름이 흩어지면서 푸른 하늘이 나타나듯이 때때로 자비심은 저절로 생겨난다. 짙은 구름에 가려진 푸른 하늘을 상상하듯이 때로는 의식적으로 노력해야 한다. 자비는 베푸는 상상을 하면 할수록 저절로 솟아날 가능성이 커진다. 자비는 공감과도 매우 비슷해서 상대의 입장에서 이해하는 마음을 갖게 된다.

균 형

삶은 바다와 다르지 않아서 우리는 태어나서 죽을 때까지 부침을 겪는다. 때로는 고요하고 잔잔하지만 어떤 때는 크고 거친 파도가 우리를 집어삼킬 듯이 위협하기도 한다. 이런 부침은 피할 수 없는 삶의 일부다. 하지만 이 간단한 사실을 잊어버리면 거센 파도 같은 고통스러운 감정에 쉽게 휩쓸린다. 명상으로 마음을 수행하면 좀 더 균형 잡힌 시각을 얻을 수 있고 삶은 더욱더 평온해진다. 평온한 삶을 지루한 삶과 혼동해서는 안 된다. 평온한 삶은 아무 감정도 없이 그저 흘러가는 무미건조한 삶이 아니다. 실은 정반대다. 당신의 감정을 더욱 명확하게 자각하면 그것을 더욱 확실하게 경험할 수 있다. 하지만 감정에 사로잡히지 않아야만 더는 감정에 휘둘리지 않게 된다.

수용

당신이 아무리 대단한 행운아라 할지라도 때때로 삶은 스트레스에 고달프기도 하다. 우리는 이 사실을 애써 외면하고 원하는 것을 얻지 못하면 좌절하고 실망한다. 자비와 마찬가지로 수용에 대해 숙고할 때도 푸른 하늘 비유를 떠올리는 게 도움이 된다. 수용에 이르는 길은 우리가 추구해야 할 것보다는 내려놓아야 할 것을 찾는 일이다. 저항하는 순간을 온종일 마음챙김으로써 당신은 자신이 삶을 자연스럽게 받아들이지 못하는 게 무엇 때문인지 정확하게 자각할 수 있다. 그리고 명상하는 동안 떠오르는 감정과 생각을 훨씬 편안하게 바라볼 수 있다.

평정

오늘날 많은 사람이 해야 할 일은 많고 너무도 바빠서 늘 조급증을 느끼며 살아간다. 조급해하는 순간, 당신은 턱을 앙다물거나 발을 동동 구르거나 호흡이 가빠지는 것을 알 수 있다. 하지만 조용한 호기심으로 조급증을 자각하면 그것의 본질이 바뀌기 시작한다. 조급증의 힘이 차차 약해지며 당신을 움켜쥔 손아귀에도 힘이 풀린다. 조급증은 일상생활에서 쉽게 드러나듯이 명상하는 동안에도 잘 드러난다. 그 둘은 서로를 거울처럼 반영한다. 대부분의 사람이 그렇듯이 당신도 자문할 것이다. '왜 효과가 빠르게 나타나지 않는 걸까?' 하지만 명상에서 성취와 결과는 결코 중요하지 않다는 것을 기억해야 한다. 그렇기에 명상이 삶에서 특별하고도 멋진 경험이다. 명상은 자각하는 법을 배우고 자연스럽게 자각하는 가운데 진정으로 편안하게 쉬는 것이다.

전 념

마음챙김은 생각과 감정을 이해하고 수용하는 방식을 근본적으로 변화시킨다. 이 말이 어쩌면 반갑기도 하고, 조금 부담스럽기도 할 테지만 마음챙김을 조금씩 자주 반복함으로써 그 변화는 이루어진다. 따라서 명상하는 동안 느낌이 어떻든 규칙적으로 명상하는 게 중요하다. 마음챙김을 할수록 자신감이 생기고 그 느낌에도 더 익숙해진다. 조금씩 자주 명상하는 동안 더욱 정확하게 자각하고 있다는 확신이 들기 시작하고 이 확신은 삶의 다른 영역에도 자연스럽게 스며든다. 마찬가지로 일상생활에서도 좀 더 마음챙김을 실천하면 명상에 긍정적인 영향을 줄 것이다. 명상을 배우려는 이유가 무엇인지 당신이 헤드스페이스를 유지함으로써 이익을 받는 주변 사람이 누구인지에 대한 답을 정확히 알고 있다면 매일 10분씩 명상하는 일은 어렵지 않을 것이다.

현존

현명하게 산다는 것은 마음을 현재에 머물게 함으로써, 나중에 후회할 만한 말이나 행동을 하려 할 때 자제한다는 것을 뜻한다. 그리고 한결같이 정확하게 자각함으로써 어려운 상황에 충동적으로 대응하기보다 합리적으로 대응하는 것을 의미한다. 그래서 현명하게 살아가려면 어느 정도의 분별 있는 지혜가 필요하다. 아쉽게도 그런 지혜는 심오한 내용이 담긴 책으로도 배울 수 없다. 지혜는 삶을 경험으로 이해하는 것과 관계가 있는데 명상이 그 경험적 이해를 키우게 도와줄 수 있다. 자비와 수용이 그런 것처럼, 현재 존재하는 삶도 푸른 하늘의 원리를 따른다. 지혜는 창조하는 것이 아니라 우리 모두에게 이미 존재하기 때문이다. 우리의 내면에 있는 지혜의 공간에 더 익숙해지고 우리의 본능을 더욱 신뢰함으로써 우리는 분별 있는 지혜를 일상생활에 적용하는 법을 배울 수 있다. 한마디로 우리는 더욱 현명한 삶을 살아갈 수 있다.

내면에 다다르면
인생의 수많은 나다운 답들이
수두룩 쌓여 있다.

다만,
그곳에 다다르기 위한 조건이
필요하다.

그건 바로, 호흡을 따라 숨을 쉬며
조용히 저 가슴 밑바닥으로 가는 길.

바로, 명상의 문을
열고 들어가는 기술이다.

<6장>

그들은 어떻게
명상을 실천했는가?

The Headspace Guide to

Meditation and Mindfulness

> "불안함과 싸우기를 그만뒀어요."
>
> – 제임스(40세, 남)

제임스는 결혼하여 세 아이를 두었다. 사업에도 성공해 부지런히 일하면서도 가정생활과 여가 생활 모두 남부럽지 않게 즐기고 있다. 그런 제임스가 불안증 때문에 명상 클리닉을 찾았다는 게 선뜻 이해되지 않을 것이다. 우리는 겉으로 드러나는 삶과 실제 벌어지는 일들이 크게 다르다는 것을 쉽게 잊는다.

제임스가 걱정하는 문제는 한두 가지가 아니었다. 아내가 바람이 나서 자신을 떠나지 않을까, 아이들이 다치지 않을까, 부모님이 병에 걸리진 않을까 늘 걱정이었다. 자신의 회사와 직원들은 앞으로도 문제없을까 걱정이었고, 자기 자신에 대한 걱정도 끊임없었다. 실제로 그는 병원을 자주 찾았고, 아주 작은 증상이라도 생기면 큰 병에 걸린 건 아닐까 싶어 인터넷으로 병명을 검색했다.

운이 참 좋다거나 완벽한 삶을 살고 있다는 말을 주변 사람들에게서 늘 들어왔기에 제임스는 자신이 불안감에 시달리고 있다는 사실을 그 누구에게도 말할 수 없었다. 게다가 남이 원하는 걸다 가졌다는 것은 곧 잃을 것도 많다는 뜻이므로 불안감만 더할 뿐이라는 말도 할 수 없었다. 그는 불안하다는 생각만으로도 더 불안해지고 이어 죄책감마저 들기 시작했다. 이렇게 매사에 불안해하는 자신이 한심하게 느껴지고 그러다 결국엔 미치는 건 아닌지 또 불안했다.

그러던 어느 날 제임스는 TV 명상 프로그램을 보고 명상에 관심이 생겼다. 명상이라는 것이 조금 기이해 보였지만 지금 자신의 처지에서는 무엇이라도 하지 않으면 안 되었다. 그렇게 제임스는 명상이란 '생각을 멈추고 나쁜 감정을 모두 없애려고 애쓰는 것'이라고 생각하며 명상에 대한 선입견을 가득 품은 채 명상 클리닉을 방문했다. 그러나 그는 새로운 것을 열린 마음으로 받아들이려는 융통성이 있었다. 모든 상황을 명상 기법을 적용할 기회로 여겼다. 마음을 챙기며 헬스클럽에서 운동했고 점심도 먹었다. 아기를 안고 앉아 있는 단순한 행동에도 마음챙김을 적극적으로 실천했다. 그리고 20분짜리 일일 명상을 곧바로 일과에 넣었다.

열정이 늘 결과를 보장하지는 않지만 제임스의 열정은 큰 변화를 일으켰다. 시간이 흐르면서 제임스가 자신의 감정을 더 느긋하게 받아들이게 되었다는 것을 알 수 있었다. 제임스는 다양한 명상 기법을 부지런히 시도했다. 일반적인 기법도 있었고 불안중에 효과적인 기법도 있었다. 그는 명상하면서 불안을 불러일으키는 수많은 생각을 자신이 어떻게 다루는지에 초점을 맞추었다. 제임스는 그 생각을 문제로 여기고 반드시 없애야 할 것으로 보았다. 그래서 그 생각에 격렬하게 저항하며 온종일 그것과 싸웠다. 일반적인 반응이었지만 이 감정에 저항하면서 제임스에게는 더 큰 불안함이 생겼고 상황은 더 나빠졌다.

　　나는 제임스에게 불안감을 그냥 내버려두면 어떤 식으로든 그 나름의 속도로 흐르기 마련이니 불안감에 집중하지 말고 그 불안감에 저항하는 것에 초점을 맞추어 명상하라고 했다. 이 말에 제임스는 무척 놀랐다. 얼마 후 그는 불안감을 없애려고 애쓰는 집착이 불안감을 더욱 키운다는 것을 알아차리게 되었다. 그 점을 깨닫게 되자 상황이 조금씩 나아져갔다.
　　깨달았다고 해서 불안감이 바로 사라지지는 않았지만 제임스는 불안감을 다루는 방식을 바꿔나갔다. 그는 불안한 생각을 없애려는 싸움을 점차 포기했고 불안감이 조금 더 자유롭게 흐르도록 내버려두었다. 그렇게 몇 달이 지나면서 제임스는 자신의 불안증에서 재미있는 부분을 찾아냈고 자기 자신이나 자신의 부정적인 생각을 전처럼 심각하게 받아들이지 않았다. 실제로 그는 그 생각을 다른 사람에게 털어놓기도 했다. 그의 아내는 다행이라며 안도했다. 제임스는 완벽한 남자인 반면 자신은 허점 많은 여자라는 생각을 떨칠 수 없었다면서 남편 또한 그런 불안감을 느껴 왔다는 사실을 알게 되니 압박감이 줄었다고도 했다. 제임스는 친구들과 술 한잔 마시며 자신의 불안증에 대한 농담도 하게 되었다.

최근에 우연히 제임스를 만났다. 예상대로 명상에 대한 그의 열정은 여전해 매일 아침 조용히 앉아 명상한다고 했다. 지금도 어떤 상황에서는 불안해지지만 예전과 달리 고통스럽지는 않다며 이제는 불안감이 두렵지 않다고 했다. 이 말은 그가 불안감을 없애기 위해 엄청난 시간과 에너지를 소모할 필요가 없다는 걸 의미했다. 불안감과의 싸움을 그만둔 이후로 불안감이 그렇게 자주 찾아오지 않는 게 가장 아이러니하다며 제임스는 웃었다.

레이첼은 수면 장애에 시달리다 명상 클리닉을 찾았다. 이곳에 방문하기 전에 수면제 처방을 받았지만 약에 의지하고 싶지 않았다고 했다.

우리는 수면 장애의 원인을 찾기 위해 여러 이야기를 나누었다. 레이첼은 업무 스트레스와 관련이 있을 거라고 했다. 또한 얼마 전에 남자 친구와 같이 살게 되었는데 레이첼이 일을 너무 많이 한다는 이유로 남자 친구와 자주 싸우게 되었다고 했다. 남자 친구가 매정한 성격은 아니었지만 레이첼이 무엇이 더 중요한지 구별하지 못한다 여겼다.

레이첼은 수면 장애의 원인을 불면증이라고 단정했다. 매일 밤 잠을 이루지 못하느냐고 물으니 푹 자는 날도 있다고 했다. 불면증은 원래 지속적이며 만성적인 것이라 수면 장애의 원인이 불면증은 아닐 수도 있을 것 같았다. 레이첼에게 수면 장애가 언제 처음 나타났냐고 물었다. 그러자 레이첼은 6개월 전, 직장 업무로 무척이나 힘든 날이었다고 했다. 다음 날에 있을 프레젠테이션을 준비하다가 한밤중에야 귀가했는데, 남자 친구는 이미 잠들었고 그 모습을 보니 죄책감과 외로움을 느꼈다.

레이첼은 잠자려고 누웠지만 여러 생각이 머릿속에 맴돌면서 무척 불안했다. 다음 날 프레젠테이션에서 멋지고 적극적인 모습을 보여야 한다고 생각했지만 그렇게 생각할수록 잠은 달아났다. 그런 불안감은 곧 분노로 바뀌었다. 처음에는 직장 상사에게 화가 났고, 이어서 남자 친구에게, 그다음에는 자기 자신에게 화가 났다.

다음 날 프레젠테이션은 성공적이었고 회사는 계약이 성사되었다. 하지만 레이첼은 자신의 기대에 못 미친다고 여겼다. 하지만 가장 두려운 것은 그 문제가 다시 일어날지도 모른다는 점이었다. 귀가하면서 레이첼은 수면 계획을 세웠다. 목욕을 하고 일찍 잠자리에 들 계획이었다. 하지만 일찍 잠자리에 들지 않았던 버릇 때문에, 피곤한데도 잠들 수가 없었다. 전날과 다름없이 뜬눈으로 뒤척일 수밖에 없었다. 레이첼은 그 문제가 다시 일어났고 오늘 밤도 꼬박 새우게 될 것이라는 생각에 안절부절못했다. 그리고 그 문제는 매일 밤 계속되었다. 바로 잠드는 날도 있기는 했지만, 레이첼은 잠이 오지 않는 것에 대해 불안했고 불안감이 점차 심해지면서 잠을 자지 못하는 악순환이 일어났다.

나는 수면 장애는 아주 흔하다는 말로 레이첼을 안심시킨 다음 기본적인 명상 기법을 알려주고 매일 10분씩 명상하라고 했다. 밤 수면의 문제인데 아침에 명상하라는 게 조금 이상하다는 레이첼의 말에 나는 명상으로 마음의 작동 방식이 즉시 바뀌는 것은 아니며 꾸준히 명상하는 것이 더 중요하다고 설명했다.

나는 레이첼에게 건강한 수면을 위해 지켜야 할 습관인 수면 건강도 점검하라고 했다. 혼자 지낼 때나 남자 친구와 함께 지낼 때나 침실을 자는 용도로만 사용하라고 했다. 그렇게 하면 침실에 들어서는 것과 수면과의 관계를 강화하는 데 도움이 된다. 또한 낮잠은 자지 말고 평일은 물론 주말에도 정해진 시각에 잠자고 일어나는 것이 중요하다고 강조했다. 지나치게 엄격해 보일 수도 있지만 몸과 마음에 새로운 습관이 들게 하려면 많은 반복이 필요하다. 나는 레이첼에게 밤늦게 TV를 시청하는 것과 컴퓨터 게임을 하는 것은 마음을 자극하니 피하라고 했다. 식습관의 중요성에 대해서도 이야기하면서 밤에 음식을 먹는다면 적어도 잠들기 두 시간 전에 먹어서 소화될 수 있도록 했다. 끝으로, 휴대전화를 침실에서 없애고 이메일 등을 확인할 필요가 없도록 해줄 아날로그 알람 시계도 장만하도록 했다.

명상을 시작한 뒤 첫째 주에 레이첼은 며칠 연속으로 숙면할 수 있었다며 기뻐했다. 하지만 둘째 주에 들어서자 괴물은 다시 찾아왔고 레이첼은 진전되지 않은 상황에 조급해했다. 최상의 효과를 얻기 위해 우리는 명상 기법과 명상하는 태도를 다시 검토했다. 그리고 셋째 주가 되자 레이첼은 하루가 다르게 나아졌다.

우리는 두 달 동안 여러 가지 명상 기법을 천천히 시도하면서 마침내 수면 명상에 이르렀다. 가끔 잠을 이루지 못하는 때가 있긴 했으나 레이첼은 잠드는 데 별문제가 없으리라 자신했다. 가장 큰 변화는 수면을 대한 레이첼의 관점이 바뀐 점이다. 레이첼은 더 이상 수면을 중요하게 여기지 않았다. 레이첼은 자신을 되돌아보며 그 모든 것을 왜 그렇게 심각하게 받아들였는지 이해할 수 없다고 했다. 그리고 자신의 수면이 완벽할 수 없다는 점을 인정하고, 가끔 잠들지 못하더라도 괜찮다며 힘든 문제를 잘 해결해서 행복하다고 했다. 그리고 이런 변화 덕분에 레이첼은 명상을 꾸준히 이어갈 수 있었다.

> "오래 복용했던 항우울제를 끊었어요."
>
> — 팜(51세, 여)

중년 여성 팜은 주치의의 권유로 명상 클리닉을 찾았다. 3년 이상 항우울제를 복용하면서 우울증에서 벗어나려고 온갖 방법을 시도했다. 그녀는 정규직으로 일하고 있었는데 다니는 회사의 인사 관리자와 주치의 말고는 팜이 우울증을 앓고 있다는 사실을 아는 사람은 없었다. 팜은 우울증이 늘 곁에서 모든 것을 암울하고 무의미하게 한다고 했다. 팜은 10년 전에 이혼했으며, 자식들은 다 커서 다른 지방에 살고 있다. 팜이 나를 찾아온 이유 중에는 명상을 통해 항우울제 복용을 줄이고자 하는 바람도 있었다. 주치의의 조언을 구하며 원하는 수준까지 서서히 복용량을 줄일 계획이었다. 그 기간으로 1년 정도를 예상했다. 1년이 길게 느껴질 수 있지만, 오랜 기간 항우울제를 복용하다가 갑자기 중단하면 상당히 심각한 결과를 가져올 수 있기에 항우울제 감량은 반드시 의사의 동의 아래 천천히 신중하게 이뤄져야 한다. 이렇게 항우울제를 점진적으로 줄여나가면 우울증의 재발 가능성도 훨씬 낮아진다는 장점도 있다. 연구를 통해 입증된 사실이다. 팜은 명상이 우울증 치료에 효과가 크다는 신문 기사를 보고 명상을 꼭 한번 해보고 싶었다.

팜의 우울증의 근간에는 자신은 뜻대로 되는 일이 하나도 없고 모든 것이 내 탓이라는 느낌이 자리 잡고 있었다. 사실 이 같은 사고방식이 우울한 감정을 더욱 키웠다. 이 확고한 정체감으로 팜은 자신을 늘 그런 시각으로 바라보았다. 하지만 그런 생각에 골몰할수록 그런 생각이 커져 우울증에서 벗어날 가능성은 희박하다.

우리는 어떻게 해야 우울한 생각에서 한 걸음 물러나 거리를 둘 수 있는지 긴 시간 대화를 나누었다. 그러한 생각과 자신을 철저하게 동일시할 필요가 없으며, 그 생각은 원래의 자신을 반영하지 않은 우울한 감정에서 비롯된 생각일 뿐이라는 것에 대해서도 이야기했다. 또한 푸른 하늘 비유도 이야기했다. 우울한 생각에 사로잡혀 있을 때에는 우울의 바탕에 행복이 존재한다는 말이 당치도 않은 소리로 들린다. 구름에만 주의를 기울이고 구름을 너무 중요하게 여기기 때문에 구름은 더욱 두꺼워지고 더욱 어두워진다.
우울증을 겪는 사람은 푸른 하늘이 조금이라도 보였던 순간을 기억하지 못하며, 두꺼운 먹구름 위에 푸른 하늘이 실재한다는 것에 상관하지 않는다. 하지만 푸른 하늘 이야기는 중요한데, 자신의 안이 아닌 밖에서 행복이나 헤드스페이스를 찾는다면 우울증이 낫는다 해도 일시적인 치유일 뿐이기 때문이다. 게다가 그렇게 찾은 행복은 자신이 느끼는 행복감이 무언가 적절지 않다고 느끼게 한다.

이 과정이 팜에게는 쉽지 않았지만 결국 구름은 서서히 흩어지고 팜은 푸른 하늘이 어떤 느낌이었는지 다시 기억해냈다. 처음에는 팜의 우울증이 이미 강력한 습관이 되어 있었기에 구름이 다시 몰려오곤 했다. 하지만 우울증 역시 습관이었으므로 얼마든지 없앨 수도 있었다.

팜은 푸른 하늘을 보면 볼수록 우울증은 불치병이 아니라는 사실을 깨닫게 되었다. 그리고 순식간에 사라질지라도 자신의 삶에 스며드는 고요하고 행복한 순간을 무시할 수 없었다. 팜은 명상을 지속하면서 주치의의 조언에 따라 항우울제 복용을 점차 줄였고 어느 순간 완전히 끊을 준비가 되었다. 6개월이 지날 무렵, 팜은 항우울제를 끊지 못한 채 계속 망설였다. 그 약이 자신의 일부처럼 느껴졌고 약을 먹지 않는 자신은 어떤 사람일지 두려웠다. 항우울제를 끊는다는 것은 여러 면에서 지금의 정체성을 버린다는 의미였다. 1년이 다 될 무렵, 마침내 확고한 결심이 섰다. 팜에 따르면 그것은 오랜 친구와 작별하는 느낌이었고 떠나는 뒷

모습도 더없이 반가운 친구였다.

　그 기분을 이해하고 받아들인 의지 덕분에 마침내 팜은 그 감정에서 벗어날 수 있었다. 게다가 팜은 기분이 어떻든 매일 명상을 통해 자신의 마음을 지켜보면서 그 일을 해냈다. 지금도 팜과 이메일로 소식을 주고받는데 팜은 잘 지내고 있다. 팜은 가끔 우울한 감정이 다시 찾아오진 않을까, 며칠간 지속되지 않을까 두렵기도 하지만, 그 두려움은 단지 생각일 뿐이라는 것을 깨닫는 한 그 생각에 다시 휘둘리는 일은 없다는 것을 알고 있다고 했다.

때때로 사람들은 자신의 삶에 특별한 무언가를 더하거나 특정 영역을 개선하려고 명상 클리닉을 찾는다. 뛰어난 성적을 원하는 프로 선수이거나 잠재된 창의성을 끄집어내려는 예술가나 작가일 때도 있다. 클레어의 방문 목적은 그녀가 즐겨 쓰는 표현에 따르면 '매장된 창의성 발굴하기'였다. 클레어는 창의성이란 늘 그 자리에 있지만 마음이 분주한 탓에 창의성에 다가가지 못한다고 믿었다. 이런 생각은 푸른 하늘 비유와 크게 다르지 않다. 우리는 창의성을 창조할 필요가 없으며 그것이 밖으로 나오게 할 방법을 찾아야 한다.

클레어는 여러 가지 일을 했다. 작곡하고, 악기도 연주하고, 책도 썼으며, 드로잉도 하고, 조각도 했다. 클레어는 말 그대로 예술가였고 그 방면으로는 무엇을 하든 뛰어난 실력을 보여주었다. 하지만 여러 일을 동시에 하다 보니 하나의 아이디어에 몰입해서 그것이 완전히 발전하게 될 때까지 기다리지 못했다. 그 때문에 클레어의 집과 작업실에는 반쯤 만들다 만 악보와 작품으로 가득

했다.

10분 명상을 하는 동안 클레어가 해결해야 할 가장 큰 문제는 마음이 언제 떠도는지 알아차리는 것이었다. 클레어의 마음은 시시각각으로 떠돌았다. 클레어는 들숨과 날숨에 집중하면서 호흡을 세려고 애썼지만 늘 고작 두세 번뿐이었다. 마치 사슬을 잇는 고리처럼 생각이 이어졌다. 특정한 것에 초점을 맞춰 명상할 때, 한 생각이 떠오르면 자각의 빛 속에서 그것을 명확하게 지켜보다가 그 생각이 갈 곳이 없어 힘을 잃으면 첫 번째 생각에 다시 초점을 맞춰 명상을 지속한다.

하지만 첫 번째 생각이 무척 흥미로워 그 생각에 사로잡히게 되면 자각의 빛은 완전히 꺼지고 그러면 두 번째 생각이 이어지고 세 번째와 네 번째 생각도 이어진다. 사슬을 이루는 고리는 수없이 많아서 연이어 떠오르는 생각을 따라가다 보면 자신의 마음이 떠돌고 있음을 어느 순간 알아차리게 되고 5분이 이미 흘러가 있다. 날마다 명상을 되풀이하다 보면 사슬 길이는 점차 짧아진다. 마음은 여전히 여기저기 떠돌지만 그럴 때 그 사실을 조금 더 빨리 깨닫게 되고 그러면 이어지는 생각에 헤어나지 못하는 일을 피할 수 있다.

클레어는 집중을 유지하려 고생했을 뿐만 아니라, 하루 중에서 10분을 떼어내야 하는 일도 쉽게 잊었다. 자신은 진실로 명상을 하고 싶은데 자꾸만 다른 일이 방해한다고 했다. 즉시 주의를 기울여야 할 일이 있을 수 있다. 하지만 고작 10분을 늦추지 못할 정도로 급박한 일은 별로 없을 것이다. 클레어를 돕기 위해 나는 명상을 다이어리에 적으라고 제안했고 이것은 명상이 다른 일 못지않게 중요하다는 사실을 알려주었다. 또한 명상을 하지 못하게 될 때마다 그 이유를 간략하게 적으라고 했다. 밤에 그날 하루를 돌아보며 적는 것이 아닌, 10분도 늦출 수가 없어 명상을 거를 수밖에 없는 그것이 무엇인지 즉시 적어야 했다. 클레어에게는 두 번째 방법이 무척 유용했다. 다이어리에 명상을 거르는 이유를 쓰려고 할 때마다 그 이유가 사소하게만 보여서 클레어는 어떻게든 10분을 마련해 명상을 했다. 나는 클레어에게 매일 규칙적으로 할 몇 가지 활동을 고르라고 했는데, 그 활동을 이용해서 마음챙김을 더욱 강화할 수 있다.

예를 들어 아침에 주스 마시기, 양치질하기, 책상에 앉아 일할 준비하기 등이다. 이 아이디어는 호흡에 집중하면서 활동을 하는 것이 아닌, 그 활동을 지금 이 순간에 존재하기 위한 토대로 이용하는 것이다. 양치질을 하고 있다면 입안에서 칫솔이 움직이는 느낌, 치약의 맛과 냄새, 칫솔이 내는 소리에 초점을 맞추는 것이다. 그리고 마음이 떠돌고 있다면 그 사실을 깨달은 다음 조용히 주의를 되돌려 신체 감각에 초점을 맞춘다. 클레어는 이 아이디어를 좋아했고 매주 활동을 하나씩 추가했다. 10주가 지나자 클레어는 온전한 마음챙김을 하루에도 여러 차례 경험할 수 있었다. 이 경험과 하루 10분 명상이 누적되어 발휘하는 효과는 결코 무시할 수 없었다. 클레어에게 그 순간은 마음을 가다듬는 시간, 자신이 다른 아이디어에 빠져 있는지 확인하고 지금 하는 일에 다시 집중하는 시간이었다.

존이 명상 클리닉을 방문한 것은 한 가지 이유에서였다. 화를 조절하기 위한 조치를 하지 않으면 아내가 자신을 떠나겠다고 했기 때문이다. 존은 아내와 아이들에게 물리적 폭력을 쓰지는 않았지만 언어 폭력을 행사하며 난폭하게 굴었다. 사실 존은 낯선 사람에게도 쉽게 화를 냈다. 상점에서 줄을 선 사람들을 거칠게 밀치고, 미친 사람처럼 운전하고, 사소한 일에도 자기 뜻대로 되지 않으면 화를 냈다. 그는 혈압이 높았고 가슴이 옥죄는 느낌이 들 때도 많았다.

존은 자신의 행동이 비이성적이라는 것은 잘 알지만, 문득 걷잡을 수 없이 화가 치밀어오른다고 했다. 존은 감정 표현을 좀체 하지 않는 가정에서 성장했다. 그리고 자신의 실직이 이 모든 문제를 촉발시킨 것 같다고도 했다. 존의 실직은 가족에게 또 하나의 스트레스로 작용했고, 존은 자신이 직업을 잃고 삶의 의미마저 잃게 되었다는 사실을 견딜 수가 없었다.

나는 존에게 2주 동안 명상을 해보고 이후 아무런 효과가 없다면 아내에게 이야기하고 다른 방법을 찾아보라고 제안했다. 10분 명상을 하는 방법을 알려주고 명상할 때 가장 효과적인 태도에 관해서도 간략하게 설명해주었다.

존은 그다음 주가 되어 다시 찾아왔는데 명상을 했으나 마음이 진정되지 않아 오히려 화가 치밀었다고 했다. 명상할 때마다 그의 마음은 분노로 가득 찼고 떠오르는 모든 생각이 그런 감정을 반영하는 것 같다고 했다.

존은 자신을 해고한 사장에게 화가 났지만 무엇보다 자기 자신에게 가장 화가 났다. 그는 분노를 통제할 수 없다는 것에 화가 났고 그 분노 때문에 사랑하는 사람에게 자꾸만 화를 낸다는 것에도 화가 났다. 무엇보다도 지금 자신의 모습이 원래의 자신답지 않다는 사실, 자신이 되고자 하는 사람이 아니라는 사실에 참을 수 없이 화가 났다. 나는 존에게 명상이 분노를 불러일으킨 게 아니라, 그가 얼마나 화가 났는지 명확하게 자각하고 통찰하게 해준 것이라고 설명했다. 분노에 더 큰 분노로 대응하는 것이 본능적이고 충분히 이해할 수 있지만 효과적인 대응 방식은 아니라는 말도 해주었다.

그리고 딸이 화났을 때 아빠로서 어떻게 반응하느냐고 물었다. 그는 딸이 정말로 화가 났을 때는 딸아이를 그저 꼭 안아준다고 답했다. 딸이 가만히 있으면 계속해서 그렇게 안고 있을 거라고 했다. 어떤 말로도 딸아이의 화를 풀어줄 수 없을 때에는 단지 곁에서 위로해주는 방법밖에 없다는 시 실을 존은 알고 있었나. 만일 그렇다면 자신의 화에 그런 방식으로 대응한다면 어떤 기분일지 생각해보라고, 비판하거나 판단하지 않고 받아들여보라고 했다. 이 말에 존은 울음을 터뜨리고 말았다. 그로서는 참으로 당혹스러운 상황이었지만 눈물은 쉽게 멈추지 않았다. 지금껏 자신이 스스로에게 얼마나 가혹했는지, 매사에 그렇게 화내는 것 때문에 스스로를 얼마나 끊임없이 비난했는지를 그제야 비로소 깨달았다.

나는 존에게 명상하는 동안 분노를 없애려 하는 대신에 다정하고 너그럽게 그 분노를 만나보라고 했다. 존이 해야 할 일은 자신에게 화가 날 때마다 그 사실을 알아차리고, 그 순간 화내는 자신에게 더는 화내지 말고 그 감정이 돌아다닐 수 있도록 더 넓은 공간을 내주는 것이었다. 또한 화를 도저히 참을 수 없을 때는 딸이 화가 났을 때 자신이 어떻게 대응하는지를 떠올려야 했다. 그는 이 과제를 수락했고 하루에 두 번씩 명상하기 시작했다. 그에겐 명상이 쉽지 않았고 종종 분노에 사로잡혔지만 자신이 해야 할 일을 떠올리고 실천하면 분노가 조금 더 사그라지는 것 같았다.

몇 개월 동안 존은 자신의 성격에 알맞은 여러 명상 기법을 배

웠다. 무엇보다 중요한 건 명상하는 동안 분노를 다정하게 지켜
보는 것이었다. 다행스럽게도 존은 지금껏 아내와 잘 지내고 있
고, 새 직업도 구했다. 이 같은 변화는 기적이 아니며 존이 화를
내지 않는 것도 아니다. 존은 자신의 삶이 더 편해졌으며 화가 날
지라도 그 감정을 균형 잡힌 시각으로 보고 대처할 수 있게 되었
다고 했다.

> "제 자신을 좀 더 사랑하게 되었어요."
>
> 에이미(24세, 여)

에이미는 어린 딸을 둔 싱글맘이다. 건강 문제로 주치의와 상담한 후 명상 클리닉을 찾았다. 에이미는 저체중에, 생리가 끊겼고, 약간의 탈모 증세도 있었다. 강인한 성격이었지만 세상살이가 힘에 겨웠다. 혼자 힘으로 딸을 키우느라 애썼고 연애에도 관심은 있었지만 싱글맘에게 다가올 사람은 없을 거라 확신했다. 에이미는 자신의 몸을 지나칠 정도로 의식했다. 하루에 적어도 한 번은 운동했고 식사는 늘 부실했으며 자기 자신을 부정적으로만 바라보았다.

에이미의 손에는 상처가 있었다. 습진으로 보여서 묻자, 에이미는 스트레스를 받을 때면 손을 씻는 버릇이 있고 너무 심하게 문지르는 바람에 그렇게 되었다고 했다. 손을 얼마나 자주 씻느냐는 질문에 공공장소에서 무언가를 만질 때마다 손을 씻는다고 했다. 좋지 않다는 걸 알지만 스트레스를 받아 어쩔 수 없다고 했다. 에이미는 탈모와 생리 중단 증세가 더 심각하다고 했다. 그 증세들을 치료하기 위해 병원 진료를 받기로 약속하고 일주일에 한

번 명상 클리닉에 방문하기로 했다.

규칙을 잘 지키는 에이미의 성격은 명상을 처음 시작할 때 여러 면에서 도움이 되었다. 에이미는 명상 수업을 한 번도 빠지지 않았다. 다만 명상하려고 앉아 있는 것과 제대로 된 방식으로 명상하는 것은 다르다. 자신에게 혹독하게 비판적인 에이미로서는 아무런 비판 없이 자신의 생각을 관찰하는 일은 무척 어려웠다. 명상 중에 떠오르는 생각 대부분이 명상과 관련 있었고 마치 명상하는 과정을 실황 중계하는 것 같았다. 그리고 에이미는 그 생각에 대해 다시 생각했는데 그건 헤드스페이스를 조성하는 데 도움이 되지 않았다. 게다가 에이미는 명상하는 내내 자신을 '바로잡으려고' 하면서 자신이 알고 있던 이상적인 명상의 마음 상태를 만들려고 했다.

명상을 해본 적이 없는 사람들은 그런 방식이 역효과를 불러온다는 말을 듣고도 사람들이 의아할 것이다. 하지만 마음의 습관이란 무척 강력해서 다른 방식을 지시받아도 그냥 그렇게 되고만다. 그런 부분 때문에 명상이 흥미로운 것이다. 명상은 자신이 주변 세상을 대하는 방식을 반영하게 된다. 그래서 에이미의 명상도 에이미가 삶을 대하는 자세를 그대로 반영했다. 그렇게 명상했는데도 에이미는 자신이 지금 왜 이렇게 살고 있는지 그 이유를 조금 깨달을 수 있었다.

에이미는 자신이 가르치는 자신보다 열 살 이상 어린 여자아이들과 자신의 봄을 비교하는 버릇이 있었는데 명상을 통해 이런 사실을 명확하게 알아차리게 되었다. 또한 강박적인 행동을 부추기는 확고한 사고방식도 명확하게 깨달았다. 에이미는 자신에게 친절과 자비를 베풀 수 있도록 해줄 명상 기법을 주로 이용했다. 이 기법은 10분 명상의 핵심 요소를 가지고 있으면서도 개인의 성격이나 특성에 가장 적합하도록 발전된 기법이다.

에이미는 3년이 지나도록 명상을 계속하고 있다. 초기에 얻은 깨달음은 더 큰 깨달음으로 계속 발전했고 자신을 바라보는 시각에도 커다란 변화가 생겼다. 여전히 저체중이지만 전처럼 위험한 수준은 아니다. 지금도 매일 운동을 하지만 이제는 처벌이 아닌 즐거움을 위해 하고 있으며 멈췄던 생리도 다시 시작했다. 그리고 더 건강한 생활 방식을 유지하고 삶을 더 균형 잡힌 관점으로 바라보았다. 에이미는 많은 게 달라졌지만 가장 중요한 변화는 자신을 바라보는 시각이 바뀐 것이라고 한다.

자신의 내면에서 누군가가, 자신이 어떤 감정을 느끼든지 '나는 괜찮아' 하고 속삭여주는 기분이라고 한다. 그래서 어쩌다 예전의 사고방식에 빠질 때도 그래도 괜찮다는 느낌이 든다고 한다.

> ## "무언가에 의존하기를 그만두었습니다."
>
> — 톰(37세, 남)

톰은 명상 클리닉에 들어서자마자 자신을 '중독 전문가'라고 소개했다. 지난 15년간 알코올, 마약, 담배, 섹스, 도박, 음식에 중독되었는데 어느 때는 한 가지, 또 어느 때는 여러 가지에 중독되어 있었다. 재활 센터에도 몇 번 들락거렸고 명상 클리닉을 방문할 즈음에는 온갖 치료 모임에 가입해 있어서 일주일에 하루라도 휴식할 날이 없었고 예비 중독자라고 부르는 친구들 또한 만날 시간이 없었다.

지금 한 가지 당부하자면 당신이나 당신 주변 사람이 중독으로 위기에 빠져 있다면 먼저 전문의와 상담한 후 마음챙김 명상을 해야 한다는 것이다. 톰은 의사와 여러 번 상담하고 수없이 노력했지만 늘 중독 행동에 빠져들었다.

톰은 미혼에 아이도 없었지만 가족을 간절히 원했다. 하지만 자신을 동성애자로 결론짓고서는 그 소망을 어느 정도 포기했다. 그는 늘 연애를 했지만 새로운 것만을 추구하려는 욕구 탓에 관계가 오래 지속되지는 않았다. 톰은 항상 새로운 무언가를 추구했고, 그것에 몰두해 있을 때의 정서는 어느 정도 괜찮았다. 하지만 중단하게 되면 초조함에 안절부절못했다. 그래서 깊이 파고들 만한 것들을 수없이 찾아냈는데, 음식을 먹는다거나 술을 마시는 것처럼 사회적으로 용인된 것들을 섭렵했고, 그런 뒤에는 남에게 숨겨야 하는 것으로 점차 옮겨갔다.

톰은 지난 몇 년간 온갖 치료를 경험했기에 중독 치료에 관해서는 모르는 게 없다고 생각했고 더 이상 새로운 치료법에도 별다른 관심이 없었다. 그는 마치 자신은 이미 분석될 대로 분석되었다고 낱낱이 분해된 다음에 정신의학 평가서의 형태로 재조립된 상태라고 느끼는 것 같았다. 그러니까 치료 요법으로는 자신의 중독 문제를 해결할 수 없는 것으로 보는 것이었다.

물론 명상과 마음챙김으로는 해결할 수 있는 종류의 문제였다. 명상에서는 그 개념을 단순히 지적인 수준으로 적용할 뿐 그의 존재의 일부가 되도록 만들지는 않으니까 말이다. 그렇긴 하지만 명상으로 중독을 치료하는 것은 특정한 측면으로 인해 훨씬 더 어려워진다. 침묵 속에서 앉아 있을 때에는 달아나 숨을 곳이 정말로 없어지기 때문이다. 톰이 받은 치료법 중 일부는 아주 유용했고 치료 모임은 늘 위로와 안정감을 주었지만 그는 다른 사람들이 매번 자신의 기대를 저버린다고 느꼈다.

톰의 이러한 태도는 명상을 설명할 좋은 기회였다. 나는 그에게 명상의 효과를 보장할 순 없지만 마음챙김과 중독에 관한 연구가 이루어지고 있다고 했고, 지금까지의 경험을 바탕으로 명상을 통해 사람들이 무엇을 얻었는지도 말해주었다. 또한 명상을 통해 중독 치료를 성공하려면 명상 프로그램을 따르려는 자세, 매일 명상하겠다는 단호한 결심, 열린 마음을 유지하겠다는 의지가 필요하다고 설명했다. 톰은 흔쾌히 받아들였고, 앞으로 일주일간 매일 10분 명상하기 숙제를 안고 즐거워하며 클리닉을 나섰다. 그는 명상이 생각보다 훨씬 쉽다고 했고 그 사실은 자신에게 큰 용기와 격려가 되었다. 명상은 경험한 적이 없는 사람에게는 무척 이질적으로 보일 수 있고 그렇기에 명상을 도저히 못 하겠다고 걱정하는 것도 충분히 이해가 간다. 그러나 실제로 한번 해보고, 자신도 할 수 있다는 것을 확인하고 나면 명상은 그렇게 멀게 느껴지지 않는다. 10분 동안 가만히 앉아 긴장을 풀고 침묵을 음미하면 된다. 처음에는 마음이 온통 날뛰어도 10분 동안 가만히 앉아 있을 수 있다면 언제든지 명상을 할 수 있다는 믿음과 자신감이 생긴다.

　명상은 톰이 지금껏 받아온 중독 치료법들과 매우 달랐다. 10년 이상 매주 중독 치료를 받았는데, 그 '작업'은 보통 그 주의 치료 시간에만 적용되었다. 간혹 주중에 숙고해야 할 과제가 주어지기도 했지만, 대부분이 어린 시절에 겪은 문제를 이것저것 찾아

내서 이야기하는 일이었다. 그는 치료사에게 자신을 정리 정돈해서 설명해야 할 책임이 있는 것으로 느꼈다고 말했다. 나는 명상을 할 때는 치료사가 아닌 스스로 자기 자신에게 책임을 느껴야한다고 말했다. 이 말에 톰은 조금 겁먹은 것 같았는데 자기 자신에게 책임이 있다면 명상이 잘되지 않을 때 비난받아야 할 사람이 자신이라고 생각했기 때문이다.

명상에는 비난이라는 게 없다고 아무리 설명해도 톰은 믿지 않는 눈치였다.

톰이 명상에 중독되었다고 말하는 것이 부적절할지도 모르겠지만 톰처럼 그렇게 열정적으로 명상을 실천한 사람은 별로 없었다. 물질에 대한 의존이 단순히 명상에서 경험한 감정에 대한 의존으로 바뀐 것일까? 어쩌면 그럴지도 모르지만 그게 전부는 아닐 것이다. 톰이 어떤 것에든 의존해야 한다면 명상보다 유익한 것은 없을 것이다. 의존 문제를 해결하기 위해 톰의 클리닉 방문을 매주 한 번에서 격주에 한 번으로, 그다음에는 한 달에 한 번으로 바꾸기로 했다. 이 문제는 톰에게 중요한 단계였다.

톰은 명상을 하면서 어려움이 생기거나 지침이 필요할 때면 지금도 연락해 온다. 하지만 대부분 그는 자신의 삶과 마음에 어떤 변화가 생기는지 조용히 앉아 지켜보는 것에 만족한다. 또한 여전히 치료 모임에 참석하지만 도움을 구하기 위해서가 아니라 다른 사람을 돕기 위해 참석하는 느낌이라고 한다.

아래 질문지를 잘라내 다이어리에 붙여 놓고 하루 일과를 마칠 때마다 질문에 답을 적어보세요.

Day 1

❶ 오늘 시간을 내서 '10분 명상'을 했는가? **Yes / No**

오늘 명상을 하지 못했더라도 자신을 비난하지 마라. 그저 약간의 헤드스페이스를 얻는 게 얼마나 중요한지 다시 한 번 마음에 새기고 다이어리의 내일 일정에 명상을 적어 놓으라.

❷ '10분 명상'을 하기 직전에 어떤 느낌이 들었는가? 그 느낌이 편안했는가? **Yes / No**

❸ '10분 명상'을 마친 직후에 어떤 느낌이 들었는가? 그 느낌이 편안했는가? **Yes / No**

❹ 오늘 당신은 어떤 기분이었는가? 그 기분이 하루 동안 어떻게 바뀌었는가?

❺ 오늘 하루를 살면서 사소한 것들을 알아차렸는가? **Yes / No**

오늘 샤워를 할 때 물의 따스함을 자각했는가? **Yes / No**

❻ 전에는 결코 알아차리지 못한 것 중에서 오늘 처음 알아차린 것이 하나라도 있는가? 있었다면 무엇인가?

Day 2

❶ 오늘 시간을 내서 '10분 명상'을 했는가?   **Yes / No**

오늘 명상을 하지 못했더라도 자신을 비난하지 마라. 그저 약간의 헤드스페이스를 얻는 게 얼마나 중요한지 다시 한 번 마음에 새기고 다이어리의 내일 일정에 명상을 적어 놓으라.

❷ '10분 명상'을 하기 직전에 어떤 느낌이 들었는가? 그 느낌이 편안했는가?   **Yes / No**

❸ '10분 명상'을 마친 직후에 어떤 느낌이 들었는가? 그 느낌이 편안했는가?   **Yes / No**

❹ 오늘 당신은 어떤 기분이었는가? 그 기분이 하루 동안 어떻게 바뀌었는가?

❺ 오늘 하루를 살면서 사소한 것들을 알아차렸는가?   **Yes / No**

오늘 아침 식사에서 맛과 질감을 알아차렸는가?   **Yes / No**

❻ 전에는 결코 알아차리지 못한 것 중에서 오늘 처음 알아차린 것이 하나라도 있는가? 있었다면 무엇인가?

Day 3

❶ 오늘 시간을 내서 '10분 명상'을 했는가?　　**Yes / No**
오늘 명상을 하지 못했더라도 자신을 비난하지 마라. 그저 약간
의 헤드스페이스를 얻는 게 얼마나 중요한지 다시 한 번 마음에
새기고 다이어리의 내일 일정에 명상을 적어 놓으라.

❷ '10분 명상'을 하기 직전에 어떤 느낌이 들었는가? 그 느
　　낌이 편안했는가?　　　　　　　　　　**Yes / No**

❸ '10분 명상'을 마친 직후에 어떤 느낌이 들었는가? 그 느
　　낌이 편안했는가?　　　　　　　　　　**Yes / No**

❹ 오늘 당신은 어떤 기분이었는가? 그 기분이 하루 동안
　　어떻게 바뀌었는가?

❺ 오늘 하루를 살면서 사소한 것들을 알아차렸는가?
　　　　　　　　　　　　　　　　　　Yes / No

오늘 양치질 할 때 치약의 향을 알아차렸는가?
　　　　　　　　　　　　　　　　　　Yes / No

❻ 전에는 결코 알아차리지 못한 것 중에서 오늘 처음 알아
　　차린 것이 하나라도 있는가? 있었다면 무엇인가?

Day 4

❶ 오늘 시간을 내서 '10분 명상'을 했는가?　　**Yes / No**

오늘 명상을 하지 못했더라도 자신을 비난하지 마라. 그저 약간
의 헤드스페이스를 얻는 게 얼마나 중요한지 다시 한 번 마음에
새기고 다이어리의 내일 일정에 명상을 적어 놓으라.

❷ '10분 명상'을 하기 직전에 어떤 느낌이 들었는가? 그 느
　　낌이 편안했는가?　　　　　　　　**Yes / No**

❸ '10분 명상'을 마친 직후에 어떤 느낌이 들었는가? 그 느
　　낌이 편안했는가?　　　　　　　　**Yes / No**

❹ 오늘 당신은 어떤 기분이었는가? 그 기분이 하루 동안
　　어떻게 바뀌었는가?

❺ 오늘 하루를 살면서 사소한 것들을 알아차렸는가?

　　　　　　　　　　　　　　　　Yes / No

　　오늘 처음 의자에 앉았을 때 의자를 누르는 몸의 무게를
　　알아차렸는가?

　　　　　　　　　　　　　　　　Yes / No

❻ 전에는 결코 알아차리지 못한 것 중에서 오늘 처음 알아
　　차린 것이 하나라도 있는가? 있었다면 무엇인가?

Day 5

❶ 오늘 시간을 내서 '10분 명상'을 했는가?　　**Yes / No**

오늘 명상을 하지 못했더라도 자신을 비난하지 마라. 그저 약간의 헤드스페이스를 얻는 게 얼마나 중요한지 다시 한 번 마음에 새기고 다이어리의 내일 일정에 명상을 적어 놓으라.

❷ '10분 명상'을 하기 직전에 어떤 느낌이 들었는가? 그 느낌이 편안했는가?　　**Yes / No**

❸ '10분 명상'을 마친 직후에 어떤 느낌이 들었는가? 그 느낌이 편안했는가?　　**Yes / No**

❹ 오늘 당신은 어떤 기분이었는가? 그 기분이 하루 동안 어떻게 바뀌었는가?

❺ 오늘 하루를 살면서 사소한 것들을 알아차렸는가?

Yes / No

오늘 거리를 걸을 때 피부를 스치는 바람의 느낌을 자각했는가?　　**Yes / No**

❻ 전에는 결코 알아차리지 못한 것 중에서 오늘 처음 알아차린 것이 하나라도 있는가? 있었다면 무엇인가?

Day 6

❶ 오늘 시간을 내서 '10분 명상'을 했는가?   **Yes / No**

오늘 명상을 하지 못했더라도 자신을 비난하지 마라. 그저 약간의 헤드스페이스를 얻는 게 얼마나 중요한지 다시 한 번 마음에 새기고 다이어리의 내일 일정에 명상을 적어 놓으라.

❷ '10분 명상'을 하기 직전에 어떤 느낌이 들었는가? 그 느낌이 편안했는가?   **Yes / No**

❸ '10분 명상'을 마친 직후에 어떤 느낌이 들었는가? 그 느낌이 편안했는가?   **Yes / No**

❹ 오늘 당신은 어떤 기분이었는가? 그 기분이 하루 동안 어떻게 바뀌었는가?

❺ 오늘 하루를 살면서 사소한 것들을 알아차렸는가?

Yes / No

오늘 밖에서 새의 울음소리를 알아차렸는가?

Yes / No

❻ 전에는 결코 알아차리지 못한 것 중에서 오늘 처음 알아차린 것이 하나라도 있는가? 있었다면 무엇인가?

Day 7

❶ 오늘 시간을 내서 '10분 명상'을 했는가?　　**Yes / No**
오늘 명상을 하지 못했더라도 자신을 비난하지 마라. 그저 약간의 헤드스페이스를 얻는 게 얼마나 중요한지 다시 한 번 마음에 새기고 다이어리의 내일 일정에 명상을 적어 놓으라.

❷ '10분 명상'을 하기 직전에 어떤 느낌이 들었는가? 그 느낌이 편안했는가?　　　　　　　　　　**Yes / No**

❸ '10분 명상'을 마친 직후에 어떤 느낌이 들었는가? 그 느낌이 편안했는가?　　　　　　　　　　**Yes / No**

❹ 오늘 당신은 어떤 기분이었는가? 그 기분이 하루 동안 어떻게 바뀌었는가?

❺ 오늘 하루를 살면서 사소한 것들을 알아차렸는가?
　　　　　　　　　　　　　　　　　　Yes / No

오늘 주변 사람들의 스킨로션이나 향수 냄새를 알아차렸는가?　　　　　　　　　　　　　　**Yes / No**

❻ 전에는 결코 알아차리지 못한 것 중에서 오늘 처음 알아차린 것이 하나라도 있는가? 있었다면 무엇인가?

Day 8

❶ 오늘 시간을 내서 '10분 명상'을 했는가?　　**Yes / No**

오늘 명상을 하지 못했더라도 자신을 비난하지 마라. 그저 약간
의 헤드스페이스를 얻는 게 얼마나 중요한지 다시 한 번 마음에
새기고 다이어리의 내일 일정에 명상을 적어 놓으라.

❷ '10분 명상'을 하기 직전에 어떤 느낌이 들었는가? 그 느
낌이 편안했는가?　　**Yes / No**

❸ '10분 명상'을 마친 직후에 어떤 느낌이 들었는가? 그
느낌이 편안했는가?　　**Yes / No**

❹ 오늘 당신은 어떤 기분이었는가? 그 기분이 하루 동안
어떻게 바뀌었는가?

❺ 오늘 하루를 살면서 사소한 것들을 알아차렸는가?

　　Yes / No

오늘 오후에 커피나 차, 음료의 맛을 자각했는가?

　　Yes / No

❻ 전에는 결코 알아차리지 못한 것 중에서 오늘 처음 알아
차린 것이 하나라도 있는가? 있었다면 무엇인가?

Day 9

❶ 오늘 시간을 내서 '10분 명상'을 했는가? **Yes / No**

오늘 명상을 하지 못했더라도 자신을 비난하지 마라. 그저 약간의 헤드스페이스를 얻는 게 얼마나 중요한지 다시 한 번 마음에 새기고 다이어리의 내일 일정에 명상을 적어 놓으라.

❷ '10분 명상'을 하기 직전에 어떤 느낌이 들었는가? 그 느낌이 편안했는가? **Yes / No**

❸ '10분 명상'을 마친 직후에 어떤 느낌이 들었는가? 그 느낌이 편안했는가? **Yes / No**

❹ 오늘 당신은 어떤 기분이었는가? 그 기분이 하루 동안 어떻게 바뀌었는가?

❺ 오늘 하루를 살면서 사소한 것들을 알아차렸는가?

Yes / No

오늘 걸을 때 바닥을 누르는 발의 감각을 알아차렸는가? **Yes / No**

❻ 전에는 결코 알아차리지 못한 것 중에서 오늘 처음 알아차린 것이 하나라도 있는가? 있었다면 무엇인가?

Day 10

❶ 오늘 시간을 내서 '10분 명상'을 했는가?   **Yes / No**

오늘 명상을 하지 못했더라도 자신을 비난하지 마라. 그저 약간의 헤드스페이스를 얻는 게 얼마나 중요한지 다시 한 번 마음에 새기고 다이어리의 내일 일정에 명상을 적어 놓으라.

❷ '10분 명상'을 하기 직전에 어떤 느낌이 들었는가? 그 느낌이 편안했는가?   **Yes / No**

❸ '10분 명상'을 마친 직후에 어떤 느낌이 들었는가? 그 느낌이 편안했는가?   **Yes / No**

❹ 오늘 당신은 어떤 기분이었는가? 그 기분이 하루 동안 어떻게 바뀌었는가?

❺ 오늘 하루를 살면서 사소한 것들을 알아차렸는가?

Yes / No

오늘 신체 각 부위의 서로 다른 온도를 자각했는가?

Yes / No

❻ 전에는 결코 알아차리지 못한 것 중에서 오늘 처음 알아차린 것이 하나라도 있는가? 있었다면 무엇인가?

⟨1장⟩

1. The Mental Health Foundation. (2010) The Mindfulness Report. London: The Mental Health Foundation. http://www.bemindful.co.uk/ about_mindfulness/mindfulness_evidence#

2. Davidon, R, J., Kabat-Zinn, J., Schumacher, J., Rpsenkranz, M., Muller, D., Santorelli, S. F., et al. (2003). 'Alterations in brain and immune function produced by mindfulness meditation'. *Psychosomatic Medicine*, 65(4), 564-570.

3. Lieberman, M. D., Eisenberger, N. I., Crockett, M. J., Tom, S. M., Pfeifer, J. H., & Way, B. M. (2007). 'Putting Feelings Into Words: Affect Labeling Disrupts Amygdala Activity in Response to Affective Stimuli'. [Article]. *Psychological Science*, 18(5), 421-428. doi: 10.1111/j.1467-9280.2007. 01916.x
   Creswell, J. D., Way, B. M., Eisenberger, N. I., & Lieberman, M. D. (2007). Neural correlates of dispositional mindfulness during affect labeling. *Psychosomatic Medicine*, 69(6), 560-565. doi: 10.1097/PSY.0b0 13e3180f6171f.

4. Benson H., Beary J. F., Carol M. P.: 'The relaxation response'. *Psychiatry*, 1974; 37: 37-45.
   Wallace R. K., Benson H., Wilson A. F: 'A wakeful hypometabolic state'. *Am J Physiol*, 1971; 221: 795-799.
   Hoffman J. W., Benson H., Arns P. A. et al: 'Reduced sympathetic nervous system responsivity associated with the relaxation response'. Science, 1982; 215: 190-192.
   Peters R. K., Benson H., Peters J. M.: 'Daily relaxation response breaks in a working population: II. Effects on blood pressure'. *Am J Public Health*, 1977; 67: 954-959.

Bleich H. L., Boro E. S.: 'Systemic hypertension and the relaxation response'. *N Engl J Med*, 1977; 296: 1152-1156.

Benson H., Beary J. F., Carol M. P.: 'The relaxation response'. *Psychiatry*, 1974; 37: 37-45.

Davidson, R. J., Kabat-Zinn, J., Schumacher, J., Rosenkranz, M., Muller, D., Santorelli, S. F., et al. (2003). 'Alterations in brain and immune function produced by mindfulness meditation'. *Psychosomatic Medicine*, 65(4), 564-570. doi: 10.1097/01.psy.0000077505.67574.e3.

5. Miller, John J., Ken Fletcher, and Jon Kabat-Zinn. 1995. 'Three-year follow-up and clinical implications of a mindfulness medita₩-tion-based stress reduction intervention in the treatment of anxiety disorders'. *General Hospital Psychiatry* 17, (3) (05): 192-200.

Kabat-Zinn, J., Massion, A. O., Kristeller, J., Peterson, L. G., Fletcher, K., Pbert, L., et al. (1992). Effectiveness of a meditation-based stress reduction program in the treatment of anxiety disorders. *American Journal of Psychiatry*, 149, 936-943.

〈2장〉

1. Grant, J. A., Courtemanche, J., Duerden, E. G., Duncan, G. H., & Rainville, P. (2010). 'Cortical thickness and pain sensitivity in zen meditators'. *Emotion*, 10(1), 43-53. doi: 10.1037/a0018334.

2. Kuyken, W., Byford, S., Taylor, R. S., Watkins, E., Holden, E., White, K., et al. (2008). 'Mindfulness-based cognitive therapy to prevent relapse in recurrent depression'. *Journal of Consulting and Clinical Psychology*, 76(6), 966-978. doi: 10.1037/a0013786.

3. Kabat-Zinn, J., Wheeler, E., Light, T., Skillings, A., Scharf, M. J., Cropley, T. G., et al. (1998). 'Influence of a mindfulness medita₩-tion-based stress reduction intervention on rates of skin clearing in patients with moderate to severe psoriasis undergoing phototherapy (UVB) and photo-chemotherapy (PUVA)'. *Psychosomatic Medicine*, 60(5), 625-632.

4. Hofmann, S. G., Sawyer, A. T., Witt, A. A., & Oh, D. (2010). 'The effect of mindfulness-based therapy on anxiety and depression: A meta-analytic review'. *Journal of Consulting and Clinical Psychology*, 78(2), 169-183. doi: 10.1037/a0018555.

5. Buck Louis, G. M., Lum, K. J., Sundaram, R., Chen, Z., Kim, S., Lynch, C. D., . . . Pyper, C. 'Stress reduces conception probabilities across the fertile window: evidence in support of relaxation'. *Fertility and Sterility*, In Press, Corrected Proof. doi: 10.1016/j.fertnstert.2010.06.078.

6. University of Oxford (2010, August 11). Study suggests high stress levels may delay women getting pregnant. Retrieved January 12, 2011, from http://www.ox.ac.uk/media/news_releases_for_journalW-ists/100811. html.

〈3장〉

1. Kristeller, J. L., & Hallett, C. B. (1999). 'An Exploratory Study of a Meditation-based Intervention for Binge Eating Disorder'. *Journal of Health Psychology*, 4(3), 357-36.

   Tang, Y. Y., Ma, Y., Fan, Y., Feng, H., Wang, J., Feng, S., . . . Fan, M. (2009). 'Central and autonomic nervous system interaction is altered by short-term meditation'. *Proceedings of the National Academy of Sciences of the United States of America*, 106(22), 8865-8870.

   Tang, Y.-Y., Lu, Q., Geng, X., Stein, E. A., Yang, Y., & Posner, M. I. (2010). 'Short-term meditation induces white matter changes in the anterior cingulate'. *Proceedings of the National Academy of Sciences*, 107(35), 15649-15652.

2. University of Pennsylvania, (2010, February 12). Building Fit Minds Under Stress: Penn Neuroscientists Examine the Protective Effects of Mindfulness Training. Retrieved January 9, 2011, from http://www. upenn.edu/pennnews/news/building-fit-minds-under-stress-penn-neuroscientists-examine-protective-effects-mindfulness-tra.

3. Jacobs, G. D., Benson, H., & Friedman, R. (1996). 'Perceived Benefits in a

Behavioral-Medicine Insomnia Program: A Clinical Report'. *The American Journal of Medicine*, 100(2), 212-216. doi: 10.1016/ s0002-9343(97)89461-2.

Ong, J. C., Shapiro, S. L., & Manber, R. (2008). 'Combining Mindfulness Meditation with Cognitive-Behavior Therapy for Insomnia: A Treatment-Development Study'. *Behavior Therapy*, 39(2), 171-182. doi: 10.1016/ j.beth.2007.07.002.

Ong, J. C., Shapiro, S. L., & Manber, R. (2009). 'Mindfulness Meditation and Cognitive Behavioral Therapy for Insomnia: A Naturalistic 12-Month Follow-up'. *EXPLORE: The Journal of Science and Healing*, 5(1), 30-36. doi: 10.1016/ j.explore.2008.10.004.

4. Zeidan, F., Johnson, S. K., Diamond, B. J., David, Z., & Goolkasian, P. (2010). 'Mindfulness meditation improves cognition: Evidence of brief mental training'. *Consciousness and Cognition*, 19(2), 597-605. doi: 10.1016/ j.concog.2010.03.014.

University of Carolina,(2010, April 16. Experiment Shows Brief Meditative Exercise Helps Cognition. Retrieved January 9, 2011, from http://www. publicrelations.uncc.edu/default.asp?id-=15&objId=656.

5. Pagnoni, G., & Cekic, M. (2007). 'Age effects on gray matter volume and attentional performance in Zen meditation'. *Neurobiology of Aging*, 28(10), 1623-1627. doi: 10.1016/j.neurobiolaging.2007.06.008.

당신의 삶에
명상이 필요할 때

초판 1쇄 인쇄 2020년 2월 28일
초판 16쇄 발행 2023년 9월 13일

펴낸곳   스노우폭스북스
발행인   김승호

지은이   앤디 퍼디컴
옮긴이   안진환

편집인   서진

마케팅   김정현, 이민우, 김이슬
영업   이동진
디자인   강희연

주소   경기도 파주시 광인사길 209, 202호
대표번호   031-927-9965
팩스   070-7589-0721
전자우편   edit@sfbooks.co.kr
출판신고   2015년 8월 7일 제406-2015-000159

ISBN   979-11-88331-82-6 03190